学科德育系列丛书

上海市语文学科德育协同研究中心

德润课堂

——中华传统古诗文德育精品案例集

吴银贞／主编

上海教育出版社

SHANGHAI EDUCATIONAL
PUBLISHING HOUSE

图书在版编目（CIP）数据

德润课堂：中华传统古诗文德育精品案例集 / 吴银贞主编. — 上海：上海教育出版社，2024.1
（学科德育系列丛书）
ISBN 978-7-5720-2367-5

Ⅰ.①德… Ⅱ.①吴… Ⅲ.①语文课 - 课堂教学 - 教学研究 - 中小学②德育 - 课堂教学 - 教学研究 - 中小学
Ⅳ.①G633.302②G631

中国国家版本馆CIP数据核字(2024)第009159号

责任编辑　杜金丹
封面设计　王　捷

学科德育系列丛书
德润课堂：中华传统古诗文德育精品案例集
吴银贞　主编

出版发行　上海教育出版社有限公司
官　　网　www.seph.com.cn
地　　址　上海市闵行区号景路159弄C座
邮　　编　201101
印　　刷　上海昌鑫龙印务有限公司
开　　本　787×1092　1/16　印张 16.5
字　　数　337 千字
版　　次　2024年3月第1版
印　　次　2024年3月第1次印刷
书　　号　ISBN 978-7-5720-2367-5/G·2098
定　　价　68.00 元

如发现质量问题，读者可向本社调换　电话：021-64373213

序言

春风化雨　润物无声

　　一切教育都是为了培养人、造就人,这一点,即使是在古希腊和春秋战国,也是毋庸置疑的。柏拉图、昆体良和普鲁塔克这些远古的智者,早就把教育的目的确定为德性的培养、知识的传授和身体的锻炼。这也是后来西方教育把教学内容分为"德育""智育""体育"三方面的雏形。"孔门四科"中,"德行"也是放在首位的。自此以后,教育再也没有丢弃过"德性培养"的话题。

　　如果说柏拉图等先哲将教育内容的三分或四分,还只是把德育放在首位而并没有明确置于其他内容之上的话,意大利的马志尼则明确了这一点。他说:"教育是为了提高道德修养,而教授则是为了提高智力。前者使人们了解自己的责任,后者使人们能够尽其责任。没有教授,教育往往起不了作用;没有教育,教授就会成为一根没有支点的杠杆。"[1] 也就是说,在他看来,教育的终极目标是提高道德修养,教学是使其能达到这一目标的手段。这样一来,德育就被置于其他教育内容之上了。

　　德育是育人的重要内容,但"育"什么样的人,差别其实是很大的。柏拉图、亚里士多德、贺拉斯、康德、席勒等都主张用文艺来育德,但其内涵却不尽相同[2]。西方早期教育的育人主要关注的是培养人对上帝的信仰。夸美纽斯的《大教学论》指出,人是上帝的造物,人的终极目标在今生之外,今生只是永生的预备,最后要让自己皈依上帝[3]。中国早期的育人,关注的则是"君臣父子"的伦理。因此,我们首先要确认的是育人的内涵。应该说,经过对"培养什么人、怎样培养人、为谁培养人"这个问题的思考,答案已经非常明确:我们要培养的是德、智、体、美、劳全面发展的社会主义建设者和接班人[4]。但如何去做到这一点,做好这一点,答案却不是那么显而易见。可以说,每一位从事教育工作的人都负有同样的责任,又都有不一样的做法。我手里的这本书,就给了我两种感觉。

一、德育的内容是丰富的

　　德育是一个非常值得推敲的概念。"育"就是教育、培育,这基本不存在问题;但"德"的内涵和外延,就值得探究了。我们有时会有一种误解,似乎德育就是一些口号式

1　(意)马志尼.论人的责任 [M].吕志士,译.北京:商务印书馆,1995.

2　陈向义,等.马恩文艺育德思想之澄明 [N].中国社会科学报,2015-12-01.

3　(捷)夸美纽斯.大教学论 [M].傅任敢,译.北京:教育科学出版社,2015.

4　中华人民共和国教育部.义务教育语文课程标准(2022年版)[S].北京:北京师范大学出版社,2022.

的东西，为此，有些教师会苦心孤诣地把课文所表现的内容与时事政治结合起来，仿佛不这样做就不足以表现出德育。其实，这是把德育的内涵狭窄化了。人的精神世界是丰富且复杂的，不仅包含着我们习惯所指的情感、态度与价值观，也应该包括各种必备品格和关键能力。这些精神化的、我们称为"核心素养"的东西，在人之初并不具备。既然不是与生俱来的，那就是教育的结果。其中必然蕴含很多德育的内容。

本书把学习材料限定在中华传统古诗文上。我想，这个选择固然是因为古诗文是中华传统文化的重要载体，但同时，眼前涉世未深的青少年如何与古诗文这种远离我们千百年的文本产生精神共鸣，也是德育领域内具有挑战性的探索。我看到，教师做得特别好的，就是打开了束缚手脚的思想枷锁，在德育领域内植入了丰富的教育内容。有比较宏大的主题，如爱国主义，以天下为己任、为国为民不惜献身的精神境界；有贴近学生生活经验的内容，如勤奋学习、持之以恒的品质；还有在平凡事物中发现美的能力等。更重要的是，每一个主题都有具体内容支撑，而不是空洞的标签。比如爱国主义教育，可以是重民本、崇正义的政治理念，也可以是郁愤伤时之感和忧国忧民之情；可以是超越了个体生命的英雄梦，也可以是"先天下之忧而忧，后天下之乐而乐"的济世情怀。这些内容根据课文、依据学情，进行了很好的规划。教育是系统工程，教学也是。教学内容的选择必须放置在一定的系统中，才能形成完整的、递进的、螺旋上升的结构形态。比如，陆游作为著名的爱国诗人，他的爱国精神肯定是要学习的，但"六十年间万首诗"的陆游，又不仅仅有爱国诗。我们看到，在教授《游山西村》时，初中学段的教师依据单元学习的要求，把重点放在了"体会如何运用生动形象的语言写景状物，寄寓自己的情思"上，让学生体会诗人"偷得浮生'一日游'"的安闲自适，而对诗人的爱国情怀，只是略加引导，让学生"结合诗歌的创作背景和同时期的诗作，捕捉诗人在（从今若许闲乘月的）期许背后壮志未酬的无奈"。同样是陆游的诗作，高中学段的教师在教授《书愤》时，就把重点放在了"读懂'愤'——读出'如何写愤'"上，还把《秋夜将晓出篱门迎凉有感二首（其二）》和《关山月》引入课堂，加深学生对陆游爱国诗的理解。经过这样的学习，学生就会发现，陆游是一个精神世界充盈、生活情趣盎然、文学创作丰富的人。

在中国的传统文化中，"修、齐、治、平"是读书人实现个人价值的途径，是个人人格完成的过程。"这种完成，是一种扩展，但扩展不是平面的，而是立体的""个人的精神，要通过转化社会来完成自我"[1]，这个过程有时并不顺畅，诗人就会在诗词中表现出来。可能是因为失意时更心无旁骛，受挫之时的作品往往更具文学价值，更容易流传，也更容易进入语文教科书。在教授这类被认为具有"贬官文化"特征的作品时，怎么落实德育目标呢？教师把重点放在了引导学生树立正确的人生观、价值观上。比如，刘禹锡《酬乐天扬州初逢席上见赠》中所表现出的豁达的胸襟和豪爽的气度、失意而不失志的精神；

---

1 杜维明.儒学第三期发展的前景问题：大陆讲学、答疑和讨论［M］.北京：生活·读书·新知三联书店，2013.

韩愈《左迁至蓝关示侄孙湘》中所表现出的刚正不阿、宁折不弯的心灵力量；苏轼《定风波》中所折射出的精神品格、道德内涵等。无疑，学生日后的人生之路上也会遇到各种艰难曲折；如果那时候，他们的脑海中闪过这样的一两个诗句，从而能够笑对人生困境，那我们的教育岂非功莫大焉？

审美也是德育的题中应有之义。书中不仅通过品味《蒹葭》的音乐美、意境美和朦胧美，让学生知道世间一切因受阻而难以实现的追求，都可以在这里发生；还通过审美，培养学生"善于观察、勤于思考"的习惯，致力于让学生在面对外部世界的时候心灵从"无感""钝感"到"敏感"。本书选出的小学、初中、高中的案例，都是教科书中的课文，也就是说，教师是在日常的语文学习中对学生进行德育的。这就使得相关成果具有较强的可推广性。

二、德育是融入课堂的

本书有一个温婉的名字，叫《德润课堂——中华传统古诗文德育精品案例集》。翻开书，仿佛能看到德育正如春雨般悄没声响地随风潜入，润物无声。这一点是非常可贵的。每门学科都担负德育的职能，而任何一门学科都应该有其独特的育人内容和方法。从学科育人的角度来看，找出本学科特有的育人方式，才是关键所在。德育应该是融化在学科教学中的。比如对"坚毅"这一必备品格的培养，在体育课上，或许是通过长距离跑步来完成的；而在语文课上，或许是通过学习表现"坚毅"的文本来完成的。值得注意的是，道德与法治课同样可以使用这个文本，区别在于，道德与法治课上教师用的是这个文本的内容，也就是它"讲了什么"；而语文课上教师要关注的是这个文本的讲述方式，也就是它"是怎么讲的"，要让学生通过语言文字的学习来感受其中的情感、态度与价值观。有学者说："语言不是一条运送另一种叫作'想法'的东西的传输带，而是和想法根本为一体。诗人——语言实验室里从事纯粹研究的科学家——会说语言和想法完全是一回事。即便在散文里，无论语词想传达什么，语言的性质本身也是强有力的讯号。成语，顿挫，语言的纤微倦怠，都暗暗传递讯息，经常和显明的讯息同样强烈。"[1]去关注这些"暗暗传递"的信息，才是语文课德育的打开方法。一个"润"字告诉我们：这里有一群教师，正在努力践行这样的方法。

为了让德育体现在日常课堂教学中，教师下了很多功夫，但有时却显得粗暴生硬、简单化。在德育方法上，最常见的是说教，也就是把一些原则性的东西灌输给学生。柏拉图指出："教育实际上并不像某些人在自己的职业中所宣称的那样——他们宣称，他们能把灵魂里原来没有的知识灌输到灵魂里去，好像他们能把视力放进瞎子的眼睛里去似

---

1 （美）马克·克雷默，温迪·考尔.哈佛非虚构写作课：怎样讲好一个故事［M］.王宇光，等译.北京：中国文史出版社，2015.

的。"[1] 不能说灌输是毫无用处的，但仅凭灌输是绝对不行的。那些口号式的教条，或许能在一定程度上引导学生的行为，但也可能仅仅成为口号，甚至成为说空话的榜样。比说教更进一步的，是所谓的"身教"。我们有"身教重于言教"的说法，所谓"其身正，不令而行""桃李不言，下自成蹊"。其实，"身教"的作用也是有限的。章炳麟就举例说，"如孔夫子，像二程，道德也算可以了，但教出来的学生，不道德的也不少"[2]。在传统文化中，我们希望教师以个人魅力赢得学生的信任和尊重，学生能"亲其师，信其道"，以此为基础来开展学习。这当然会有一定的效果，但从方法论的角度来看却不无可议之处。教学的目的不是让学生完全接受教师的信条，而是让学生获得心智上的成长，学会学习，进而形成自己的看法，所以才会有柏拉图"吾爱吾师，吾更爱真理"的名言。因此，希望教师用道德表率的方法来达到育人目的并不是绝对有效的良方。

相对而言，"润"是比"言教"和"身教"更好的方法。"润"就是在字词的揣摩之间、在语义的推敲之间、在忘情的朗读声中、在一项项语言实践活动中把正确的世界观、人生观、价值观传递给学生。比如教授《三衢道中》时，教师在教学目标中融入"感受人与自然的和谐""体会诗人乐观向上的态度"等德育内容；但在教学过程中，教师并未直接告知学生相关结论，而是始终让学生沉浸在诗歌之中，细细品味。教师播放鸟鸣的录音，让学生闭上眼睛聆听，让他们感同身受；引入王籍的《入若耶溪》，将感性认识升华，让学生懂得动静相衬的道理。学生在这个过程中自然地感受到了诗人的心情，"诗人特别开心""诗人心情愉快"。教师进一步引导学生思考"这段路其实挺遥远，还跋山涉水，换作是你，会有什么感受"。学生异口同声地回答"很累"（现在的学生大多有旅行的经验，相信这是他们的真实感受）。教师继续追问"这么累，诗人为什么还如此愉快呢"。因为有了前面的铺垫，学生很自然地就悟出了"当我们能欣赏自然、与自然和谐相处时，我们就能获得精神上的愉悦"这样的道理（学生有自己更简单的表述）。由此，教师顺利完成了在"人与自然"这个话题上的德育。这样的课堂远离了空洞的说教和机械的灌输，润物无声地把德育融入了语文学习。

德育就是"尽早调教孩子的精神世界"[3]。语文课的德育，就是教师在教授国家通用语言文字的过程中播撒正确价值观的种子。我觉得，眼前的这本书是做到了，而且做得很好。特此向语文界的同行推荐。

是为序。

华东师范大学语文教育研究中心　常务副主任、中文系教授
王意如
2023 年 10 月

1　（古希腊）柏拉图.理想国［M］.郭斌和，张竹明，译.北京：商务印书馆，1986.
2　章太炎.章太炎学术文化随笔［M］.北京：中国青年出版社，1999.
3　（英）洛克.教育漫话［M］.毕慧慧，译.北京：北京出版社，2012.

CONTENTS 目 录

·小 学·

·初 中·

·高 中·

小　学

赏诗中画，读画中诗
——《三衢道中》课堂教学实录

上海市松江区教育学院附属实验学校　樊裔华

教学视频 |《三衢道中》

【文本德育解读】

　　《三衢道中》是统编小学语文教材三年级下册第一单元《古诗三首》中的一首，本单元人文主题这样表述："飞鸟在空中翱翔，虫儿在花间嬉戏。大自然中，处处有可爱的生灵。"单元语文要素是"试着一边读一边想象画面；体会优美生动的语句；试着把观察到的事物写清楚"。

　　宋代诗人曾几的《三衢道中》，按照最简单的直线式的时间进程叙述了最为平常的生活——一段路上的普通见闻，不仅绝无草率、琐屑、乏味之感，反而达到了朴实而精妙、平淡而隽永的效果，成为脍炙人口、千古流传的绝唱，用诗人姜夔的标准衡量，这是一首自然而高妙的诗。

一、善于发现自然生活中平凡事物的美好

　　诗人呈现在读者面前的意象有"梅子""晴日""小溪""山路""绿阴""黄鹂"等。这些都是人们在日常生活中可以观察到的普通事物，但诗人却从这些平凡的自然事物中发现了美好。

　　"梅子黄时"，梅子大概在每年的初夏时节黄透。这段时间常常是阴雨连绵，俗称黄梅时节，而诗人却发现"梅子黄时日日晴"，每天都是晴朗的好天气。诗人善于从果实的变化和晴朗的天气中发现美好。

　　诗人出游的路线是"小溪泛尽却山行"，他乘着小船到小溪的尽头，再改走山路继续前行，在途中看到了"梅子黄、日日晴、绿阴不减"。诗人善于观察路上的景色，从中感受自然的美妙，这才发现"绿阴不减来时路"，发现山上苍翠的树荫与来的时候一样浓密。

返回途中，诗人听到"黄鹂四五声"，鸟鸣声声，山里倒比往常更加幽静。这"黄鹂四五声"，更能凸显山间的幽静。诗人能在平凡的鸟鸣中感受到轻松、愉悦，并将所闻跃然于纸上，发现自然中这份平凡又独特的美。

《义务教育语文课程标准》（2022年版）要求："能借助不同媒介表达自己的见闻和感受，学习发现美、表现美和创造美，形成健康的审美情趣。"《三衢道中》一诗可以培养学生在平凡事物中发现美、表现美和创造美的能力，从而帮助学生形成健康的审美情趣。

二、体会诗人积极乐观的人生态度

诗人此行，心中是轻松、愉悦的，这不仅因为诗人善于发现、记录平凡生活中美好的事物，更源于他积极乐观的人生态度。

从衢州返回常山，山路蜿蜒曲折，需要耗费大半天的时间。虽然旅途劳累，但沿途景色很美，让人赏心悦目，诗人把美景描绘出来，供大家一起透过字里行间欣赏、感受，这也是积极乐观的人生态度的体现。不仅如此，如果把这段行程看作人生道路的缩影的话，那么从诗人的创作过程中，读者也许可以领悟这个道理：人生道路虽然难免艰难曲折，但也一定包含着美好的方面。诗人能激发美妙的诗意，关键在于他能主动发现并积极创造。这也启示我们，如果我们能积极地、创造性地对待生活，我们就会多一双发现美的眼睛，多一份积极乐观的心态，多一种超越苦难的力量。

课程标准强调"立足学生核心素养发展，充分发挥语文课程的育人功能"，要求教师坚持立德树人，引导学生通过语文实践活动形成正确的世界观、人生观、价值观。教师引导学生体会诗人乐观向上、积极旷达的优秀品质，有利于培养学生敢于直面困难的品质。

三、传承中华优秀传统文化

诗歌是用高度凝练的语言，生动形象地表达诗人丰富的情感，集中反映社会生活并具有一定节奏和韵律的文学体裁，是我国优秀传统文化的瑰宝。

《三衢道中》单纯使用了赋，语言十分朴素，音律是仄起平收式七言绝句。从语言上来看，诗人在句式选择上做了精心的安排，前三句是主谓结构，后一句是动宾结构。平仄相见的格律，一、二、四句相应和的韵脚也各自是对立统一的关系。诗中毫不艰深、奇异的词句，同样体现了诗人的辩证思维，如第三句与第四句中互相对应的两个动词"减"和"添"准确、有力地表现了诗人愉快的心情，体现出中华传统文化的博大精深。

《义务教育语文课程标准》（2022年版）在总目标中指出："热爱国家通用语言文字，

感受语言文字及作品的独特价值,认识中华文化的丰厚博大,汲取智慧,弘扬社会主义先进文化、革命文化、中华优秀传统文化,建立文化自信。"

《三衢道中》让学生体会到了大自然的美妙,人与自然的和谐。梅子黄透的时候,本是阴雨连绵的,此时却天天都是晴好的天气。乘坐小船沿着小溪而行,走到了小溪的尽头,再改走山路继续前行。山上苍翠的树荫与来的时候一样浓密。山间树丛中传来几声黄鹂欢快的鸣叫,比来时更添了几分幽趣。可见,赞美大自然的美妙风光,人与自然景物和谐共生也是我们优秀传统文化的一部分,这是需要我们去弘扬传承的。

《三衢道中》一诗在语言、格律、意象等方面都凝聚了中华优秀传统文化之气韵,表达出诗人积极乐观的人生态度,值得学生学习。诗人用最简单的笔触带领学生体会大自然的美妙,让学生感受人与自然的和谐。学生感受到了古诗的无穷魅力,赞叹中华优秀传统文化的底蕴,从而积极传承、弘扬中华优秀传统文化,建立文化自信。

【教学设计】

一、教学目标

1. 认识生字"减",能正确书写"梅""溪""泛""减"四个汉字。

2. 能借助插图理解古诗《三衢道中》的意思,正确、有感情地朗读古诗,背诵古诗。

3. 边读边想象画面,说出诗中描绘的景象,感受诗人愉悦的心情和积极乐观的人生态度。

二、教学过程

(一)诗意导入,理解诗题

1. 出示诗题。

看不完春天的景,写不尽春天的美。宋代诗人曾几途经浙江省衢州市的三衢山,被那里优美的风景吸引,写下了经典诗篇《三衢道中》。

2. 指导学生读准字音,理解诗题。

(1)读准字音:读一读古诗的题目,借助拼音读准生字的音。

(2)理解诗题:借助注释,理解"三衢";借助插图,理解诗题《三衢道中》;板书课题,齐读课题。

(二)读准字音,读通诗句

1. 指导学生读准生字,认清字形。

(1)学生自读古诗:读准字音,读通诗句。

(2)指名读:指名读,师生一起正音。

2. 引导学生读出停顿,读出节奏。

(1)教师范读:学生边听边感受停顿。

(2)画出停顿符号,朗读指导:根据节奏,再读古诗,在有停顿的地方要读得自然一些,做到音断而气连。

(三)明确任务,理解诗意

1. 出示学习任务,引导学生自读古诗,圈画思考。

2. 组织学生交流表格中的内容。

学习任务:自读古诗,圈画思考。

1. 自主阅读思考:找出诗人去三衢山游玩的时间、路线、所见、所闻,在诗句中圈画出来,并体会诗人的心情。

2. 小组合作:在小组内交流各自的看法,不断完善。

时间	
路线	
所见	
所闻	
心情	

---

3. 交流分享。

(1)出游时间:"梅子黄时"。

① 拓展诗人赵师秀在《约客》中写的"黄梅时节家家雨,青草池塘处处蛙",引导学生理解"梅子黄时"是指初夏的"黄梅时节"。

② 通过"黄梅时节家家雨,青草池塘处处蛙"和"梅子黄时日日晴"的对比,引导学生感受诗人的惊喜、愉悦。

(2)出游路线:"小溪泛尽却山行",借助注释理解这一路线是指诗人乘坐小船到小溪的尽头,再改走山路继续前行。

(3)出游途中所见:"梅子黄、日日晴、绿阴不减",引导学生在诗句中理解"绿阴不减"。

(4)出游途中所闻:"黄鹂四五声",补充南北朝诗人王籍《入若耶溪》中的诗句"蝉噪林逾静,鸟鸣山更幽",让学生感受"黄鹂四五声"所衬托出的山间的幽静。

(5)体会诗人的心情。

4. 体会诗人积极乐观的人生态度。

（1）补充资料：曾几此行是从衢州返回常山，山路蜿蜒曲折，需要耗费大半天的时间。

（2）说一说感受：如果让你行走这么远的山路，你有什么感觉呀？

（3）体会诗人觉得轻松愉悦的原因。

预设：虽然旅途劳累，但沿途景色很美，让人赏心悦目，诗人把美景描绘出来，供大家一起透过字里行间欣赏、感受。

（4）说一说诗人是一个怎样的人。

小结：诗人善于发现、记录平凡生活中美好的事物，人生态度积极乐观。

5. 体会愉悦，再读古诗。

6. 结合诗句，想象画面：引导学生通过一边读一边想象画面的方法，结合具体的诗句想象诗歌所描绘的画面。

7. 指导背诵古诗：跟着诗人的脚步，欣赏初夏时节优美的景色，体会诗人轻松愉悦的心情，再读一读这首古诗并背诵。

（四）书写汉字

1. 出示田字格中的生字，帮助学生识记字形。

学会书写"梅""溪""泛""减"四个汉字，注意汉字的结构、偏旁，根据笔顺正确书空。

2. 重点指导"溪"和"减"。

（1）"溪"字的右半部分在书写时要注意，上面是爪字头，中间部分的"幺"不能和"绞丝旁"混淆，下面的"大"要写得扁又宽。（田字格演示）

（2）"减"字是左右结构的字，写的时候要注意左窄右宽，"咸"字中的斜钩要写得舒展，中间的一个"短横"不能丢。

（五）课堂作业

1. 完成《写字A》。

2. 完成《语文练习部分》第一课中的第三、四、五部分。

3. 背诵古诗《三衢道中》。

板书：

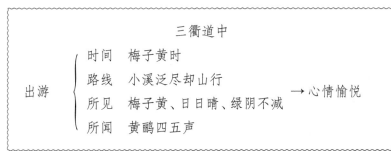

三衢道中

出游 ⎰ 时间　梅子黄时
　　　路线　小溪泛尽却山行
　　　所见　梅子黄、日日晴、绿阴不减 → 心情愉悦
　　　所闻　黄鹂四五声

【课堂实录】

一、读准诗题，理解意思

师：我们请一位小朋友来读一读这首古诗的题目，要根据拼音读准字音。

生1：三衢道中。

师：你的声音很响亮，请大家一起读一遍题目。

生齐读：三衢道中。

师："衢"是一个生字，大家要把它的音读准了。三衢道中的意思是什么呢？

生2：三衢是一个地名。

师：它指的是现在的哪里？

生3：它在今浙江衢州一带。

（生3读错衢州，教师指导读准音）

师：今就是现在。三衢这个地方在浙江的什么位置？

生4：衢州一带。

师：那三衢道中的意思就是——

生5：在去浙江衢州一带的山路上。

师：你怎么知道是山路上呢？

生5：因为我看了插图。

师：插图上绵延起伏的是山，所以你觉得诗人是在浙江衢州一带的山路上行走。你不仅认真看了注释，还学会了观察插图。

二、初读古诗

（一）读准字音，读通诗句

师：我们来读一读这首诗。注意读准字音，读通诗句。

（学生自读）

师：谁来读一读？

生1：三衢道中。宋，曾几。（把"几"字读成了第三声）

师：请停一停。诗人名字中的两个字都是多音字。第一个字"曾"读zēng。第二个字"几"有两种读音，即jǐ和jī，在诗人的名字中读第一声。请你把诗人的名字再读一遍。

生1：曾几。

师：好！请继续读下去。

生1：梅子黄时日日晴，小溪泛尽却山行。绿阴不减来时路，添得黄鹂四五声。

师：请大家评价一下他的朗读。

生2：他的声音很响亮。

师：他的声音很响亮，让每个人都能听到，这是一个优点。

生3：他没有注意停顿。

师：他好像没有特别注意停顿，而且，"梅子"中的"子"字应该读第三声。我们请他再读一读第一句诗。

生1：梅子黄时日日晴。

师：好，你这回读准了。谁愿意再来读一读这首诗？

生4：梅子黄时日日晴，小溪泛尽却山行。绿阴不减来时路，添得（de）黄鹂四五声。

师：添——

生4：得（dé）。

师：请你再读一读这句诗。

生4：添得黄鹂四五声。

师：好，你的字音都读准了。（幻灯片呈现"减"字）"减"是一个生字。它的右半部分是一个"咸"字，里面有一个短横，还有一个"口"字，大家写的时候要注意。

（二）读好诗句中的停顿

师：我来读一读这首诗，请大家注意听我读的与刚才几位同学读的有什么不同。

（教师朗读）

师：你发现了什么？

生1：老师读的时候音断气不断。

师：你觉得我在哪里音断了？

生1："绿阴不减"，老师读这里的时候，音好像断了，但气还连着。

师：哈哈，你认为我读出了什么？

生1：老师读出了停顿。

师：我还在哪里停顿了？

生1：梅子黄时、小溪泛尽、绿阴不减、添得黄鹂。

师：每句诗的前四个字后面我都停顿了。刚才这位同学说得特别好，他说老师读的时候音好像断了，但气还连着。谁能试着这样读一读第一句诗？

生2：梅子黄时——日日晴。

师：我们把掌声送给他。大家一起试一试。梅子黄时——

生齐读：日日晴。

师：这样读才有诗的感觉，小溪泛尽——

生齐读：却山行。

师：请同桌互相读一读。（几分钟后）谁愿意来读一读？

生3：梅子黄时日日晴，小溪泛尽却山行。绿阴不减来时路，添得黄鹂四五声。

师：嗯，你做到了音断而气连。我们一起来。

生齐读：梅子黄时日日晴，小溪泛尽却山行。绿阴不减来时路，添得黄鹂四五声。

三、品读古诗，理解诗意

（一）根据任务，自读圈画，小组交流

师：同学们，诗人是什么时间去三衢游玩的？他行走的路线是怎样的？一路上，他看到了什么，听到了什么，心情如何呢？请大家一边读一边在诗句中圈画出来关键字词，读完以后在小组内交流交流。

（教师巡视、提醒，学生圈画关键字词并在小组内交流）

（二）全班交流，分享完善，深入理解

师：我们来交流一下。谁来说一说诗人出游的时间、路线、所见、所闻？（板书：出游的时间、路线、所见、所闻）

生1：诗人出游的时间是夏季。

师：你从哪里看出来是夏季呢？

生1：我从"绿阴"看出来的。

师：哦！你从"绿阴"这个词感受到可能是夏季。有没有同学要补充？

生2：我注意到了"梅子黄时"，诗人应该是在秋天出游的。

师："梅子黄时"是诗人出游的时间。（板书：梅子黄）看来大家对"梅子黄时"是夏天还是秋天有争议。谁知道"梅子黄时"是什么时节？（学生摇头）那么，请大家读一读这句诗。（演示幻灯片）赵师秀在《约客》中写道——

生齐读：黄梅时节家家雨，青草池塘处处蛙。

师：梅子成熟的时节，我们叫它什么？

生3：黄梅时节。

师：黄梅时节有什么特点？

生3：家家雨，就是经常下雨。青草旁边的那个池塘里到处都是青蛙。

师：黄梅时节经常下雨，诗人还看到池塘里到处都是青蛙。这是什么季节？

生4：夏天。

师：对，大概是六月底七月初的时候。黄梅时节经常下雨，但诗人在诗中却说黄梅时节怎么样？

生5：梅子黄时日日晴。

师：通过日日晴，你体会到诗人有什么样的心情？

生 5：诗人特别开心。

师：是的，诗人出游时是晴天！谁再来读一读这句诗。

生 6：梅子黄时日日晴。

师：你们找到诗人的出游路线了吗？

生 7：他乘小船到小溪的尽头，又改走山路。

师：你是从哪里知道的？

生 7：小溪泛尽却山行。

师：哦，你不仅从诗句中找到了诗人的出游路线（板书：小溪泛尽却山行），还从注释中读懂"小溪泛尽"就是——

生 7：乘小船到小溪的尽头。

师：再——

生 7：改走山路。

师：我们一起读一读诗人的出游路线。

生齐读：小溪泛尽却山行。

师：看来，诗人出游的道路很曲折。诗人在途中见到了什么？

生 8：梅子、太阳和山。

师：梅子是什么颜色的？

生 8：黄色。

师：（板书：梅子黄）你从哪里知道诗人见到了太阳？

生 8：日日晴。

师：日日晴，每天都是晴天。诗人不仅见到了太阳，还见到了——

生 8：蓝天、白云。

师：嗯，蓝天、白云，还有小溪、山，还有什么？

生 9：黄鹂。

师：黄鹂？有没有不一样的看法？

生 10：诗人听到了黄鹂的声音。

师：诗人肯定没有见到黄鹂吗？

生 11：不一定。

师：你说不一定，为什么？

生 11：添得黄鹂四五声，黄鹂可能在树林里面。

师：黄鹂藏在树林里面，诗人不一定见到，也不一定没有见到。诗人还见到了什么？

生11：诗人还见到了绿阴。

师：绿阴怎么样？

生11：绿阴没有减少。

师：绿阴跟什么时候比没有减少呢？（板书：绿阴不减）

生11：绿阴跟诗人刚来的时候比没有减少。

师：你是从哪里看出来的？

生11：绿阴不减来时路。

师：诗人用了一个"来时路"，非常巧妙地写出这个时候他已经行走在回去的路上了。诗人还听到了什么？

生12：诗人听到了黄鹂的叫声。

师：黄鹂叫了几声？

生12：四五声。

师：你从"黄鹂四五声"中感受到了什么？

生12：黄鹂的叫声很清脆、很动听。

师：嗯，清脆动听。还有谁想补充？

生13：我觉得黄鹂并不多。

师：你有不一样的看法。

生13：黄鹂才叫四五声，如果黄鹂很多的话，就会叫很多声。

师：如果黄鹂很多的话，诗人可能就会写添得黄鹂——

生14：许多声。

生15：几十声。

生16：无数声。

师：无数声、千万声，是吗？这里是添得黄鹂四五声，说明偶尔有黄鹂的叫声（板书：黄鹂四五声）。同学们，请闭上眼睛，想象自己在三衢一带的山路中行走，听！（播放鸟鸣的录音）你们有什么感受？

生17：我感觉很安静。

师：明明有黄鹂的叫声，你怎么会感觉很安静呢？

生17：因为——

师：你有一种说不出来的幽静的感觉，对吗？谁还想说？

生18：我觉得黄鹂的叫声很美妙。

师：美妙动听的声音在幽静的山间响起，就像诗人王籍在《入若耶溪》中写的那样，"蝉噪林逾静，鸟鸣山更幽"。蝉儿高唱，林子里反而显得更加安静；鸟鸣声声，山间反而显得更加幽静。诗人说——

生 19：添得黄鹂四五声。

师：就像刚才这位同学感觉到的，很安静。诗人用黄鹂的叫声来衬托山间的幽静。

（三）体会心情，感受诗人积极乐观的人生态度

师：读到这里，你体会到诗人出游的心情如何？

生 1：诗人特别开心。

师：还有谁来说？

生 2：诗人心情愉快。

师：愉快的、愉悦的（板书：心情愉悦）。诗人此行是从衢州到常山，路途遥远且曲折蜿蜒，一会儿要走水路，一会儿要走山路，极其不便。如果让你走曲折蜿蜒的山路，你会有什么感受？

生 3：很累！

师：这么累，诗人为什么还如此愉快呢？

生 3：因为诗人在路上见到了很多美景。

师：美景让他心情愉悦。

生 4：因为诗人听到了黄鹂的叫声。

师：清脆的鸟鸣声让他心情愉悦。还有呢？

生 5：因为诗人有一种乐观的精神。

师：哦，你觉得诗人特别乐观，再累也不怕。还有呢？

生 6：我觉得诗人可能会因为自己出游的这几天并没有下雨而感到高兴。

师：是的，黄梅时节家家雨，但诗人出行的时候却是梅子黄时——

生 6：日日晴。

师：晴朗的天气，美丽的景色，清脆的鸟鸣声，都让诗人心情愉悦。就像这位同学说的，诗人特别乐观，哪怕身体再疲惫，心情也是愉悦的。带着这种愉悦的心情，我们一起来朗诵这首《三衢道中》。

【教学反思】

古诗是中华优秀传统文化的瑰宝之一，承载着丰富的人文精神。在执教本课的过程中，我想到了清代诗人李重华在《贞一斋诗说》中提到的观点，"诗有三要：发窍于音，征色于象，运神于意"。通过反复诵读、适度补充、创设情境等方式，让学生穿越千年与诗人对话，与文本沟通，在诵读和想象中深切感受文本中所蕴藏的情感和意蕴，从而在潜移默化中理解并认同其中的思想，传承中华优秀传统文化，树立文化自信。

一、反复诵读赏美景

古人写诗总是与吟诵紧密联系。古诗讲究字句整齐、押韵和谐、平仄协调、对仗工整，让人读来有一种天然的韵律感。在这节课中，我设计了多种形式的诵读：自读古诗，读准字音，读通诗句；指名读，师生一起正音；师范读，先让学生感受停顿和节奏，再让学生模仿读；有目的地指导学生朗读"梅子黄时日日晴"等诗句；一边读一边想象画面，感受诗的语言美、音律美。每一次读都做到目标明确，由表及里，由易到难。在此过程中，学生得音、得韵、得画、得味，走进诗人的世界，更真切地感受大自然的和谐美丽。在课堂中，学生读得量大、面广、层次分明、兴趣盎然。大多数学生能够熟读成诵。

二、适度补充明诗意

语文学习重在积累，厚积才能薄发。由于古诗离学生的现实生活久远，学生在理解意象上有一定的困难。在教这首诗时，不能把视线停留在本诗中，而要以诗带诗，以点带面，把课堂延伸到同一类型或与之有关联的古诗上，使学生在课堂中接触到更多优秀的诗作，从而理解诗人所选的意象。在本课的教学中，我进行了适度的补充与拓展。一是补充了赵师秀在《约客》中的诗句"黄梅时节家家雨，青草池塘处处蛙"。补充这一诗句的目的是让学生通过辨析明白"梅子黄时"究竟是什么季节，并了解黄梅时节阴雨连绵的特点，与"日日晴"相对比，尤为难得，为理解诗人心情做铺垫。二是引入了王籍在《入若耶溪》中的诗句"蝉噪林逾静，鸟鸣山更幽"。这一诗句让学生了解了诗人用几声黄鹂叫来衬托山间的幽静的写法。这样，不仅引导学生理解了诗歌意象，让学生更好地进入诗歌本身所营造的意境中，而且把学生引向更为广阔的古代诗歌天地，进一步激发他们学习古诗的兴趣。

三、创设情境悟诗情

古诗中的写景大多与文化有着千丝万缕的联系，品读古诗在某种程度上就是品读文化。我通过巧妙创设情境来引导学生发挥想象力，更加深入地理解诗人的情感，解读其中蕴藏的人文内涵。在本节课中，我先引导学生观察插图、小组合作填写诗人"游玩三衢"的表格（特别说明诗人此行是从衢州返回常山，两地相距较远，山路蜿蜒曲折，又是逆流而上，需要耗费大半天的时间），再引导学生说一说感受。在这样的情境中，学生主动去想象、去发现、去感悟，从而体会诗人积极乐观的人生态度。在此基础上，我引导学生一边读一边想象画面，把静止的文字想象成一幅流动的画，加深对古诗的理解与感悟。

"诗中有画，画中有诗"，学生在反复诵读中感受情景交融的意境美，在把玩意象中明晰诗人的人生态度，在情境中想象和体验，真正把古诗学到了心坎里。

【专家点评】

《三衢道中》描写的是诗人在江南夏季游三衢山时高涨的游兴和见闻,展现了浙江衢州一带山区明媚清丽的风光。小学古诗教学目标重在"借助注释和插图了解诗句的意思,想象画面,说出诗中描绘的景象"。

樊老师从释题入手,引导学生四三停顿、有节奏地诵读全诗;把表格作为学习支架,引导学生整体感知诗的内容。樊老师在学生交流的分歧点上,及时点拨、启发学生联系生活经验理解诗人出游的时间——梅子黄时;补充《约客》中的诗句,让学生体悟诗人高涨的游兴,从而有感情地朗读;追问途中见闻,引导学生辨识景物、展开想象;插入黄鹂鸣叫的音频,创设古诗中所描绘的空谷悠然的意境。樊老师就这样一步一步引领生活在大都市的三年级学生,走上了山区的小径,走进了诗人用文字创设的明媚、清幽的风光意境,进而理解了诗人对旅途的新鲜感受和愉悦的心情,就此达成了本课的教学目标。

唐宋诗词作为中华优秀传统文化的一种语言表达形式,蕴含着丰富的文化内涵和审美意蕴。樊老师激发小学生对古诗的兴趣,引导他们品味古诗的韵律美和意境美,形成了一种融入学科的中华优秀传统文化教学路径。

在整堂课上,樊老师的教学思路清晰,教学节奏明快,语气亲切而温润,自带一种古诗教学特有的韵味。若能将最后的曾几出行路径图改为三衢山的风景图(或视频),则图文呼应,更有助于学生深度理解这首诗。

（华东师范大学 董蓓菲）

走近边塞诗，激荡家国情
——《古诗三首》课堂教学实录

华东师范大学附属紫竹小学　孙敏

教学视频|《古诗三首》

　　诗词是中华民族文化宝库中的璀璨明珠。本文以《古诗三首》一课为例，探讨传统文化中的爱国情怀在小学语文课堂教学中的渗透。

【文本德育解读】

　　《古诗三首》是统编小学语文教材四年级上册第七单元中的第一课。单元人文主题"天下兴亡，匹夫有责"出自明末清初思想家顾炎武，单元语文要素是"关注主要人物和事件，学习把握文章的主要内容"。整个单元双线并举，本课则通过诗文向读者传递强烈的爱国力量。

　　《古诗三首》中两首为唐代的边塞诗，分别是王昌龄的《出塞》和王翰的《凉州词》，另一首是宋代李清照的《夏日绝句》。课例主要围绕唐代的两首边塞诗进行分析。

一、聚焦题材："边塞诗"中融情怀

　　边塞是伴随着国家的出现而产生的概念，指国家抵御外来入侵者的边关要塞。无论是向内探寻词义，还是向外延伸拓展，它都蕴含着深厚的爱国情怀。唐代是边塞诗呈井喷式发展的黄金时代，孕育出了许多边塞诗和边塞诗人。诗人以诗言志，把个人的伟大抱负寄于歌颂边疆的自然风光之中，融入体察戍边将士的慷慨悲壮之中。在高度凝练的字里行间，倾注着他们对于一个国家至真的情感。

　　《出塞》被后世誉为唐人七绝的压卷之作。诗人从明月照关的景象写起，"秦时明月汉时关"中，在"月"和"关"的前面加上"秦时"和"汉时"，并不只是说明月属秦、关属汉，而是想表达防边筑城始于秦汉，可见边塞战事持续长久。接下来的"万里长征人未还"，让读者不由自主地联想起历史上那些可歌可泣的戍边将士。"秦时明月汉时关，万

里长征人未还"从整体上拉伸出历史时空的沧桑，"但使龙城飞将在，不教胡马度阴山"则是诗人切身感受后发出的期盼，希望边关能够巩固，国家安全与统一能够实现。

"凉州词"又名凉州歌，是一种曲调名，多描写边塞军旅生活。王翰的这首《凉州词》描写了守边将士出征前一醉方休的场景，表现了他们英勇豪迈的气概。"葡萄美酒夜光杯"极富镜头感，其中的"葡萄美酒""夜光杯"营造出边塞沙场之上众将士宴饮的场景，富有感染力。"欲饮琵琶马上催"则打破了宴席上的欢快，号角吹响了，将士们即将奔赴沙场。他们不惧怕战斗，却不免惋惜这场豪饮戛然而止。一"欲"一"催"，把将士们矛盾的心理刻画得淋漓尽致。"醉卧沙场君莫笑，古来征战几人回"写出了守边将士纵情美酒之后略带悲壮的心声，这也正是他们毅然投身战场、献身祖国的豪情写照。

基于对两首诗的分析，针对其中画面感丰富的诗句，如"秦时明月汉时关，万里长征人未还""葡萄美酒夜光杯，欲饮琵琶马上催"，教师可以借助教学辅助资源进行渲染，创设情境，使学生置身其中，与沙场将士们沉浸共情。学生很容易把"秦时明月汉时关"理解为"秦时的明月"和"汉时的关塞"。对此，教师可以通过图片、古箫配乐创设情境，引导学生理解"互文"这一术语。《凉州词》中，教师可以重点围绕"葡萄美酒""夜光杯""琵琶""沙场"等意象还原战前宴饮的场景，引导学生展开想象，让学生化身成为即将出征的戍边将士，使其通过对"欲"和"催"的品析体会战争的紧急，以及将士们义无反顾投身沙场的爱国情怀。

二、对比分析：同中有异悟情怀

边塞诗中常常含有相似的意象，如"沙场""征人""明月""胡马"等，但诗人借此想要呈现的内容和抒发的情感却存在不同程度的差异。对比分析《出塞》和《凉州词》后不难发现，两首诗中都写到了"征"和"人"。前者是边塞诗永恒的主题——征战，后者则是边塞诗永恒的歌颂对象——戍边将士。如此，教师就获取了打开文本解读大门的钥匙。

《出塞》中，诗人王昌龄借用"明月"和"关"两个意象，以近乎白描的方式为我们呈现了一幅时空沧桑的边塞古战场的画面，借此说明戍边将士苦于常年拉锯的战事。他渴望横空出世的龙城飞将，带领众将士击退来犯的胡马，以此挣脱战争泥潭，解除边疆危机，保卫国家安全。

《凉州词》开篇就以"葡萄美酒"和"夜光杯"两项带有鲜明异域特征的意象，渲染出戍边将士的豪放纵情。最终，这些可赞可叹的戍边将士义无反顾地奔赴沙场。其实，他们在奔赴战场之前，或是开怀畅饮之前就已然决定血洒疆场、献身祖国了。因此，在"醉卧沙场君莫笑"后，他们回复："古来征战几人回？"这是何等的豪迈与洒脱！

两首诗虽然都描绘了边塞战场和戍边将士，但《出塞》借用了龙城飞将的典故，《凉州词》则是直抒将士心声。除此之外，两首诗的表达方式也不同，前者陈述语气偏向雄浑低沉，后者末尾的反问则突出豪迈洒脱。针对《出塞》使用的典故，教师可以围绕龙城飞将和阴山进行教学资源拓展。首先，整合李广生平简介和人物图片，以及拓展补充相关诗句，形成资料包，帮助学生深入了解李广。其次，引导学生结合教材注释中关于"胡马"的解释，引入地图资源，使学生更加直观地了解"阴山"的地理位置以及胡马的活动范围，感受当时边塞战事的紧迫，进而更好地体会诗人对良将的渴望。对于两首诗不同的表达方式，学生则可以通过反复诵读来细致感悟。通过本课两首诗的学习，学生在品味传统经典诗歌音韵之美的同时，也能体会到戍边将士和边塞诗人的爱国情怀，这是对中华优秀传统文化最好的尊重和传承。

【教学设计】

一、教学目标

1. 在语境中正确认识"塞""秦""征""将"等生字，会写"塞""秦""征""将"等生字，借助注释和图片，初步理解《出塞》《凉州词》两首诗的大意。

2. 结合注释、图片、补充的资料，通过小组合作学习《出塞》《凉州词》两首诗，感受诗人在表达方式和情感上的异同点。

3. 正确、流利、有感情地朗读《出塞》《凉州词》两首诗，背诵、默写古诗《出塞》。

4. 结合资料，一边读一边想象画面，借助句式表达对戍边将士的赞美，激发爱国之情。

二、教学重点

结合资料一边读一边想象画面，借助句式表达对戍边将士的赞美，激发爱国之情。

三、教学难点

结合注释、图片、补充的资料，通过小组合作学习《出塞》《凉州词》两首诗，感受诗人在表达方式和情感上的异同点。

四、教学过程

（一）预习反馈，整体比较

1. 向学生发放课前预习单，让学生借助表格梳理对比《古诗三首》，并记录自己的发现，课堂上进行交流分享。

2. 引出《出塞》和《凉州词》两首古诗。

3. 读准字音，读通诗句，读出节奏。在朗读的过程中认识"塞""秦""征""将"等生字。

[意图说明]

通过课前预习单，引导学生利用整体对比的方法自主了解三首古诗在诗歌体裁等方面的异同，并借助已有的学习经验，把三首古诗读正确，读通顺，读出节奏。

（二）对比学习，体会情感

1. 对比《出塞》和《凉州词》的内容，交流两首古诗的相同之处。

2. 聚焦"万里长征人未还"和"古来征战几人回"，发现共同提到的"征""人"两个意向（"征"是指边塞战争，"人"是指戍边将士）。

3. 学习"秦时明月汉时关，万里长征人未还"。

（1）借助图片交流对诗句的理解。

（2）借助句式、图片、音乐创设情境，引导学生展开想象，体会战争的漫长，感受戍边将士的思乡之情。

（3）有感情地诵读，读出战争的漫长，读出戍边将士对家乡的思念。

4. 学习"醉卧沙场君莫笑，古来征战几人回"。

（1）结合注释，理解诗句大致意思，感受戍边将士的心情。

（2）有感情地诵读诗句，读出戍边将士视死如归的洒脱。教师指导点评。

5. 再次对比诵读，发现两首诗在情感表达上的不同。

（1）学生诵读对比，交流分享。

（2）教师总结：《出塞》中，诗人借明月边关更多描写的是戍边将士对亲人的思念；《凉州词》则突出了戍边将士的英勇洒脱。

（3）再次有感情地诵读诗句。

6. 学习"但使龙城飞将在，不教胡马度阴山"。

（1）借助注释理解诗句，同桌交流。

（2）借助补充资料认识龙城飞将李广，体会诗人对良将的期待与渴望。

（3）小组合作，在地图中找出阴山的位置，并猜测胡马的活动范围。

（4）通过观察地图上的位置关系，说一说自己的感受。

（5）有感情地诵读《出塞》，读出戍边将士对家乡的思念和诗人对良将的期待。

7. 学习"葡萄美酒夜光杯，欲饮琵琶马上催"。

（1）借助注释理解诗句，同桌交流。

（2）情境表达：此时此刻，如果你是戍边将士，你会想到什么？（感受戍边将士虽有无奈，但依然提刀上马、甘愿为国捐躯的豪迈与洒脱）

（3）有感情地诵读《凉州词》，读出戍边将士虽有无奈但又英勇豪迈的特点。

［意图说明］

先通过整体对比，引导学生发现两首古诗在内容上的相似之处，再通过创设情境，围绕"万里长征人未还"和"古来征战几人回"，引导学生辨别两首古诗的细微差别，体会边塞将士戍边之苦，深刻体会诗人对良将的期待。

（三）吟读背诵，产生共鸣

1. 从《出塞》《凉州词》中选择一首，声情并茂地朗诵。

2. 听名家朗诵《出塞》，尝试背诵。

3. 配乐诵读《凉州词》。

［意图说明］

本环节旨在通过自由朗诵、名家朗诵、配乐朗诵等多样化的诵读方式，引导学生把两首古诗中的爱国情怀用诵读的形式体现出来，实现情感的升华。

【课堂实录】

师：大家读对了字音，读通了句子，我们再来看一看两首诗在内容上有什么共同之处。

生1：第一首诗写到了"万里长征"，第二首诗写到了"古来征战"。

师：对，这两首古诗都提到了——

生1："征"和"战"。

师："征"和什么？

生1："征"和"人"。

师：对，我们要看仔细。这里的"征"是什么意思？

生2：战争。

师：没错！这里的人又指什么？

生3：士兵。

师：哪里的士兵？

生3：边塞的士兵。

师：对，边塞的士兵，我们称之为戍边将士。我们先来看"秦时明月汉时关，万里长征人未还"。请同学们结合图片，自己试着理解诗句的意思。（学生自己理解诗句）请你来说一说你对诗句的理解。

生4：前半句写了边关，后半句的意思是，这么多年来，在外面征战的人还是没有回来。

师：你关注到了很多戍边将士因为常年奋战还没有回到家乡。谁再来说一说？

生5：这句诗描写了边塞的景象。

师：什么景象？

生5：秦汉时期的明月和秦汉时期的边关。

师：你说得太棒了！所以，明月依旧是——

生齐答：秦汉时的明月。

师：关塞也依旧是——

生齐答：秦汉时修筑的关塞。

师：这说明战争持续时间非常——

生齐答：久。

师：久，漫长。所以诗人才发出万里长征——

生齐答：人未还。

师：人未还的感慨。他们为什么没有回来？

生6：我觉得那些戍边将士可能已经战死在沙场上了。

师：没错！他们中的很多人可能已经为国捐躯了。请大家看着图片，明月孤城见证了历朝历代的边塞战争，戍边将士浴血奋战保家卫国。每当夜晚来临的时候，清冷的月光笼罩着边塞孤城，也笼罩着戍边将士。现在，如果你就是戍边将士，看着清冷的月光，你想起了万里之外、头发已经花白了的妈妈，你想对妈妈说些什么？

生7：妈妈，您辛苦了。

师：你表达了对妈妈的感谢。你这么长时间没有回家，家里也许全靠妈妈在操持着。离家万里，你又想起了弯着腰、驼着背、在地里耕种的爸爸，你想对他说些什么？

生8：我想对爸爸说，"您的孩子还在沙场上，您的孩子还活着"。

师：你不仅让爸爸为自己的孩子感到骄傲，还报了平安，让爸爸安心，他的孩子还活着。离家万里，你又想起了很久都没有见到的孩子们，但是他们已经长大了，你想对孩子们说些什么？

生9：爸爸现在还活着，等打完仗，爸爸就回来看你们。

师：你表达了对孩子们的嘱托。请同学们带着对家人的嘱托、思念，自由朗读诗句。（学生自由朗读）谁来试一试？

（生10朗读）

师：你读得非常棒！老师注意到你在"人未还"这里放慢了语速，压低了声调，看来你感受到了将士们离家万里征战的艰苦。谁再来读一读？

（生11朗读）

师：老师听到你在"万里"这里读重了音，强调将士们离家很远很远。请大家一起来有感情地朗读。

（学生齐读）

师：老师听出了戍边将士对家人的思念。接下来我们结合图片看一看《凉州词》里相似的诗句，"醉卧沙场君莫笑，古来征战几人回"，请大家在理解的基础上想一想诗人想要告诉我们什么。

生12：诗人想要告诉我们，边塞长年都在打仗，有些人去了就回不来了。而"醉卧沙场君莫笑"说明将士们已经做好了牺牲的准备。

师：将士们做好了为国牺牲的准备。你能感受到他们具有怎样的品格？

生12：无私奉献。

生13：我觉得《出塞》表达了一种思念的感觉，《凉州词》主要写的是将士们的豪放，体现了他们视死如归的精神。

师：你说得非常棒，我们应该给你掌声鼓励。你不仅发现了这两首古诗的相同点——战争和人，还读出来了它们的不同之处。《凉州词》突出的是将士们的——

生齐答：豪迈。

师：非常棒！谁能读出将士们的豪迈？

（生14朗读）

师：真棒！试想，历朝历代的边塞战争中，将士们浴血奋战，他们有的可能在战场上身负——

生齐答：重伤。

师：有的甚至已经——

生齐答：死亡。

师：牺牲了。他们怕不怕？

生齐答：不怕。

师：他们毫无畏惧，把一腔热血献给了祖国，把自己的生死置之度外，这是何等的洒脱豪迈呀！我们一起来读一读。

（教师范读，学生跟读）

师：接下来，我们对比着读一读。谁能读出来两首古诗的不同？

（生14朗读）

师：边塞诗一定要读得慷慨激昂。（教师范读）谁再来试一试？

（生15朗读）

师：老师感受到了将士们的豪迈。接下来，看着图片和补充资料，说一说这句古诗对应的是书中的哪一句。

生16：这句古诗提到了"李将军"，《出塞》提到了"但使龙城飞将在"，"龙城飞将"

指的就是李广将军。

师：所以这两句诗中都有李广。现在，请大家结合注释理解"但使龙城飞将在，不教胡马度阴山"。谁来说一说？

生17：要是李广将军现在还在的话，一定不会让游牧民族的骑兵越过阴山。

师：你说得非常棒，老师关注到了你会结合注释去理解诗句。这里的"龙城飞将"其实就是高适《燕歌行》中的李将军。请同学们看着龙城飞将的图片，结合文字补充资料，说一说李将军是一位怎样的边塞将领。

生18：我觉得李将军是一位武艺高超、一心为国的良将。

师：你用了"良将"，说得非常好。两句诗都写出了诗人对良将的——

生齐答：渴望。

师：（板书：渴望良将）请一位同学带着这种渴望的心情读一读。

（生19朗读）

师：很棒，如果你的声音能够再高一点就更好了。两首古诗都写到了李广，请同学们想一想"两位诗人是渴望李广，还是渴望像李广一样的将领"。

生20：我觉得诗人想让朝廷起用像李广将军这样英勇善战的将领。

师：说得很好！我们来齐读诗句。

（学生齐读）

师：在大家齐读时，老师听到一位同学把"但使"读得特别响亮，我能够感觉到他心中和诗人一样渴望良将。接下来小组合作，请大家结合老师提供的补充资料，以及书上的注释，在地图上找一找阴山的位置，并猜测一下胡马当时的活动范围。

（学生分小组讨论）

师：请一位同学上来在屏幕图片上圈画阴山的位置和胡马当时的活动范围。（生21圈画）你们同意他圈画的内容吗？

生齐答：同意。

师：请同学们看着阴山的位置和胡马当时的活动范围，你们能感受到什么？

生22：阴山离胡马活动的区域很近，经常会遭到胡马的侵扰，所以我觉得在阴山驻守的将士们会很辛苦。

师：对啊，如果胡马突破了这条防线，会造成怎样的后果？

生23：唐朝可能会灭亡。

师：所以，我们通过地图能非常直观地感受到当时战争的艰苦、频繁。距离很近，胡马随时会来偷袭，将士们时刻准备着上战场。我们来齐读整首诗。

（学生齐读）

师：我听出了大家对良将的渴望和期待。

【教学反思】

一、突破常态，尝试新法

随着课程标准的修订，大家对于学生核心素养的培育和发展达成了共识。基于教材古诗组合式编排的特征，教师可以顺势而为，根据单元教学目标，引导学生整体感知古诗。

以本课为例，教师设计课前预习单，引导学生对三首古诗进行第一次比较，重在梳理归纳，让学生了解诗歌体裁。第二次比较则围绕两首边塞诗中"征"和"人"两个共同的意象，让学生根据诗句表达的不同特点，借助层层递进的朗读，了解大意，体会情感。第三次比较则引入高适《燕歌行》的诗句，让学生了解"龙城飞将"和"李将军"两个意象的同一性，感受诗人和将士们对良将的期待，同时起到扩展积累的作用。

二、引入资源，辅助教学

《义务教育语文课程标准》（2022年版）在课程实施部分针对课程资源开发与利用提出两条指导性建议。一是调动多元主体，丰富课程资源类型。语文课程资源既包括纸质资源，也包括数字资源，还包括师生在语文学习方面的兴趣、爱好和特长等隐性资源。教师要充分发挥自身优势与潜力，积极利用和开发各类课程资源，不断增强课程资源意识。二是充分发挥课程资源的育人功能，优化课程资源的使用，要以促进学生核心素养发展为目的，多角度挖掘其育人价值，与课程内容形成有机联系，促进课程目标全面达成。

随着数字化教学技术的不断推广普及，教师可以基于教材文本，积极尝试运用与之适切的信息技术助力教学。本课中，教师在深入研读边塞诗相关文献后，通过网络信息平台，检索到"唐代疆域图""琵琶曲""名家朗诵"等资源，旨在为学生提供优质、多样的学习资源，进而激发学生的学习和探究兴趣。尤其是"唐代疆域图"的引入，极大地激发了学生的探究兴趣。在教师的引导下，学生非常专注地在地图上寻找古诗中的阴山，并且借助注释猜测胡马当时的活动范围。通过地图，学生能够直观地感受到当时边塞战争的紧迫，从而更加深刻地体会戍边将士和诗人乃至整个国家对良将的渴望。

三、长程学习，深化情感

本课教学中，多样化教学辅助资源的引入效果虽然明显，但整体感觉仍是蜻蜓点水。学生对于边塞的军事重要性、戍边的艰难困苦了解还是不足的。课后，教师可以给学生推送图片、视频等资源，推荐专业的诗词网站或历史书籍，让学生在学科融合中尝试提取信息、整合梳理、辨析比较，进一步体会历朝历代戍守边塞对于国家的重要意义。

新课程标准指出语文学科的四大核心素养是文化自信、语言运用、审美创造、思维能力。教师需要引导学生在诵读理解、探究学习中深化情感，激活思维，让爱国情怀渐渐地"沁入"学生的心灵，在学生的心里自然而然地生根、育苗、开花、结果。

【专家点评】

一、比较阅读，增强思辨

《义务教育语文课程标准》（2022年版）在语言文字积累与梳理第二学段的要求中指出："诵读、积累成语典故、中华文化名言、短小的古诗词和新鲜词语、精彩句段等，丰富自己的语汇，分类整理、交流，初步认识中华优秀传统文化蕴含的思想。"小学四年级学生大多是第一次接触边塞诗，学习难度较大，加之本单元"天下兴亡，匹夫有责"的宏大人文主题，难上加难。据统计，唐代以前的边塞诗，现存不到两百首，而《全唐诗》中所收录的边塞诗就达两千余首，其中有些宏伟的篇章不仅是华夏文学的宝贵财富，而且极具历史意义。孙敏老师主要采用比较阅读的方式教授这两首边塞诗。具体做法为，以王昌龄的《出塞》为引子，用一篇带多篇的方式不断丰富、拓展其他边塞诗，进行群诗教学。引领学生深入学习诗歌的各种逻辑关联，以更广阔的视野，多角度、多层次地培养学生的思辨能力。课上，孙老师先引导学生比较《出塞》《凉州词》之间的异同，抓住两首诗中相同的意象"征"和"人"，明确了边塞诗的情感基调。随后，又如穿针引线般引入了高适的《燕歌行》，既巧妙地帮助学生读懂了龙城飞将的威名赫赫，又让学生体会到诗人对朝廷不能选贤任能的不满之情，语言的梳理与运用自然融合。紧接着，在智慧的思辨中，在师生一重又一重的诵读声中，大漠黄沙的壮丽苍凉，寒甲饮冰的报国壮志，卫戍将士的别绪思愁，边塞名诗的巅峰美学充盈其中。

二、知人论诗，读中悟情

《毛诗序》曰："诗者，志之所之也，在心为志，发言为诗。""诗言志"强调诗生成于个人之情，是具体情境的产物。古诗是中华民族的文化瑰宝，教授古诗，不能限于对古诗字面意思的理解和对诗句意思的疏通，更应引导学生在历史文化的背景下，沉潜诗中，与诗人同频共振，与古人对话共情。孙老师将两首边塞诗的教学放在一个广阔的历史文化背景中，帮助学生较为全面地理解诗歌的内在感情。孙老师让学生在充满感染力的音乐背景中，一边诵读一边想象，使学生对战争的残酷、戍边将士的苦痛产生了共鸣，从而增强了爱国之情。

孙老师的朗读指导层层深入，由读准字音到读好停顿再到读出节奏，先读懂诗意再读出感情，整个过程由易到难，循序渐进。孙老师巧妙引入古代地图，通过圈画阴山、明确胡马的具体活动范围等学习任务，调动了学生参与的热情。具体可感的画面，加之教师铿锵有力的诵读,学生的爱国之情油然而生。情动而辞发,学生在想象表达、有感情地诵读中,完成了一次次心灵的洗礼,也实现了从文字到文学再到文化的深入探究。

(上海市闵行区教育学院　景洪春)

量笔下乾坤，品诗中风骨
——《出塞》课堂教学实录

上海市嘉定区古猗小学　周洁

教学视频 |《出塞》

　　语文是语言工具，是字词章句、锦绣文章；语文是审美情趣，是月圆为画、月缺成诗；语文是圣人之铎，是鸿鹄之志、家国情怀。其中，古诗文作为中华优秀传统文化的重要载体，承担着透析文化内涵、拓宽文化视野、传承文化根脉的职责与使命。下面以《出塞》为例谈一谈中华民族精神在小学语文课堂教学中的渗透。

【文本德育解读】

　　《义务教育语文课程标准》（2022年版）指出："教师应理解核心素养的内涵，全面把握语文教学的育人价值，突出文以载道、以文化人。"边塞诗以记录边疆军民生活和自然风光为题材，充分展现了诗人重民本、崇正义的情怀，无疑是引导学生树立正确的世界观、人生观、价值观的绝佳文本。统编小学语文教材中收录了五首边塞诗，见表1。

表1　五首边塞诗

年级	题目	朝代	作者	内容
四年级	《出塞》	唐	王昌龄	秦时明月汉时关，万里长征人未还。 但使龙城飞将在，不教胡马度阴山。
四年级	《凉州词》	唐	王翰	葡萄美酒夜光杯，欲饮琵琶马上催。 醉卧沙场君莫笑，古来征战几人回？
四年级	《塞下曲》	唐	卢纶	月黑雁飞高，单于夜遁逃。 欲将轻骑逐，大雪满弓刀。
五年级	《从军行》	唐	王昌龄	青海长云暗雪山，孤城遥望玉门关。 黄沙百战穿金甲，不破楼兰终不还。
五年级	《凉州词》	唐	王之涣	黄河远上白云间，一片孤城万仞山。 羌笛何须怨杨柳，春风不度玉门关。

由表 1 可知，边塞诗出现在第二至三学段，单元主题指向责任与品格。《出塞》是统编小学语文教材四年级上册第七单元《古诗三首》中的一首诗，这是学生第一次在课文中接触边塞诗这一题材。本单元的人文主题是"天下兴亡，匹夫有责"。单元语文要素之一是"关注主要人物和事件，学习把握文章的主要内容"。本次教学，教师以主题为经，串起历史、文化的脉络，以要素作纬，串起诗歌内容学习方法的指导，经纬相织，努力编织诗歌课堂的锦缎。

一、聚焦文本意象中的人和事——悲天悯人的情怀

（一）冷月边关，诉说衷肠

边塞诗意境辽阔，雄浑壮美，月亮、边关是常见的意象，王昌龄认为"目击其物，便以心击之"是为意象。在这里，他用冷月边关勾勒出了一幅边塞图。蛮荒的边陲之地，浩瀚幽深的月夜，茕茕孑立的关隘，凄凉哀婉的气息油然而生。

古代诗人热衷于托月寄情，无论是"春风又绿江南岸，明月何时照我还"的相思之曲，还是"江畔何人初见月？江月何年初照人"的哲学之思，月亮都见证了人间的悲欢离合。当月光落在身处边关的王昌龄眼中，它更是带着一种感慨，一种强烈的情绪涌动。这种情绪是荒凉的边塞风光带来的，也是频繁的战事带来的，更是将士们骨肉分离、命悬一线的事实带来的。

（二）将士未还，感知恻隐

目睹幽冥孤寂的边关，望尽渺无边际的塞外，却不见远征将士的归来。诗人由眼前的关山明月联想到征战未归的将士们，由景及人，内心更添了几分悲凉。

唐代的边塞诗人是真正走向塞外、走向战场、走进军队的诗人，从指点江山、激扬文字的纸笔间来到粗犷豪迈、充满杀伐的战事前线，他们感受到的是视觉上、心灵上的震撼。同时，接受了文化熏陶的诗人对于战争的认知与思考也更加深入，对战争中活生生的人更具有人文关怀，对于民族命运更持有感怀之情。

（三）龙城飞将，呼唤英雄

明月朗照，关城孤悬，对将士命运凄恻不已的王昌龄试图找到问题的所在和解决的方法。此情此景，他不由得想到了，正是在他踏过的疆域，曾有一位骁勇善战、震慑敌营的战斗英雄——李广，镇守边关，保境安民。于是他笔锋一转，将胸中豪情化为诗句"但使龙城飞将在，不教胡马度阴山"。

在古代，战争是社会生活中的重大事件。射石搏虎、威慑敌营的李广一向是边塞诗吟咏的对象。到了唐代，士人们在将目光投向边塞的同时也过滤掉了李广身上的瑕疵，将其形象升华为雄才大略、刚正仁爱的完美人格，许多边塞诗人都用此典故来表达自己保家卫国、弘扬国威的高远理想。

二、聚焦历史现实中的人和事——建功边塞的壮志

（一）伤时忧国、济世爱民的儒家风尚

《礼记·大学》有云："心正而后身修，身修而后家齐，家齐而后国治，国治而后太平。"历代士人深受此熏陶，认为有德之人，往往能把国家的前途、百姓的命运放在心上。

强烈的历史使命感和社会责任感，使得历代仁人志士就治国安邦的大是大非发表自己的看法。他们渴望能得遇明主，觐见明言，荡涤风气，开万世太平。《出塞》一诗中既有对战事频繁带来的民生哀苦的体察，也有对朝廷派出良将的强烈呼吁，体现出诗人关注时政、积极献策的入世心态。

（二）意气风发、以武载道的盛唐气息

盛唐时期政治稳定，经济富庶。据史料记载，"天宝中，承平岁久，自开远门至藩界一万二千里，居人满野，桑麻如织"。在这样的经济、政治背景下，整个社会呈现出一派欣欣向荣的景象和昂扬奋发的时代精神。再加上李唐王室推崇赫赫武功，形成了以武载道的社会风尚。

受此时代精神和社会风尚影响最大的要数士人阶级。在建功立业、勒马封侯的理想指引下，他们纷纷投笔从戎，参军入幕，以济苍生。诗人王昌龄便是众多远赴边塞的文人之一，他满怀报国豪情地写下了大量的边塞诗。

（三）出身寒微、壮心不已的身世经历

王昌龄约生于长寿元年（692年），自幼家境贫寒，自述"久于贫贱"，少时在家务农，青壮年时云游天下。开元十二年（724年）甲子，王昌龄游历河北、河东、河西、陇右等地，目睹了战争的惨烈，感受到了戍边将士奋勇杀敌、视死如归的勇气和决心，写下了大量高亢激越、纯粹优美的边塞诗。

纵观王昌龄的一生，可谓诗场得意、仕场失意，他定国安邦、经世济民的人生理想几乎从未实现过，但他始终关心民间疾苦，仗义执言，哪怕遭遇谤议，乃至罢黜贬谪亦犹未悔。其诗《芙蓉楼送辛渐》中"洛阳亲友如相问，一片冰心在玉壶"一句，便是诗人一生守节不移、洁身自好的最佳写照。

综上所述，在讲解这类诗歌时，教师既要帮助学生掌握诗歌本身的遣词造句、典故使用，又要鼓励学生了解背景资料，深入体会诗人的家国情怀，从而实现以语文课程为载体渗透民族精神的目的。教师要引导学生通读全诗，聚焦诗里诗外的人与事，在脑海中慢慢交织主题与要素相互交融的经纬锦缎。

【教学设计】

一、教学目标

1. 认识"塞""秦"等生字，读准多音字"还""将""教"，会写"塞""秦"等生字。

2. 正确、流利、有感情地朗读《出塞》，能背诵并默写诗歌。

3. 能借助注释，想象画面，说清诗句的意思；能结合资料，读懂龙城飞将的典故，并结合诗歌的创作背景，深刻体会诗人向往和平和对建功立业的渴望。

二、教学重点

能借助注释，通过一边读一边想象画面的方法理解诗句的意思，说出自己的体会。

三、教学难点

通过查找资料，了解诗歌背景，感受诗歌彰显的人性美以及诗人所表达的家国情怀。

四、教学过程

（一）了解篇章页，整体感知三首古诗

1. 出示篇章页，引导学生说一说"天下兴亡，匹夫有责"的意思。

2. 出示单元语文要素，明确单元学习要求，揭示诗题。

3. 出示学习任务一，请学生自由朗读三首古诗并比较异同。

4. 引导学生朗读，关注字音和停顿。（板贴：借助注释）

［意图说明］

从篇章页入手，明确单元主题，了解单元语文要素，为整节课奠定基调。以任务驱动，以"读"为开篇，要求读准字音，读好停顿，并比较三首古诗的异同，为接下来学习《出塞》做好准备。

（二）聚焦《出塞》，理解诗题

1. 引导学生书空"出塞"，提示"塞"字的写法。请学生给"塞"字组词，顺势引导学生理解"出塞"的字面意思。

2. 课件呈现唐代疆域图，讲解边塞诗的创作背景。

3. 课件呈现塞外风光，引导学生说一说自己的感受。

［意图说明］

读诗先解题，《出塞》这个诗题有多层含义：（1）它是乐府旧题；（2）唐代以《出塞》为题的诗歌大多描述的是边塞的风光和战争；（3）这类诗歌主要抒发了诗人建功立业的激情和抱负。上课时，只针对第二层含义做了说明，明确了诗歌描写的地点和创作背景，为第三层含义的渗透做了铺垫。

（三）涵咏诗句，感受悲凉

1. 教师朗诵诗句，引导学生通过想象画面初步感受意境。（板贴：明月、边关的图片）

2. 引导学生观察插图，认识"关"字。

3. 引导学生通过对比李白《静夜思》、刘禹锡《望洞庭》中皎洁美丽的月光，感受王昌龄在荒凉的塞外见到的凄清的月光。

4. 引导学生正确理解"秦时明月汉时关"的意思。创设情境，让学生通过感受战争的残酷进一步体会戍边将士对家人的思念之情。（板书：人未还）

5. 总结：我们通过想象画面的方法理解了诗句，感受到了诗人的情感。（板贴：想象画面）

［意图说明］

学生在理解诗句上存在一定的难度。教师分以下几个步骤帮助学生理解：先用想象画面的方法引导学生初步认知诗句，再通过欣赏图片和组诗对比的方式让学生体会边关的明月洒下的是透着一丝凄凉的月光，接着引导学生质疑"诗人是唐朝人，为何看到的是秦汉时的明月和边关"，通过视频直观地展示朝代更迭，引导学生体会边关明月千古未变，"人未还"的惨剧一直都在上演，最后用创设情境的方法引导学生体会戍边将士和亲人之间的牵挂以及诗人对他们的怜悯之心。在凄冷苍凉的意境中配乐朗诵，达到水到渠成的效果。

（四）结合资料，体会悲壮

1. 出示学习任务二，小组讨论，自学诗句"但使龙城飞将在，不教胡马度阴山"。

2. 反馈讨论成果，教师随机指导。（板书：龙城飞将）

3. 出示有关李广的诗歌，引入典故的概念。（板贴：结合资料、关注人和事）

4. 借机引入王昌龄的生平资料和时代背景，让学生谈一谈自己的体会。

5. 朗读指导。

［意图说明］

教师组织学生自主探究，让学生通过小组讨论、借助注释、结合资料等方法正确理解诗句的意思。分享李广的故事后，教师可以引导学生抓住人物和事件来读懂典故，更好地体会诗人所要表达的情感。引入王昌龄的生平资料，让学生知人论世，体会其建功立业、济世救民的核心思想。

（五）诵读全诗，欣赏吟诵

1. 朗诵全诗，尝试背诵。

2. 初识平仄，欣赏吟诵。

[意图说明]

让学生了解古诗的不同诵读方式,感受吟诵的魅力,并在理解全诗的基础上有感情地诵读古诗、尝试背诵,产生对中华优秀传统文化的热爱之情。

【课堂实录】

一、涵咏诗句,读懂冷月边关,感受悲凉

师:王昌龄离家万里,来到塞外,用诗记录下所见、所闻、所感。人们常说,诗中有画,画中有诗,大家先听老师朗读,一边听一边想象诗中的景和物。(教师朗读)谁来说一说自己想象的画面?

生1:我仿佛看到一轮明月缓缓升上了天空,一望无际的戈壁洒下了朦胧的月光。

师:你真会表达。

生2:我仿佛看到月光照在雄伟的城楼上,几位士兵静静地站立着,无言地望着月亮。

师:感谢两位同学绘声绘色的描述,你们把大家带进了一个凄冷的夜晚。由此,我们知道了王昌龄来到边塞,首先映入他眼帘的是——

生3:明月、边关。

(板贴:明月、边关的图片)

师:请大家在插图中找一找边关。

(学生用手指认边关)

师:请大家看幻灯片,"关"在古代指的是两国交界的关口,始建于秦汉时期,往往依山而建,边关的中心建有坚固的小楼,用来放哨和抵御敌人。这些给你什么样的感觉?

生4:边关大多比较破败,这让我想到了战争的激烈。

师:破败的边关见证了战争,令人忍不住有一丝感伤,请你带着这种感觉读一读古诗。

生4:秦时明月汉时关,万里长征人未还。

师:白天的边关已经令我们感受到了孤独和寂寞,更别提凄冷月光下的边关了。提到月光,有人说,中华民族是浸在月光中的民族。大家瞧,诗仙李白看到的是这样的月亮:床前明月光——

生齐答:疑是地上霜。举头望明月,低头思故乡。

师:这一轮明月悬挂在如诗如画的烟雨扬州。我们还欣赏过大诗人刘禹锡的《望洞庭》,湖光秋月两相和——

生齐答：潭面无风镜未磨。遥望洞庭山水翠，白银盘里一青螺。

师：这一轮明月悬挂在烟波浩渺、水平如镜的洞庭湖上。王昌龄看到的月亮让你们有什么感觉？

生5：我感觉这一轮月亮是那样凄凉，透着一股寒意。

师：请你带着这种感觉来读一读古诗。

生5：秦时明月汉时关，万里长征人未还。

师：你放慢了节奏，如泣如诉。还有谁想试一试？

生6：秦时明月汉时关，万里长征人未还。

师：你的表情中带着一股哀伤。读到这里，你们理解诗句的意思了吗？

生7：秦朝时的明月照耀着汉朝时的边关，去万里之远打仗的人们还没有回来。

师：你把大部分的诗意都说对了，只是这里诗人用到了一个我们都不太熟悉的修辞手法——互文。互文指的是相邻词语互相补充才能完整表达诗句的意思。这两句诗的字面意思是秦汉时的明月照耀着秦汉时的边关。请大家带着对诗句的理解再来读一读，一边读一边思考。（学生朗读）你有什么疑问吗？

生8：诗人是唐朝人，为什么要提到"秦"和"汉"？

师：古语有云，善问者，如攻坚木也。这句话说的就是你这样善于思考的孩子。有人可以回答这个问题吗？

生9：我觉得王昌龄是在设想秦汉时的明月和边关就已经……

师：就已经怎么样了？

生9：就已经很凄凉了。

师：你说得很好。老师这里有一段视频，或许能更直观地回答刚才这个小朋友提出的问题。（教师播放朝代更迭的视频）此时的王昌龄仿佛站在历史的长河边，看到了从古至今，江山易主，物是人非。谁能读出这凄凉之中的沧桑之感？

生10：秦时明月汉时关，万里长征人未还。

师：你突出了"秦""汉"，读得大气磅礴。还有谁想读一读？

生11：秦时明月汉时关，万里长征人未还。

师：你读得抑扬顿挫，让人仿佛身临其境。千百年来，冷月边关未曾有过丝毫的改变，还有什么没有改变？

生12：我觉得诗人用了互文的修辞手法写出明月和边关没有改变。

师：除了它们，还有什么没有改变，你知道吗？

生12：将士们。

师：你是从哪几个字中看出来的？

生12：人未还。

（板书：人未还）

师：这是些什么人？他们去了哪里？

生12：是将士们，他们去打仗了。

师：打仗就得上战场，说起战场，你能想到什么样的画面？

生12：我想到一个个将士倒在地上，流出了鲜血。赢的人正站在尸体旁，输了的人永远都回不了家了。

师：是啊，战场凶险，刀枪无眼，一上战场便是九死一生。让我们跟随王昌龄的脚步来到这个夜晚，假如你就是那个身处边关、身披战甲的士兵，天亮之后就要走上战场，在月光下，你想说些什么呢？

生12：我的家人还好吗？我什么时候才能见到他们呢？

师：万里之远，归期渺茫，叫将士们怎能不想家呀？请带着你的思念，读好古诗。

生12：秦时明月汉时关，万里长征人未还。

师：假如此时的你正在自家庭院，你的父亲、兄弟正在戍守边关，在月光下，你会想些什么呢？

生13：我会牵挂父亲、兄弟的安危。

师：战场凶险，生死未卜，叫亲人怎能不担忧呢？请带着你的牵挂读好古诗。

生13：秦时明月汉时关，万里长征人未还。

师：别离久，思念深。同学们都用深情的语调呼唤将士们能够平安归来，诗人所处的时代虽为盛唐，但边塞战争频繁，多少好儿郎戍守边关，与亲人分离。来，请女生带着这份怜悯之心一起来读一读吧。

女生齐读：秦时明月汉时关，万里长征人未还。

师：孩子们，刚才我们通过想象画面的方法理解了诗句，感受到了诗人的情感。

（板贴：想象画面）

二、小组讨论，读懂龙城飞将，体会悲壮

师：面对此情此景，王昌龄想到了什么呢？先请一位同学为我们读一读具体的学习要求。

生1：（1）小组合作，借助注释说一说后一个诗句的意思；（2）结合查找的资料，说一说王昌龄为什么会想起龙城飞将，从中你又体会到了什么。

师：请大家以小组为单位，自由讨论。（学生小组讨论）大家讨论得真热烈，老师仿佛看到了思维的火花。谁来代表小组为我们解答第一个问题？

生2：但只要有李广在，就不会让游牧民族骑兵来侵扰中原。

师：还有哪位同学想说一说？

生 3：我们小组讨论的结果是，但只要有像李广这样英勇善战的将领在，就不会让北方游牧民族的骑兵越过阴山。

师："但使"的注释是——

生 3：只要。

师：所以，我们在解释诗句的时候可以说——

生 3：只要有像李广这样的将领在……

师：在这里，诗人提到了一个人——

生 4：李广。

师：（板书：龙城飞将）谁来分享一下李广的故事？

生 5：我听说，李广将军有一次去山林里打猎，碰到了一只老虎，他立刻拔箭向老虎射去，走近了才发现原来是一块石头，而这支箭已经射进石头里，拔不出来了。

师：有这样的将军在，一定能够保境安民。龙城飞将的故事家喻户晓，因而成了典故。很多诗人都用过这个典故，我们来欣赏几首。大家可以跟着老师一起朗读这些诗句。

（师生朗读相关诗句）

师：我们读诗时可以结合资料，抓住人物和事件来读懂典故，更好地体会诗人所要表达的情感。（板贴：结合资料，关注人和事）让我们回到《出塞》这首诗，你们觉得王昌龄想要借李广的典故来表达什么愿望呢？

生 6：根据我们查找的资料，王昌龄曾去边疆打仗，所以他希望有像李广这样的将军带领军队保家卫国，这样就不会让北方游牧民族的骑兵越过阴山。

师：他的愿望有多强烈，请用你的朗读来展示一下。

生 6：但使龙城飞将在，不教胡马度阴山。

师：孟子认为，"颂其诗，读其书，不知其人可乎"，也就是说，读古诗一定要了解诗人的生平。谁可以分享一下诗人的生平？

生 7：王昌龄，字少伯，是盛唐时期的边塞诗人，被后人誉为"七绝圣手"，与王之涣齐名，写过著名的《王江宁集》。

师：你知道得真不少，老师也搜集了诗人的一些资料。王昌龄所处的时代是盛唐，边塞战争频繁。他二十多岁前往边塞游历，后因仗义执言被贬官。王昌龄一生坎坷，但始终关心民间疾苦，不改建功立业之志。这些资料让你们明白了什么？

生 8：王昌龄是一个具有爱国情怀、心系百姓、有志向的人。

师：是的。王昌龄心怀修身、齐家、治国、平天下之志，这首诗可以说是他人生追求的写照。谁能够读好后半部分的诗？

生 9：但使龙城飞将在，不教胡马度阴山。

师：请男生一起试一试。

男生齐读：但使龙城飞将在，不教胡马度阴山。

三、回顾全诗，入心诵读，感受壮志

师：王昌龄来到塞外，注视着冷月边关，不禁想起了当年射石搏虎、威慑敌营的李广，胸中陡生豪迈之情。请大家一起读一读这首诗。

（学生齐读）

【教学反思】

一、兴发感动，触摸诗魂

本单元的主题是"天下兴亡，匹夫有责"，在鉴赏古诗的过程中体会诗人忧国忧民、济世报国之心是本课的重点。诗以言志，王昌龄创作《出塞》时年仅27岁，拥有着建功立业的热忱，可以说，诗中每个字都体现了诗人的炙热豪情。因此，在教学中，我紧扣文本，通过解读龙城飞将的典故，引导学生体会诗人内心深处最为悠远的情感。

在教授"但使龙城飞将在，不教胡马度阴山"时，我出示了学习任务单，引导学生采用小组讨论的方式，聚焦龙城飞将的典故，落实"关注主要人物和事件"这一语文要素。依据学情，我将这一板块的学习任务细化为两个环节：一是通过分享李广的故事树立英雄形象，顺势引入典故的概念并拓展了三首用到该典故的古诗，总结学习方法，并引导学生体会王昌龄使用典故的意图；二是结合王昌龄的生平和《出塞》这首诗的写作背景，带领学生采用知人论世的方法进一步感受诗人的人生追求。对于古诗的教学来说，应该从诗人的"兴发"到学生的"感动"，以诗歌中饱含的情感为纽带，以产生共鸣为目标，而教师便是那个穿针引线的人。

二、破解语码，会通诗心

当代诗词大家叶嘉莹先生认为，对于一个拥有悠久文化历史的民族来说，其族人对于使用的语言词汇通常会形成某些约定俗成的联想，这些词汇即语码。在鉴赏古诗时，我们可以通过破解语码更深入地体会诗人的情感。

在教授"秦时明月汉时关，万里长征人未还"时，我紧紧抓住冷月边关的意象，"寻声暗问"，配合诵读，让情感的浪潮一次次涌上学生的心头。为了引导学生体会诗人的情感，我设计了四个教学环节：（1）出示图片，解释边关的由来，请学生说一说自己对边关的感受；（2）引入月光，通过对比《静夜思》和《望洞庭》中描绘的朗月与本诗中的冷月，引导学生发现王昌龄笔下的景所独有的凄凉苍茫的感觉；（3）引导质疑，让学生观看朝

代更迭的视频，从中感受时空的苍茫和辽远，并体会诗中物是人非带来的感伤；（4）创设情境，引导学生想象战争的画面，体会战争的残酷，进而借助想象表达成边将士对家人的思念以及诗人的悲悯之心。四个教学环节螺旋上升，层层递进，让学生紧紧抓住边关和月亮的意象，深刻体会哀婉凄凉的意境。

我通过创设情境、想象画面的方法，引导学生循着语言的幽径探寻诗人的心境，同时渗透鉴赏古诗的方法，亦可作迁移之用，增强了学生阅读古诗的信心，激发了学生学习古诗的兴趣。

三、营造氛围，遇见诗意

《礼记》有云："温柔敦厚，诗教也。"蓬飞的诗教传统不断地滋养民族灵性，涵养民族气节，孕育民族品格。也正因为此，唐诗——这座古诗的高峰，辉煌璀璨，产生了众多流派，包括山水诗、边塞诗、咏史诗等。

《出塞》就是一首流芳千古的出塞诗。诗中流露出的苍茫悲壮、高亢激越与以往写景、思乡的古诗的温润感有很大的区别。但是对于四年级的小学生来说，特别是从小生活在长江中下游平原的孩子，其人生经历和生活阅历尚浅，难以体会此类诗歌的意境和理解诗人的情感。

鉴于以上分析，本节课中我采用了以下策略，引导学生沉浸式地感受古诗之美。一是会心诵读，因声求气。本节课中，"读"贯彻始终。初读古诗，读准字音，读好停顿；比较着读，辨析三首古诗的异同；欣赏图片和视频，带着感受朗读诗句；创设情境，从语调和节奏的变化中读出情感。学生用心体会，入情朗诵，一步步走进诗歌的核心。二是诚心直观，以见其象。我精心挑选了大量图片、视频和音乐，在课堂中营造了浓浓的古典意境，调动学生的视听感官系统。特别是在解说诗题时，我出示了几张塞北风光的照片，再配以《西域之地》的背景音乐，为学生理解本诗中冷月边关凄凉苍茫的意境奠定了基础。三是雅言启智，润物无声。教学设计中，我精心组织过渡语，适时引入诗词典籍中的名言，在不经意间熏陶学生，提升学生的文学素养。为进一步营造古典氛围，努力打造诗意课堂，我的评价语也采用文白兼用的表达方式。

【专家点评】

《义务教育语文课程标准》（2022年版）明确了四大核心素养，"文化自信"居于首位。如何在丰富语言运用、培养思维能力、促进审美创造的过程中建立文化自信呢？古诗作为中华优秀传统文化的重要组成部分，既是语文课程中不可或缺的内容，也是建立文化自信、实现学科育德的一大载体。周洁老师所执教的《出塞》一课，就以诗歌中的

"文化之脉"为突破口,借助景、人、事三个要素来突破单元重难点,架构诗歌的学习路径,让学生在品诗读诗中实现对中华文化的认同与热爱。

一、景:紧扣意象,循文化之源

周老师紧扣冷月边关这一意象,层层深入,推进学生对诗文中情景交融的领悟。如先让学生借助画面了解"关"的作用,再让学生通过对比诵读体悟冷月边关这一意象,紧接着让学生通过辨析发现冷月边关的变与不变。周老师以意象为线索,鼓励学生基于自己的理解,通过朗读来表现画面——冷月边关也逐渐从雄壮之感、凄凉之感变化为时代变迁的沧桑之感。学生在诵读中,不知不觉地理解了诗歌的文化内涵。

二、人:抓住"典故",解诗文之意

在实践中我们常会发现,单元的语文要素指向现代文的阅读策略居多,在古诗文的教学中往往难以落实。在这样的情况下,教师对单课教学在单元中的定位就显得尤为重要。《出塞》所在单元的语文要素是"关注主要人物和事件,学习把握文章的主要内容"。周老师在教学中既关注古诗文教学的特点,又时刻关注单元语文要素在本课的落实。周老师把教学的侧重点放在关注人物和事件上,通过梳理诗歌中人、龙城飞将和诗人这三条线索,抓住主要人物龙城飞将的典故,串联起理解本诗的学习路径。

"人未还"是理解龙城飞将的前提,周老师通过音乐渲染创设情境,将学生的角色带入"身披战甲的士兵""思念兄父的家人",把"人未还"转化成了具体可感的场景。当学生体会到历史轮回、战争残酷并通过朗读表达后,龙城飞将的出场就成了诗意理解和情绪变化的转折点。李广射虎的故事、李广其他诗句的补充,则进一步帮助学生理解了典故中这一历史人物的形象,有助于学生体会诗人从想到"人未还"到希望龙城飞将犹在的情感变化。

三、事:依托"史实",悟诗人之情

诗人的生活离学生很远,要想让学生体悟诗情,实现文化认同,就要引导学生了解并读懂时代背景,了解史实。

本诗中,如果说"人未还"和龙城飞将犹在是诗人所想、所愿,那么诗人为什么会产生这样的想法呢?这一定与诗人的人生经历息息相关。课上,周老师通过学习任务单组织学生结合资料展开讨论,这既是学生了解盛唐、分享诗人史实背景的过程,也是学生从中提取有效信息、表达个人观点、进行语言实践的过程。在讨论交流中,学生大多能够抓住诗人从军、游历边塞等经历来感悟诗人对"国家兴亡""人民疾苦"的关注。基于此,学生在诵读整首诗时就能通过语气、语调的变化来表现出诗人情感的转折——从

"人未还"的孤独、沧桑与悲凉，转化成一种由内而外的力量，借龙城飞将倾泻而出，是向往，更是一份豪迈的人生誓言。

周老师以主问题为牵引的任务单设计，实际上也呈现了一种较为稳定的"了解史实，走近诗人"的学习路径——当我们读到有人物、有典故的诗歌时，就要去查找资料了解人物和事件，进而了解人和事与诗人境遇之间的关系，这样才能读懂诗意，感受诗情，达到"学会一篇，会读一类"的诗歌学习目标。

周老师的教学为古诗教学提供了鲜活的案例，也进一步启发我们在指导学生学习古诗的过程中，需要准确定位单元内"这一课"的目标和要求。基于目标把诗歌描绘的情境具体化、把学生的感官体验具体化、把学习诗歌的路径方法具体化，配以诗意的画面渲染、诗意的语言评价、诗意的情感表达来感染学生，进而提升学生的语言运用能力、思维能力。让诗人的世界观、人生观和价值观在无形中得以传递，被学生内化，这也是培养文化自信、进行学科育德的应有之义。

（上海市嘉定区教育学院　周雅芳　胡炜烨）

用故事渗透德育，以德育浸润童心
——《王戎不取道旁李》课堂教学实录

北京第二实验小学洛阳分校　雷明

教学视频 |《王戎不取道旁李》

【文本德育解读】

本文讲述了魏晋时期"竹林七贤"之一的王戎在幼时便善于思考、冷静推断的故事。王戎七岁的时候，曾经和一些小朋友出去游玩。他们看见路边有一棵李树，上面结了很多李子，枝条都被压弯了。其他小朋友争着跑去摘李子，只有王戎站着不动。有人问他为什么不去摘李子，王戎回答："这棵李树长在大路边，上面还有这么多李子，一定是苦李子。"大家摘来一尝，果然是苦的。

课文虽然简短，但描写十分生动。例如，"竞走取之"写出了众孩童争先恐后摘李子的场景；"唯戎不动"写出了王戎的冷静，与众孩童的行为形成鲜明的对比；"此必苦李"中的"必"字，表现出王戎的自信。

这篇文言文是很好的教育素材，教师应该充分挖掘教材内容，运用多种方法引导学生了解王戎，感受其身上的优点，从而使学生养成良好的习惯。

一、主人公是学生学习的榜样

王戎通过仔细观察和分析，推断出大路边的李树上结的李子是苦的。年仅七岁的王戎就能根据周围的环境来进行细致的分析，不人云亦云，值得赞扬。现在，部分小学生存在以下问题。

（一）遇事不够冷静，缺乏独立思考的能力

当下，很多小学生在面对生活、学习上的困难时，表现出的往往是一种焦躁的情绪。他们不能静下心来认真思考，喜欢从众，认为多数人的答案一定是正确的。缺乏独立思考的能力，直接导致学生缺少创新意识和批判精神。这是很可怕的。本文中的王戎就是一个善于思考的人，学生通过反复诵读，能清晰地看到一个智者的形象，也能感受到独立思考带来的好处。榜样的力量是无穷的，王戎的形象一定会深深植根于学生的心中，潜移默化中帮助学生养成遇事冷静分析、独立思考的好习惯。

（二）观察事物不够仔细，较少关注细节之处

如今的生活节奏很快，导致学生遇到问题时急于寻找最终的答案，争强好胜的心态容易使学生急功近利，忽视很多事物的细节，而细节往往决定成败。因此，教师要帮助学生养成仔细观察事物的好习惯。本文中的王戎就是一个典型人物，学生能直观、清晰地看到王戎通过认真观察，捕捉到李树长在大路边这样一个细节，从而分析推断出"此必苦李"。

二、课文讲述的故事是很好的德育素材

爱听故事是学生的天性，在对学生进行德育时，适时讲一些恰当的故事会产生事半功倍的效果。会讲故事的教师本身就有一种人格魅力，能把学生的目光集中在自己的身上，大大提高教育效果。

相关故事从何而来？中华优秀传统文化中就有大量的育人故事。本文中的故事短小精悍，内容通俗易懂，通过两类人的对比，突出表现了王戎的优秀品质。在课堂上，教师通过形式多样的故事，让学生设身处地感受人物的特点，进而内化成自己的一种认知，它的教育意义远胜于教师直白的说教。

【教学设计】

一、教学目标
1. 认识"戎""诸"等生字，会写"戎""竞"等生字。
2. 能正确、流利地朗读课文，并背诵全文。
3. 能结合注释，用自己的话讲述这个故事。
4. 理解"树在道边而多子，此必苦李"的原因。

二、教学重难点
理解课文内容，并能用自己的话讲述这个故事。

三、教学过程
（一）对比看图，理解题意
1. 出示图片，找相同点。

请根据图片说出故事的名字。(出示图片：曹冲称象、司马光砸缸)对比这两个故事，它们有什么相同点？(引导学生发现故事的名字都是"人物＋事件")

2. 出示课题，理解题意。

(1)板书课题，提示"戎"字的笔顺。

这节课，我们来认识一个人物，他的名字叫王戎。(板书课题)"戎"是本课要求会写的字，请大家注意它的笔顺。第三笔是竖撇，最后两笔是撇和点。

(2)指名读课题。

(3)理解题意。

(4)引导学生认识"人物＋事件"的文章命名方法。

3. 设疑。

王戎不取道旁李，这是何故？

[意图说明]

选用教材中的插图，让学生看图说出故事的名字，既能让学生回顾所学知识，又能使学生懂得可以借助插图理解课文内容。"人物＋事件"的方法学习，为新课的导入做好了铺垫，便于学生更好地理解课题的意思。

(二)初读古文，读准字音

1. 自由朗读这篇文言文，注意把字音读准，试着把句子读通顺，尤其要注意文中带拼音的生字。

2. 指名让学生朗读自认为读得最好的一句。

3. 引导学生读准"折"这个多音字。

(1)引导学生借助插图理解"折"在文中的意思是弯曲。

(2)根据字义，确定"折"在文中的读音是 zhé。

4. 师生配合朗读。

5. 全班齐读。

[意图说明]

学习文言文的前提是把字音读准，把句子读通顺。指名让学生朗读自认为读得最好的一句，可以激发学生的积极性，消除学生的畏难情绪。

(三)细读古文，理解文义

1. 学生运用所学的方法自学文言文。

2. 分享交流学习成果。

(1)王戎七岁，尝与诸小儿游。

① 借助注释理解"尝"的意思是"曾经"。

② 引导学生抓住故事中的主要人物。(教师随机板书：王戎、诸小儿)

（2）看道边李树多子折枝，诸儿竞走取之，唯戎不动。

① 通过"演一演""说一说"的方式理解这句话的意思。

我们来演一演诸小儿的动作。请大家认真观察并说一说你们看到了什么。

此刻，讲台上就有这样一棵李子树，上面结满了李子，个个饱满，特别诱人。看道边李树多子折枝，诸小儿——（请到台前演示）面对这棵李子树，诸小儿还会说些什么呢？一儿曰："_____"（引导学生想象人物的对话）

② 理解古今异义字"走"。

在古文中，"走"字往往是跑的意思。例如，《守株待兔》中说"兔走触株，折颈而死"，这是指一只兔子跑得特别快，撞到一棵树上，折颈而死。又如，《夸父逐日》中说"夸父与日逐走"。这里的"与日逐走"，意谓夸父和太阳赛跑。很多成语里的"走"字也是跑的意思，如东奔西走、飞禽走兽。

③ 理解"之"的意思。

"之"在这里指的就是李子。"之"是魔术师，在不同的句子里，它的意思会变哦！大家要格外留意。大家看，面对多子折枝，诸小儿的选择是——（生齐答：竞走取之），而王戎却——（生齐答：不动）。（教师随机板书：竞走、不动）

④ 引导学生读出人物不同的表现。

（3）人问之，答曰："树在道边而多子，此必苦李。"

① 引导学生理解这里的"之"指的是王戎。

② 顺学而导，引出学习古文的方法——补充。

③ 创设情境，引导学生读出王戎的自信与坚定。

现在，请一位同学来扮演王戎，我来扮演诸小儿中的一员。我跑出去了几步，看到"王戎"站在原地不动，于是我跑到"王戎"跟前问："王戎，树上果子甚多，何故不取？"

（4）取之，信然。

运用"补充"的方法引导学生理解句意。

大家很好地运用了"补充"的方法，在"取之"前面补充了"诸小儿"，在"取之"后面补充了"尝了尝"，真棒！这样，表述就更加清楚和完整了。

3. 学生用自己的话讲述这个故事。

（1）同桌互相讲故事，教师巡视。

（2）指名交流。

小结："补充"不仅是学习古文的好方法，也是讲好故事的妙招。

4. 释疑。

（1）用文中的话回答。

出示：树在道边而多子，此必苦李。

（2）谈一谈自己的理解。

5. 交流王戎身上所具有的品质。

［意图说明］

通过多种形式引导学生理解古文的意思，或借助注释，或通过演一演、说一说的方式，或创设情境进行对话，指导朗读，或运用补充的方法把话说清楚，让学生在轻松愉悦的氛围中快乐学习。

（四）三读古文，引导背诵

1. 设疑：王戎真的没有动吗？

王戎动了，他动眼观察，动脑思考，动嘴劝说。

2. 引导学生仔细观察，认真思考，运用文中语言填空。

（1）出示：见果园李树多子折枝，诸儿＿＿＿＿＿＿＿，唯戎＿＿＿＿＿＿＿。

（2）出示：几日后，戎复与诸小儿游，见道边李树少子挂枝，诸儿＿＿＿＿＿＿＿，唯戎＿＿＿＿＿＿＿。人问之，答曰："树在道边而少子，＿＿＿＿＿＿＿＿＿＿＿＿。"

3. 引导学生背诵全文。

［意图说明］

学以致用，引导学生学习王戎的善于观察、勤于思考。找准切入点，引导学生运用文中的语言练习说话，活学活用，加深对课文内容的理解，为背诵全文做好铺垫。

（五）拓展延伸，布置作业

1. 出示古文《曹冲称象》，对比其与课文在写法上的相同点。

对比两篇古文，写法都很妙！诸小儿和众大臣的行为更能衬托出王戎和曹冲的善思、多识，更能凸显其为智者的形象。

2. 布置作业。

课文选自《世说新语》，感兴趣的同学可以找该书来读一读。我们可以把这个故事讲给别人听，也可以发挥想象力，动笔写一写这个故事。

【课堂实录】

一、用自己的话讲一讲这个故事

师：课文只用了短短几行字，就把故事的起因、经过和结果交代得清清楚楚。大家能否完整地讲一讲这个故事？请在小组内互相讲一讲。

（小组内互相讲故事，教师巡视）

师：哪位同学想在全班进行展示？（请生1回答）诸位，请听之，而后评之。

（生1讲故事）

师：让我们把掌声送给他。诸位，谁来评之？

生 2：甚好！甚好！

师：孺子可教也！

生 3：妙哉！妙哉！

师：还可以补充哪些内容，让故事更生动、更有趣？

生 4：可以讲一讲诸小儿的对话。

生 5：可以讲一讲他们的心情，并描述他们的表情。

师：对，补充一些细节，故事就更吸引人了。"补充"不仅是学习古文的好方法，也是讲好故事的妙招。课下，大家可以试着讲一讲！王戎不取道旁李，这是何故？谁能用文中的句子来回答？

生 6：树在道边而多子，此必苦李。

师：请具体说一说原因。

生 6：李树长在大路边，从这里经过的人很多；如果李子是甜的话，早就被人摘光了。没有人摘，说明李子一定是苦的！

师：很好，你读懂了课文。我们应该向王戎学习什么呢？

生 7：善于思考。

（板书：善于思考）

生 8：善于观察。

师：经过交流，王戎已经慢慢地走进了我们的心里，让我们齐读课文。

二、活学活用，读懂王戎

师：文中说"唯戎不动"，王戎真的没有动吗？

生 1：王戎动了。

师：王戎哪里动了？

生 1：王戎眼动了。

师：王戎动眼认真观察。

生 2：王戎脑动了。

师：王戎动脑认真思考。

生 3：王戎嘴动了。

师：王戎动嘴劝说别人。说得好！那我们也来仔细观察、认真思考一番吧！请看！

（出示：见果园李树多子折枝，诸儿_____，唯戎_____）

生 4：诸儿竞走取之，唯戎不动。

师：这次，王戎为何不动？

生5：果园有主人，不能随便摘李子。

师：你是一个懂礼节的孩子，特别棒！再看！

（出示：几日后，戎复与诸小儿游，见道边李树少子挂枝，诸儿_____，唯戎_____。人问之，答曰："树在道边而少子，_____。"取之，信然）

生6：诸儿不动，唯戎取之……此必甜李。

师：大家把热烈的掌声送给他！活学活用，甚是精彩！请你思考一下，古文中会用哪个字来表示甜？

生6：甘。

师：对，此必甘李。此时，我相信王戎已经深深地走进了我们的心里，让我们齐读课文。

（学生齐读课文）

师：我相信这个有趣的故事也深深地印在了大家的心里，请大家尝试填空并背诵。

（教师出示关键词，学生填空式背诵）

师：（板书：信然）我们发现，诸小儿对王戎说的话深信不疑。

三、拓展延伸，布置作业

师：历史上这样的故事还有很多，请看古文《曹冲称象》。（内容略）大家看，诸小儿和众大臣的行为更能衬托出王戎和曹冲的善思、多识，更能凸显其为智者的形象。课文选自《世说新语》，感兴趣的同学可以找来该书读一读。我们可以把这个故事讲给别人听，也可以发挥想象力，动笔写一写这个故事。

【教学反思】

一、借助插图，唤醒学生认知

我用图片的形式引入曹冲称象、司马光砸缸两个故事，主要出于三方面的考虑：一是引导学生看图猜故事，激发学生的兴趣；二是选用教材插图，能够让学生明白插图可以帮助我们更好地理解课文内容；三是引导学生发现可以用"人物＋事件"的方法给文章命名。

二、展开想象，丰富故事内容

故事是最好的德育载体，每位小学教师的心中都要装着无数个通俗易懂、生动有趣的故事，用故事渗透德育，用德育浸润童心。因此，在引导学生通读全文、理解课文意思的基础上，我运用多种手段丰富学生的认知，使故事中描述的画面更加丰富和立体。

（一）丰富人物的神态、动作和语言

我引导学生设身处地地想一想"诸小儿看到李树多子折枝时会流露出什么样的神情，他们一边跑一边会说些什么……"，学生顿时兴趣高涨，个个都跃跃欲试，就这样，王戎这一人物的形象在与学生的深入交流中越来越清晰。

（二）创设情境，分角色演一演，在互动中理解文本

学生扮演诸小儿，我扮演王戎。面对多子折枝的李树，大家会有什么样的反应，王戎是怎么做的，当看到王戎站在原地不动时，诸小儿会对王戎说些什么，师生一起来演一演。只见学生争先恐后地跑上来，个个兴奋不已，有的伸手去摘李子，有的扭过头来对王戎说"赶快过来呀！晚了就没有李子了"……师生把课文活灵活现地表演了出来。在这个过程中，学生对人物的感悟更加深刻，对文本的理解更加深入。

三、活学活用，训练学生思维

在课堂上，我适时出示：见果园李树多子折枝，诸儿＿＿＿＿＿，唯戎＿＿＿＿＿。学生思维活跃，答案不尽相同，各有各的道理，但最后大家一致认为王戎不会动，因为既然是果园，就一定会有主人，而没有经过允许就摘别人的果子是不礼貌的行为。经过思辨，学生明白了做人要懂礼节。这种教育不留痕迹，润物细无声，产生了很好的德育效果。

我又随机出示：几日后，戎复与诸小儿游，见道边李树少子挂枝，诸儿＿＿＿＿＿，唯戎＿＿＿＿＿。人问之，答曰："树在道边而少子，＿＿＿＿＿。"取之，信然。学生经过认真思考，活用课文语言，完成填空，整个过程精彩不断，在潜移默化中学会了思考。

四、文本对照，发现叙事规律

我引导学生对比《王戎不取道旁李》和《曹冲称象》，让他们明白这两篇文章都通过比较，凸显了智者的形象。在揭示认识事物规律的同时，我让学生充分感受到了王戎与曹冲的智慧。榜样的力量是无穷的，相信两位主人公的形象已经深深地扎根于学生心中，激励他们做这样的智者。

反思这节课，我认为学生不难理解《王戎不取道旁李》的内容。因此，我可以留出更多的时间给学生讲故事，创设的情境可以再多样一些，这是第一点。第二点，我认真倾听了学生的发言，并进行了有针对性的评价，但有的时候会为了评价而评价，显得很不自然。在课堂上，我应该更加放松，用心倾听学生的发言，发现生成点并及时进行引导。第三点，在最后一个环节，对比《王戎不取道旁李》和《曹冲称象》写法上的相同点时，我应该放手让学生去发现和总结。在对古文的学习上，我们应该相信学生，他们并不是零起点。

【专家点评】

雷明老师执教的《王戎不取道旁李》,获得了全国名校联盟首届小学语文青年教师课堂教学大赛特等奖。这节课中有许多值得我们学习与关注的地方。

一、激发学生学习文言文的兴趣

雷老师通过创设学习情境,让学生结合教材中的情境图理解"多子折枝"的意思;通过请几个学生演一演诸小儿,来采摘李子,引导学生读懂"竞走"的意思;通过启发学生想象说话,丰富该文的故事情境,让学生感受人物特点,创造性地讲好故事。雷老师还设计了挑战性学习任务,把学习的主动权还给学生。在学生运用所学方法自学文言文的基础上,雷老师引导学生关注文言文中的魔术师——"之",让学生结合上下文理解文中三个"之"字的意思,体会文言文的语言特点,并教给学生学习文言文的好方法——补充。

二、发挥文本的育人功能

这主要表现在三方面。一是培养学生热爱中华优秀传统文化的情感。学习文言文,在某种程度上就是在继承和弘扬中华优秀传统文化。本文语言凝练,用简短的文字记叙了一个生动的故事,故事中有时间、地点、人物、起因、经过、结果,通过王戎与诸小儿行为的对比,突出了王戎的特点。二是引导学生学习王戎善于观察、勤于思考、不盲从的品质。雷老师运用多种方法引导学生感受王戎身上的优点,在潜移默化中对学生进行熏陶。三是教育学生不随便拿别人的东西。雷老师创设文言文语境"见果园李树多子折枝……",问学生"这次,王戎为何不动",学生回答"果园有主人,不能随便摘李子"。

三、丰富文言文学习的语境

为了帮助学生更好地学习文言文,雷老师精心设计了自己的教学语言。根据故事情节和学生的实际,雷老师在教学中渗透了浅显的文言文,拓展了教学内容,营造了良好的文言文学习氛围。当"诸小儿"争着跑到"李树"下,看到"王戎"站在原地不动时,雷老师问:"王戎,树上果子甚多,何故不取?"在一个学生用自己的话讲故事前,雷老师提出学习要求:"诸位,请听之,而后评之。"当一个学生讲完故事后,学生很自然地用上文言文进行评价:"甚好!甚好!""妙哉!妙哉!"……

四、培养学生的思维能力

思维能力是指学生在语文学习过程中的联想、想象、分析、比较、归纳、判断等认知表现。雷老师根据四年级学生的特点和文本的内容,主要从四方面训练学生的思维。一是抓住"竞走取之"和"唯戎不动",让学生进行对比,产生认知冲突,进而引导学生剖析王戎的内心世界,想象王戎思考的内容。二是围绕"树在道边而多子,此必苦李",引导学生说出王戎做出判断的思考过程,训练学生的逻辑思维。三是设疑,"王戎真的没有动吗",以此打开学生的思路:王戎动了,他动眼观察,动脑思考,动嘴劝说。四是拓展填空。在读懂人物品质的基础上,学生活用课文语言,像王戎那样善于观察和思考。

(上海市静安区教育学院　李伟忠)

学古人读书，感中华文化

——《文言文二则》课堂教学实录

上海师范专科学校附属小学　曹叶舟

教学视频 | 《文言文二则》

　　文言文是中华民族灿烂文化的重要载体之一。《义务教育语文课程标准》（2022年版）十分强调中华优秀传统文化在语文教学中的落实，如"总目标"第二条中这样表述："热爱国家通用语言文字，感受语言文字及作品的独特价值，认识中华文化的丰厚博大，汲取智慧，弘扬社会主义先进文化、革命文化、中华优秀传统文化，建立文化自信。"经过多年的实践探索，大家越来越重视我国古代优秀诗文教学，对其中所蕴含的价值和作用的理解、认识也更为深入。下面以《文言文二则》一课为例，谈一谈中华优秀传统文化在小学语文课堂教学中的渗透。

【文本德育解读】

一、故事耳熟能详，寥寥数语道出读书真谛

　　《文言文二则》是统编语文教材四年级下册中的一课。这一课围绕《囊萤夜读》和《铁杵成针》两则古人勤学的故事，以学生相对熟悉的故事内容，激发他们学习文言文的兴趣，引导学生学习古人勤奋学习、持之以恒的品质。

　　《囊萤夜读》讲述了晋朝名臣车胤早年刻苦读书的故事。故事第一句概括地介绍了车胤"恭勤不倦，博学多通"。第二句"家贫不常得油，夏月则练囊盛数十萤火以照书，以夜继日焉"，这既是车胤"恭勤不倦"的具体表现，也补充说明了其"博学多通"的原因。两句话条理清晰，刻画出一个家境贫寒、勤勉刻苦的读书人形象，也激励后人要像车胤一样勤奋刻苦。

　　《铁杵成针》讲述了李白早年求学的经历。第一句"磨针溪，在象耳山下"，介绍了故事发生的地点；"世传李太白读书山中，未成，弃去"是故事的起因；"过是溪，逢老媪方磨铁杵。问之，曰：'欲做针。'"是故事的经过；"太白感其意，还卒业"是故事的结果。

短短五句话，就叙述了一个完整的故事，老媪的话不仅启发了李白，也告诫后人读书要持之以恒。

《囊萤夜读》和《铁杵成针》的故事世代相传，这是因为古人勤奋好学、坚持不懈的精神就像一个符号、一个烙印，深深地刻在一代又一代人的心中，成为一种民族精神。

二、人物家喻户晓，传奇经历激发读书动力

《囊萤夜读》选自《晋书·车胤传》。东晋时期，"家贫不常得油"的车胤凭着"囊萤夜读"进而"博学多通"，最终成为重臣，充满了传奇色彩。本单元"语文园地"中介绍了一系列古人读书的故事，如"凿壁偷光""悬梁刺股"，其主人公也大多有这样一段传奇的经历。

《铁杵成针》选自《方舆览胜·眉州》，此书是宋代祝穆所著的地理类著作。本文开篇就交代了"磨针溪，在象耳山下"，似乎写这篇文章的主要目的是介绍"磨针溪"名字的由来——与发生在李白身上的故事有关。然而，这个故事太过传奇，一是李白的诗歌成就举世共识，借其名演义，可以使磨针溪更富传奇色彩；二是细品故事中的老媪，可能并非凡尘里的普通人物——没有一位活了几十年的老奶奶会傻到真拿一根铁杵去磨针，但故事恰恰让这样一位老媪心平气和地在此"磨针"了。面对老媪磨铁杵这样一个非常之举，我们定然充满好奇，而文章却将"问"的内容和过程简以"之"代替，将"想"的内容用"感其意"略过。这就给阅读带来了极大的想象空间，也更加为故事增添了传奇色彩。

两位家喻户晓的主人公，其本身的成就足以让后人高山仰止，而发生在两人身上充满传奇色彩的求学故事，更能激发后人阅读和思考的兴趣，激励他们刻苦学习、坚持不懈。

三、标题脍炙人口，用四字词语唤醒文化基因

"囊萤夜读"和"铁杵成针"两个标题都是四字词语，这也是汉语中常见的一种语言现象。相当一部分四字词语是一种长期沿用的固定短语，来自古代经典著作、历史故事；其意蕴深刻、精辟，不是其构成成分意义的简单相加。

"囊萤夜读"是人们根据《晋书》中的相关内容概括凝练而成的四字词语。除了在《晋书》中出现，"囊萤夜读"在传统启蒙经典《三字经》中也曾出现——"如囊萤，如映雪。家虽贫，学不辍"。"只要功夫深，铁杵磨成针"更是一句脍炙人口的谚语，常常用来勉励、劝学；"铁杵成针"也成了一个成语，比喻只要有决心，肯下功夫，再难的事也能做成功。

成语、俗语、谚语等是传统文化基因的重要载体之一。把两个脍炙人口的四字词语作为标题，拉近了读者和故事的距离，唤醒了根植在华夏儿女心中的有关传统文化基因。

四、文言简洁凝练，反复诵读效仿古人读书

对于小学阶段文言文的学习，教材进行了准确的定位：初步接触文言文，产生学习文言文的兴趣。如课后题中"正确、流利地朗读课文"的要求，是为了让学生在教师的帮助下正确、流利地朗读文言文，获得初步的文言语感；"借助注释，理解文中每句话的意思"以及"照样子，根据课文内容填一填"是为了让学生初步掌握"借助注释"等理解文言文意思的方法，实现知识迁移。

无论哪个学段，朗读在语文教学中都是不可或缺的，朗读能有效加深学生对文章内容的记忆和对文章整体的理解。学生在理解文章的基础上进一步感悟作者所表达的思想感情，便能提高语文素养。

文言文的语言表述有其鲜明的特征，学习中离不开对文章的多次通读。教师要引导学生感受文言文的语气、停顿、节奏等，让学生体会其独特的韵律美。教师有意识地强化朗读训练，指导学生读通文言文，能使学生在读的过程中捕捉到字词所传递的信息，感悟到文字潜藏的魅力，从而形成良好的语感。

【教学设计】

一、教学目标

1. 认识"恭""勤""焉""卒"等生字，会写"囊""萤"等生字。

2. 能正确、流利地朗读课文，并背诵《囊萤夜读》。

3. 能借助注释理解课文的意思，感受古人勤奋学习、持之以恒的品质。

二、教学重点

1. 能正确、流利地朗读课文。

2. 能借助注释理解课文的意思。

三、教学难点

尝试运用多种方法帮助学生理解课文的意思，让学生感受古人勤奋学习、持之以恒的品质。

四、教学过程

第一课时

（一）揭示课题，借助注释和插图理解《囊萤夜读》的意思

1. 揭示课题，知道课题《文言文二则》的意思。

2. 读懂课题《囊萤夜读》《铁杵成针》，知道这两篇文言文都讲了古人勤奋学习的故事。

3. 出示"囊萤夜读"，读准"囊""萤"的字音。

4. 借助注释和插图理解《囊萤夜读》的意思，知道这则故事的主人公是车胤。（板书：车胤）

（二）初读《囊萤夜读》，读准字音，读通句子

1. 听教师读课文，听清停顿。

（1）有标点符号的地方，要自然停顿；有些较长的句子中间，虽然没有标点符号，也要根据意思稍作停顿。

（2）读"焉"这类语气助词时可以适当拉长，读出文言文的节奏。

2. 自由读课文，读准字音，适当停顿，把握节奏。

［意图说明］

首先，教师示范朗读，引导学生听清停顿；其次，让学生练习朗读课文，读准字音，读通句子，一边读一边加深对文言文的理解。提醒学生在朗读文言文时，有标点符号的地方要读出停顿；没有标点符号的地方，根据意思也需要适当读出停顿，这样有助于正确理解课文。

（三）借助注释，理解意思，说一说《囊萤夜读》的主要内容

1. 运用多种方法解释字词。

（1）看注释，理解"恭勤""通"等字词。

（2）结合语境，知道"练囊"的"囊"和课题中"囊"的区别。（"囊萤夜读"中"囊"是用口袋装的意思；"练囊"的"囊"是口袋的意思）

（3）组词，理解"倦""贫"等字词的意思。

（4）利用已知的知识和生活经验，理解"萤火""以夜继日"的意思。

2. 理解句子的意思，说一说故事的主要内容。

（1）说一说每句话的意思。

第一句：车胤认真勤勉地学习而不知疲倦，所以他学识渊博，通晓很多门知识。

第二句：由于家里贫穷，没有油点灯，夏天，车胤就捉几十只萤火虫，放在用白绢做的口袋里，萤火虫发出来的光照着书卷，他就这样从晚上读书到天亮。

（2）连贯地说一说《囊萤夜读》的意思。

（3）理解两句话之间的关系。（第一句话是概括地写，第二句话既是具体地写，也是对第一句话的补充）

［意图说明］

在古文学习中，难懂的字、词往往会影响学生的学习成效。要想化解学生对字、词、

句的翻译难题,就要让学生掌握必要的方法来理解文言文。在引导学生理解文中每句话的意思时,不仅要让学生说出句子的意思,还要让学生分析句子之间的联系,从而整体把握故事内容。

(四)体会人物勤奋学习的品质,尝试背诵课文

1. 结合课文插图,在情境中体会车胤囊萤夜读时的心理活动。

看插图,思考:夜已经很深了,萤火虫发出微弱的亮光,车胤忙碌了一天已经很疲惫了,但他的内心在挣扎着。如果你是车胤,你心里是怎么想的呢?

2. 谈一谈你对车胤这一人物形象的认识。

(板书:勤奋学习)

3. 尝试背诵课文。

第二课时

(一)复习回顾,背诵《囊萤夜读》

(二)揭示课题,借助注释和插图理解铁杵成针的意思

1. 出示课题,借助注释和插图理解铁杵成针的意思。

2. 知道传说中这个故事的主人公是唐朝著名诗人李白。(板书:李白)

[意图说明]

从"铁杵"和"针"入手,借助图片让学生认识到两者粗细的区别,进而理解铁杵成针的意思;让学生交流对李白的认识,拉近学生与文本的距离;通过"有人说,李白小时候学习并不认真,十分贪玩,是什么事改变了他"这一问题,激发学生的阅读兴趣。

(三)初读《铁杵成针》,读准字音,读通句子

1. 听教师读课文,读准"媪""磨""还"等字。

(1)"媪"读 ǎo,指老妇人,我们在《清平乐·村居》中学过这个字。

(2)"磨"是多音字。文中的"磨"是动词,读 mó。还有一个读音是 mò,可以组词"石磨""磨坊"。老媪磨铁杵的那条小溪,因为铁杵成针的故事而得名"磨针溪"。

(3)"还卒业"中的"还"是多音字,课后注释告诉我们"还"在这里解释为"返回,回去",所以读 huán。

2. 自由读课文,读准字音,读通句子,读好停顿。

[意图说明]

相较《囊萤夜读》,学生基本可以借助标点符号读好本文中句子的停顿。本文的字音比较难读,尤其要注意"磨""还"两个多音字。学生可以通过意思来读准字音,也可以通过字音来猜测字义,从而明白可以根据语言环境来确定多音字的读音。

(四)尝试运用多种方法,理解难懂的字词

1. 回忆理解文言文字词的方法,知道可以借助多种方法理解字义。

2. 借助注释,理解"是""方"等字的意思。

3. 给不理解的字组词,理解"未成""弃去"等词语的意思。其中,"未成"的意思是没有完成(学业);"弃去"的意思是放弃(学业)并离开。

4. 联系上下文,理解"感其意"的"其"和"问之"的"之"所指代的内容。其中,"其"指代老媪,"之"指代"老媪磨铁棒"这件事。

［意图说明］

在学习《囊萤夜读》一文时,学生在理解字词的基础上归纳总结了理解文言文字词的方法,包括借助注释、给不理解的字组词、联系上下文和生活经验等。对于《铁杵成针》的学习,教师可以引导学生应用前面所学的方法,以练代讲,促进学生迁移学习。

(五)说一说本文的主要内容,体会李白的心理活动,理解"铁杵成针"所体现的持之以恒的品质

1. 理解句子的意思,连贯地说一说本文的意思。

2. 联系故事内容,发挥想象力,体会李白的心理活动。

(1)李白学业"未成",为什么会"弃去"呢?

(2)当李白听见老媪说"欲作针"时,他心里可能会想到什么?

3. 小结:课文中的"世传"两个字告诉我们,这个故事不一定真的发生过,但"铁杵成针"蕴含的道理却一直影响着后人。

(板书:持之以恒)

［意图说明］

教师要注重培养学生的问题意识,引领学生读懂古文,获得启示和感悟。在理解故事主要内容的基础上,教师引导学生思考两个问题。这两个问题拉近了学生与李白的距离,能帮助学生体会李白的心理活动和思想变化,从而让学生理解持之以恒的重要性。

(六)练习书写"卒"字。

略。

【课堂实录】

以下仅呈现第二课时的课堂实录。

一、揭示课题,借助注释和插图理解铁杵成针的意思

师:这节课,我们要学习第二则文言文,请跟老师一起读《铁杵成针》。请大家看着图片,跟老师一起读铁杵。注释说,铁杵是用来舂米或捣衣的铁棒。我们再来看一看题目中的"针",针指的是绣花针。现在,你们能说出题目的意思了吗?

生1：铁杵成针的意思是把铁棒磨成绣花针。

师：铁杵成针是一个与唐朝著名诗人李白相关的民间传说。大家对李白有印象吗？

生2：我们学过李白的《望庐山瀑布》和《静夜思》。

生3：李白，字太白，被后人誉为诗仙。

师：大家的知识真丰富，文中的"李太白"就是李白，他的不少诗句都脍炙人口、家喻户晓。相传李白幼年求学时一度想放弃，后来他不仅完成了学业，还取得了巨大的成就。这一切据说与铁杵成针的故事有关。

二、初读《铁杵成针》，读准字音，读通句子

师：现在就让我们进入课文的学习，先听老师读课文，注意字音和停顿。（教师读课文）文中拿铁杵的是一位老媪。"媪"读 ǎo，指老妇人，我们在《清平乐·村居》中学过这个字。大家要特别注意它的声调。"磨"是多音字。谁能联系字义，说一说它为什么读 mó？

生1："磨"表示打磨，读 mó。"磨针溪"就是老媪磨铁杵的那条小溪。

师：你能根据意思读准多音字的读音，真棒。还有一个多音字"还"，它为什么读huán 呢？

生2：根据课后注释，"还"在这里解释为"返回，回去"，所以读 huán。

师：字音都读准确了，请借助停顿符号，自己再读一读课文，读准字音，读通句子。

三、尝试运用多种方法，理解难懂的字词

师：通过之前的学习，大家已经知道了理解文言文字词的方法。谁来说一说？

生1：可以借助注释，可以给不理解的字组词，还可以利用已有的知识和生活经验来理解难懂字词的含义。

生2：理解字词的意思后，试着说清楚句子的意思，再连起来讲一讲整篇课文的内容。

师：现在就请大家按照这样的步骤或方法自学课文。（几分钟后）自学过程中，你们理解了哪些字词，还有哪些不理解的地方？

生1：借助注释，我理解了"是""方"等字的意思，但不太理解"未成""弃去"等词语的意思。

生2：文中的"问之"，我明白"问"的意思，但不理解"问之"的意思。

师：大家很会动脑筋。大家提的问题，有的与字词的意思有关，有的与文言文的表达方式有关，有的与课文内容有关。谁能试着回答这些问题呢？

生3："未"可以理解为"没有"；"成"可以组词完成。"未成"就是没有完成的意思。

师：你用组词的方法来理解"成"这个字的意思。"弃去"是什么意思呢？课后练习中有这样一道题目。请大家也用同样的方法来试一试。(出示课后练习题"照样子,根据课文内容填一填")

生4:"弃"可以组词"抛弃""丢弃""放弃"。我把这些词语放入句子,"弃"应该理解为放弃,所以,"弃去"就是放弃(学业)并离开的意思。

师:联系语言环境,我们知道李白没有完成就放弃的是自己的"学业"。我们在分析词语的意思时要进行适当的补充。文言文语句精练,有时候,一个字就能代表一个人、一个物、一件事。请大家到文章里找一找这样的字。

生5:文中的"之"指的是"老媪磨铁棒"这件事。

生6:文中"感其意"的"其"指的是老媪。

师:刚才有同学不明白"问之"的意思,现在应该知道了。它指的是"老媪磨铁棒"这件事。理解了文中难懂的字,请大家再来说一说每句话的意思。

生7:第一句的意思是,磨针溪在眉州的象耳山下。

生8:第二句的意思是,传说李白在山中读书的时候,没有完成学业就放弃离开了。

生9:第三句的意思是,李白路过这条小溪,见到一位老妇人正在磨一根铁棒。

师:你补充了"李白",意思说得很完整。

生10:我来说一说第四句的含义。李白询问老妇人,老妇人回答"我要把铁杵磨成一根绣花针"。

师:老师帮你补充一下,把"问之"的意思讲全。这句话的意思是,李白询问老妇人为何要磨铁杵,老妇人回答"我要把它磨成一根绣花针"。

生11:我来分析最后一句。李白被她的意志感动,回去完成了学业。

四、说一说本文的主要内容,体会李白的心理活动,理解"铁杵成针"所体现的持之以恒的品质

师:现在,请连起来讲一讲这个故事。

生1:磨针溪在眉州的象耳山下。传说李白在山中读书的时候,没有完成学业就放弃离开了。他路过这条小溪,见到一位老妇人正在磨一根铁棒。李白询问老妇人为何要磨铁杵,老妇人回答"我要把它磨成一根绣花针"。李白被她的意志感动,回去完成了学业。

师:讲清楚内容,有助于我们把课文读正确、读流利。谁来试着朗读一下课文?

(生1朗读课文)

师:你能根据文章的意思进行停顿,读得抑扬顿挫。课文第一句告诉我们故事发生的地点。第二句是故事的起因。李白学业未成,为什么就要放弃离开了呢?请大家来交流一下。

生2：李白可能觉得读书太辛苦、太无聊，他再也不想读书了。

生3：李白可能觉得自由自在地玩耍比学习轻松多了，他离开时说不定很愉快呢。

师：可是，老妇人的一句"欲作针"就让李白迷途知返了。让我们想象一下李白当时会想到什么。

生4：李白会想，老妇人要把那么粗的一根铁棒磨成绣花针，这要付出多少时间和心血呀。我不能因为学习上遇到一点困难就放弃。

生5：我觉得李白心里一定很惭愧。他会想，老妇人年纪那么大都能坚持不懈地把铁棒磨成绣花针，我读书也应该要有恒心，坚持到底。

师：是啊，李白是被老妇人这种持之以恒的意志感动了，所以"还卒业"，并在唐诗创作上取得了巨大的成就。课文中的"世传"两个字告诉我们，这个故事不一定真的发生过，但"铁杵成针"蕴含的道理却一直影响着后人。

（板书：持之以恒）

【教学反思】

一、读通课文，感受文言之美

无论哪个学段，朗读在语文教学中都是不可或缺的，朗读能有效加深学生对文章内容的记忆和对文章整体的理解。学生在理解文章的基础上进一步感悟作者所表达的思想感情，便能提高语文素养。文言文的语言表述有其鲜明的特征，学习中离不开对文章的多次通读。教师要引导学生感受文言文的语气、停顿、节奏等，让学生体会其独特的韵律美。

为了更好地落实"正确、流利地朗读课文，感受文言文的韵律美"这一语文要素，在初读阶段，我将朗读训练的目标设定为"读准字音，借助标点和停顿符号读出停顿"。在学生理解每句话的意思后，我把朗读训练的目标调整为"根据意思读好停顿，读出文言文的节奏"。这样的目标设定是螺旋上升的，学生容易接受。

二、读懂意思，促进方法习得

正确理解词句，准确把握文意是学生必备的语文学习能力。文言文的学习重在理解语意，但对于学生来说，文言文虽然整体篇幅较短，内容非常精练，却与学生的日常表述用语差异较大，学生很难完全读懂文章内容。这便要求教师在教学策略上进一步创新。

在本课的教学中，我基于学情（学生有一定的文言文学习经验，掌握了一些理解字词意思的方法，有一定的词语积累和生活经验），让学生在自主学习的基础上相互交流。如在学习《囊萤夜读》一文时，学生能够借助注释理解"恭勤""通"的意思，能够通过组词理解"倦""贫"的意思，也可以借助生活经验理解"萤火""以夜继日"的意思，但很难理解"练囊"的"囊"与课题中的"囊"的区别。教师可以直接告诉学生，文言文中会出现把名词做动词的现象，帮助学生积累一些理解文言文的方法。

我引导学生利用已有的知识和生活经验，相互合作，化解难题。这样的设计既是对文言文学习方法的巩固、训练，又能充分激发学生学习的主动性，让他们灵活运用多种方法理解文言文词句的意思，突破理解上的难点，进而了解故事情节。

三、读透情感，学习古人品质

我引导学生读透情感，感悟其中的道理。学习文言文，最终的落脚点是文化传承与反思。在阅读教学中，我引导学生钻研文本，在主动积极的思维和情感活动中，加深理解和体验。在文言文教学中，我重视对情感要素的挖掘与激发，把读书与学生个人的成长紧密联系起来，提升文言文教学的情感价值，拓展语文教学的育人价值。在本课教学中，我力求拉近学生与文本的距离，帮助学生走进古人的内心，进一步学习古人勤奋好学、持之以恒的品质。

这两则文言文都把四字词语作为标题，我引导学生结合自身的经验，想一想生活中是否有相同品质或类似行为的人，使学生对囊萤夜读、铁杵成针的认识由感性走向理性，从认识"车胤""李白"两个个体走向认识具有勤奋好学、持之以恒精神的一群人。

【专家点评】

文言文是中华优秀传统文化的重要组成部分和重要载体，也是中华民族核心价值引领与精神塑造的重要资源。我们学习文言文，不仅可以了解历史，还可以学习古人的优秀品质，传承中华优秀传统文化。观摩曹叶舟老师执教的《文言文二则》后，我想和大家分享以下几点收获。

一、熟读成诵，引领学生感受文言文的语言特点

语言学家王力先生在《古代汉语》中指出："文言是指以先秦口语为基础而形成的上古汉语书面语言以及后来历代作家仿古的作品中的语言。"小学教材中的文言文，文字凝练，节奏明快，适合学生诵读，课后一般也有背诵的要求。熟读成诵是文言文教学中较为常用的方法。在本课教学中，教师设计了不同层次的诵读：认识字词，力求读通；整体观照，力求读顺；解疑释义，力求读懂；创设情境，力求读好。

二、方法积累，提高学生学习文言文的能力

学习文言文的方法很多，包括"多读多背，增强语感"、"借助注释，理解句意"、"查

找资料，获取信息"、"查阅工具书，了解古今异义、一词多义现象"等。在教学中，教师不仅注重方法的传授，让学生尽早掌握学习文言文的基本方法，而且十分关注方法的习得，指导学生在实践中选择合适的方法进行学习。

比如，通过比较"练囊"的"囊"与课题中的"囊"的意思，学生很快发现这两个"囊"的词性是不一样的，"练囊"的"囊"是口袋的意思，是名词；而课题中的"囊"是用口袋装的意思，是动词。这个环节的教学使学生初步了解了文言文中词性活用的现象。又比如，《守株待兔》一课中有"兔走触株"的表述，其中的"走"在现代汉语中是"走路"的意思，而在文言文中却是"跑"的意思。在教学中，教师可以抓住古今异义的特点，帮助学生理解难懂的字词，让学生举一反三，灵活运用。

三、想象留白，感悟文言文表达的智慧

语文教材中的许多课文都为读者留出了空白点。这些留白不仅可以带给学生广阔的想象空间，有利于学生思维的发展，还是学生进行读写训练的极好的素材。文言文学习同样如此。在本课教学中，教师设计了两个语言实践活动：一是结合课文插图，在情境中体会车胤囊萤夜读时的心理活动；二是联系故事内容，发挥想象力，揣摩李白听到老媪说"欲作针"时心里会想些什么。这两个活动能够帮助学生走进古人的内心，激发学生的想象力，让学生进一步学习古人勤奋好学、持之以恒的品质，丰富学生的审美体验。

《义务教育语文课程标准》(2022年版)强调"要立足学生核心素养发展，充分发挥语文课程的育人功能"。教师要引导学生在诵读中汲取文言文的语言精髓，理解文言文所蕴含的文化智慧，提升自身的语言素养。曹老师的教学为我们做了很好的示范和引领。

（上海市黄浦区教育学院　魏玉梅）

把故事讲到儿童心里去
——《司马光》课堂教学实录

华东政法大学附属松江实验学校　谢江峰

教学视频|《司马光》

育人先育德。在课堂教学中渗透中华优秀传统文化，用中华优秀传统文化浸润学生心灵，开启师生智慧，这无疑对教育远离功利、回归育人初心意义重大。古诗文是中华优秀传统文化的代表，在语文教学中发挥着重要的作用。下面以《司马光》一课为例，谈一谈中华优秀传统文化在小学语文课堂教学中的渗透。

【文本德育解读】

《司马光》选自统编小学语文教材三年级上册第八单元，本单元的人文主题这样表述，"美好的品质，犹如温暖的阳光，带给我们希望和力量。"单元语文要素是"带着问题默读，理解课文的意思"。在阅读中读懂课文、品读美好、感受希望、感悟力量，是本单元的主要目标。

《司马光》是一篇短小精悍的文言文，选自《宋史·司马光传》。提起司马光，人们的第一反应可能就是司马光砸缸，这篇文言文讲的就是这个家喻户晓的故事。

一、寥寥数语，人物形象鲜明

课文围绕司马光砸缸这一核心事件，仅用寥寥数语，就清楚地介绍了司马光砸缸的原因、经过和结果。

"群儿戏于庭，一儿登瓮，足跌没水中"是事情的起因，"众皆弃去，光持石击瓮破之"是事情的经过，"水迸，儿得活"是故事的结局。根据课文的注释，这里的"瓮"是口小肚大的陶器，和我们日常见到的缸还是有一定区别的。因为口小，落水的孩子很难自行爬上来。

整个故事浅显易懂，人物形象鲜明，"一儿"好玩、调皮，一不小心"足跌没水中"，众儿惊慌失措,"皆弃去",只有司马光没有离开,"击瓮"后救出了落水的同伴。

二、一持一击,展现人物的光辉

课文主要写了群儿、一儿、司马光这几个人物,当然,"一儿"和司马光都是"群儿"中的成员。课文通过人物的动作,串起了整个故事。"一儿登瓮",其顽皮的样子跃然纸上,"足跌没水中",一个"跌"字,写出了事态的变化,在如此紧急、危险的情况下,"众皆弃去"。这个年龄段的孩子,看到这样的情况,自然吓坏了,没了主意,这也是人之常情,是孩子此时此刻的真实表现。在教学中,教师切忌为了突出司马光而贬低"群儿"。

当"众皆弃去"时,司马光没有离开,"光持石击瓮破之",这短短七个字,写出了他的所思所为,充分展现了司马光与同龄孩子不一样的智慧和胆略。尤其是这里的一持一击,内涵十分丰富。首先,此刻的司马光十分镇定,在紧急而混乱的现场处惊不乱,展现了与众不同的人物特点;其次,他能动脑思考,看到同伴"没水中",他想到了用石头砸开这口大"瓮";最后,他用尽力气,"持石击瓮",终于救出了落水的同伴。

因此,司马光的一持一击,充分展现了他的智慧和才干。少年司马光的机智和助人品质,通过一持一击两个动作淋漓尽致地表达了出来,人物形象鲜明。司马光这一人物所具有的美好的品质,犹如温暖的阳光,带给我们希望和力量。

三、读懂课文,感受文言文的语言特点

叶圣陶、吕叔湘等语文先辈曾指出,文言文是中国汉语言文学的瑰宝,不仅能提升孩子对汉语言的认识,激发孩子的崇敬之情,同时,也能够优雅孩子的言语,丰富孩子的语汇。

"言文分离,行文简练"是文言文语言的主要特点,然而,统编小学语文教材文言文教学有别于初中、高中语文教材文言文教学,它的基本定位是"初识"。人民教育出版社在统编语文教材培训中对文言文教学这样定位:让学生初步感受文言文的语言特点。这里的"初识",我们的理解是:(1)让学生知道文言文是一种文体,它有别于白话文;(2)重在激发学生对文言文的兴趣,让学生感觉这样的文章不仅不难读,还比较有意思;(3)让学生初步感知文言文的语言特点,如在教学中可以主要让学生感受文言文语言简洁这一特点;(4)让学生了解古代的历史文化、人文风俗等。

从选入教材的课文来看,统编小学语文教材所选文言文符合"初识"这一教学定位。学生比较熟悉《司马光》的故事内容,借助注释基本能理解课文的内容。课后练习题"这篇课文的语言和其他课文有什么不同? 和同学交流"旨在让学生通过学习和交流初步感

知文言文的语言特点。

四、短小故事，凸显中华优秀传统文化

优秀的文言文是中华民族灿烂文化的重要载体之一。《义务教育语文课程标准》（2022年版）十分强调中华优秀传统文化在语文教学中的落实，如"总目标"第二条中这样表述："热爱国家通用语言文字，感受语言文字及作品的独特价值，认识中华文化的丰厚博大，汲取智慧，弘扬社会主义先进文化、革命文化、中华优秀传统文化，建立文化自信。"通过多年的实践探索，大家越来越重视我国古代优秀诗文教学，对其中所蕴含的价值和作用的理解、认识也更为深入。

学生在学课文前就通过各种渠道了解过司马光砸缸这个故事。在教学过程中，教师要结合课文的特点，引领学生领略中华传统故事的魅力，让学生感受司马光的人物形象和中华传统语言形态。

【教学设计】

一、教学目标

1. 学习生字词，正确、流利地朗读课文，注意词句间的停顿，背诵课文。

2. 对照注释，默读课文，试着用自己的话讲一讲这个故事，初步理解课文的意思。

3. 在读懂课文意思的基础上，思考"司马光为什么能想出这个办法救人"，感受人物美好的品质。

二、教学重点

用自己的话讲一讲这个故事，试着把这个故事讲清楚。

三、教学难点

初步理解课文的意思，知道司马光能想出这个办法救人的主要原因。

四、教学过程

（一）用自己的话讲一讲司马光砸缸的故事

1. 课前将课文抄写在黑板上，便于学生在课上学习。

揭示课题，初步认识司马光这一人物，学习生字"司"。

2. 引导学生用自己的话讲一讲司马光砸缸的故事，随机出示相关提示语。（在庭院里玩，爬上水缸，失足跌进，被水淹没，都跑开了，拿起石头，砸破了缸，得以活命）

［意图说明］

引导学生读好课题，让学生知道司马光是我国古代著名政治家、史学家、散文家，其较出名的故事是司马光砸缸。让学生在学习课文前先来讲一讲这个故事，对这一人物和故事有初步的感知。在学生讲述故事的同时，教师随机出示相关提示语，为学生学习课文做好铺垫。

（二）把课文大意理解清楚

1. 自读课文，知道这篇课文的语言和其他课文有什么不同。

2. 跟着老师读课文，学习生字，注意词句间的停顿。（教师在黑板上标记课文的停顿符号，带领学生朗读课文，引导学生学习"跌""皆""弃""持"等生字）

3. 借助注释默读课文，初步理解课文的意思，分析课文中写到了哪些人。

（板书：群儿、一儿、司马光）

4. 结合故事中的人物，给相关提示语排序。

（1）相关提示语分别是哪些人的行为，请将这些提示语放在人物下面。

（2）根据故事的发展顺序，再次调整提示语的顺序，初步了解故事的线索。

（3）按照故事的先后顺序，试着讲一讲这个故事。

［意图说明］

这一环节的主要目的是读通课文，让学生在朗读课文的基础上，认识到这篇课文的语言和其他课文有所不同，同时借助注释和提示语，大致了解故事中的人物和情节。提示语中，"在庭院里玩""都跑开了"是群儿的行为，"爬上水缸""失足跌进""被水淹没""得以活命"是一儿的行为，"拿起石头""砸破了缸"是司马光的行为。因此，教师在黑板上列出表格，让学生把人物和他们的行为一一对应起来，并且引导学生按照故事的先后顺序排列，冷冰冰的词语一下子有了生命，课堂因此而生动起来。

（三）带着问题读懂课文

1. 根据人物和上述提示语，用自己的话讲一讲这个故事。

2. 把提示语放到课文中去，一边读一边思考"司马光为什么能想出这个办法救人"。

3. 背诵课文。

［意图说明］

在这一环节中，教师让学生把提示语放到课文中去，进一步引导学生理解课文内容。"司马光为什么能想出这个办法救人"是这节课的主要问题，学生通过朗读课文，进一步走近人物，能认识到司马光机智、果敢和乐于助人的美好品质。

（四）学习把故事讲好

1. 听老师讲故事（教师讲解"群儿戏于庭，一儿登瓮，足跌没水中"），引导学生讨论"怎样把故事讲好"。

2. 小组内讲故事, 学习把故事讲好。

3. 总结回顾, 用"群儿归, _____"的句式来夸一夸司马光。

［意图说明］

"讲故事"这一教学策略贯穿整节课。课后练习题要求学生"借助注释, 用自己的话讲一讲这个故事", 为了帮助学生讲好这个故事, 教师先示范讲课文的第一句, 引导学生讨论讲好故事的方法, 如适当添加一些内容、用讲故事的口吻来说。之后, 教师让学生用"群儿归, _____"的句式来夸一夸司马光, 深入理解故事情节和人物形象。

【课堂实录】

一、自读课文, 把课文的意思读清楚

师: 大家的故事讲得非常好, 这个故事就是我们今天要学习的课文。请大家读一读这篇课文, 想一想这篇课文的语言和其他课文有什么不同。

（学生自由朗读课文）

生 1: 这篇课文中标记了数字, 下面还有注释。它可能是文言文, 而我们平时读的课文叫白言文。

师: 你有一个地方讲对了, 这篇课文是文言文。（板书: 文言文）我们平时读的课文不叫白言文, 而是叫白话文, 它就像我们平时说话一样。现在, 请跟着老师来读一读课文。读之前, 老师先来标一些记号。（用"/"在课文中划分停顿）这样的记号代表读到相应的内容时要停顿。

（教师读一句, 学生跟读一句）

师: 请大家自己读一读课文, 一边读一边划分停顿。

（学生自由读课文）

师: 哪个小朋友想来读一读?

（生 1 主动读课文）

师: 你在读的时候故意把"儿得活"这三个字拉长了, 说明司马光救出落水的同伴有多么不容易。我来示范读一下"儿得活"。

（学生跟读）

师: （指着板书中的一句原文）这句话比较长, 里面有三处停顿, 读的时候可以略微连起来, 不要一字一顿。（教师示范读句子, 学生跟读）刚刚这个小朋友说, 这篇文章叫文言文。文言文的课文, 下面往往有——

生 2: 注释。

师: 请大家先看注释, 再来读一读课文, 这次要求默读课文, 一边读, 一边想一想这

篇课文主要写了哪些人物。

（学生默读课文）

二、再读课文，根据发展顺序，精讲故事

师：这篇课文主要写了哪些人物？

生1：这篇课文主要写了一群孩子、一个孩子和司马光。

师：非常好。请用课文里的话表述，一群孩子叫——

生1：群儿。

（板书：群儿）

师：一个孩子叫——

生1：一儿。

（板书：一儿）

师：最重要的人物是谁？

生1：司马光。

（板书：司马光）

师：课文中写了这些人物。他们分别干了什么？老师提供了一些提示语，哪个小朋友能把这些提示语放到对应人物的下面？

（生2尝试回答）

群儿	一儿	司马光
在庭院里玩 都跑开了	爬上水缸 失足跌进 被水淹没 得以活命	拿起石头 砸破了缸

师：这个小朋友放对了吗？

生齐答：对了。

师：我们把掌声送给他。刚才贴的时候，这个小朋友有点疑惑。针对"在庭院里玩"这项内容，所有的孩子都在庭院里玩，这里的"群儿"，包括"一儿"，也包括——

生3：司马光。

师：现在，老师要把这些提示语的位置优化一下，请大家想一想老师为什么要这样调整。

（教师做示范，请学生按照故事发展的顺序调整提示语的位置）

群儿	一儿	司马光
在庭院里玩	爬上水缸	—
—	失足跌进 被水淹没	—
都跑开了	—	拿起石头 砸破了缸
—	得以活命	—

师：大家觉得我这样调整，有道理吗？

生4：这样调整后看上去有顺序。

师：你用了"顺序"这个词。

生4：这个顺序就是，在不同的时间段，人物有不同的经历。司马光在不同时间段的动作都不一样。

师：也就是说，你认为老师是按照故事发展的顺序来调整的。那么，我们讲这个故事时，是不是也可以按照这个顺序来说？

生4：对。

师：请大家根据调整后的内容，再来说一说这个故事。

（学生自由练习）

师：谁来说一说？

生5：有一群孩子在庭院里玩。一个孩子爬上水缸，失足跌进水缸，被水淹没。大家没有办法，都跑开了。但司马光没有跑开，他拿起石头砸破了缸。那个跌进水缸的孩子得以活命。

师：你讲得真好。谢谢你。我们把掌声送给他。

三、根据提示语和注释，读懂大意，体会人物的品质

师：接下来，我们把这些提示语与课文对应起来。在庭院里玩，应该对应哪一句？

生1：戏于庭。

师：对，戏于庭就是在庭院里玩。在林子里玩，应该怎么说？

生2：戏于林。

师：对，在院子里玩，叫——

生3：戏于院。

师：在操场上玩，叫——

生4：戏于场。

师：非常好，我们不说"戏于操"，而是说戏于场，广场的"场"。接下来，老师请两个小朋友帮忙把其他提示语放到对应课文的下面。其他小朋友看一看他们放对了没有。

（两个学生放提示语，其他学生观察）

师：两个小朋友都做得非常好！他们放对了吗？

生5：我认为他们都放对了。

师：我们把课文与提示语对应起来读一读课文。

（学生自由朗读）

师：大家都会读了，也理解了课文的意思。请大家思考"司马光为什么能想出这个办法救人"。

生6：那个孩子掉入了装满水的水缸，如果没有水，他或许可以直接爬上去。但现在，他被水淹了，而水是会流动的，司马光砸一个大洞，那个孩子就能随着水出来了，这样他就能得救了。

师：司马光知道水是能流动的，他砸一个大洞，水就会流出来，这说明司马光会——

生6：动脑筋。

师：司马光会动脑筋。还有谁想说一说？

生7：我觉得司马光很冷静。

师：对呀，众皆——

生7：弃去。

师：其他小朋友都被吓得跑开了，只有司马光想出了办法，说明他——

生7：很冷静。

师：司马光遇到问题，很冷静又爱动脑筋，所以他能想出这个办法。这样的司马光值得我们夸奖，让我们带着夸奖的语气再来读一读课文。

（学生齐读课文）

师：大家会背课文了吗？请会背的小朋友站起来背过身，不会背的小朋友可以看着黑板上的课文。来，开始背。

（学生尝试背诵课文）

师：非常好，掌声送给你们！

【教学反思】

一、续故事梦，读故事，讲故事——由学一篇文迁移一类文

中华优秀传统文化故事是中华文化中浓墨重彩的一笔，《中华传统小故事》《中国传统文化经典神话故事》《中华经典故事：民间故事》《中华成语故事》……无不承载着一

个个童年的梦想。结合本文的特点及单元目标的要求，立足儿童立场，我把学讲故事作为本课的教学目标及重难点。我以目标为导向，设计了必要的学习活动与学习过程，将教孩子讲故事这一教学重难点切分为三个螺旋上升的层次。

第一层是根据生活经验讲故事。此时学生没有"文字感"，仅仅是基于民间流传的故事内容进行经验分享。第二层是在理解课文内容的基础上讲故事。以借助注释、古今文对比等形式，让学生先了解课文内容，感受司马光美好的品质，再试着讲故事。第三层是把故事讲得生动。为了让学生对讲故事有直观的感受，我亲身示范，绘声绘色地讲起了这个故事，使他们懂得，讲故事时要注意表情和语气，要展开合理的想象，增添恰当的内容，将故事讲得形象而生动。学生在走进文本情境、深入理解故事内容、领悟人物品质、展开合理想象的基础上，将司马光砸缸的故事讲得生动活泼、引人入胜。

学讲故事既让学生掌握了一项技能，由学一篇文举一反三，迁移一类文，了解了学习文言文的方法，又激发了他们对讲故事的热情，将学生的故事梦与传统优秀故事文化紧紧连接在一起。

二、解人物情，学人物，学做人——由学一篇文走近一群人

本单元的人文主题是"美好的品质"，让学生感受人物的美好品质也是本课教学的重点。教师要让学生在语言文字的阅读中自然领悟司马光富有爱心、遇事沉着冷静、敢于突破常规的特点。

在引导学生感受司马光美好品质的过程中，我紧抓"司马光为什么能想出这个办法救人"这一核心问题，设置子任务帮助学生理解课文。子任务一：请学生想象"没水中"那个孩子在缸里的情形，了解当时情况的紧急。子任务二：请学生思考其他人"皆弃去"的原因。子任务三：请学生思考司马光为什么选择"持石击瓮破之"的方法。将三个子任务突破、联通，司马光的人物形象与美好品质自然就立起来了。

学习《司马光》，学做司马光，是这篇文章给予学生的宝贵财富。为了将优秀人物的品质更深地烙印在学生的脑海里，在课的结束阶段，我出示"群儿归，_____"这个句式。学生基于文本，从课文场景出发，发出这样的赞叹："群儿归，赞""群儿归，大喜""群儿归，皆夸光勇"……

课后，围绕司马光人物形象的认识，我又链接了相关资源，让学生通过阅读了解司马光的生平，全方位、立体化地去认识司马光这个人物。我还引导学生拓展阅读中国古代有着类似美好品质的名人的故事，引领学生由一篇文的学习走向对一个人，甚至一群人的兴趣化探究。我想，这也是传统文化在语文课堂中渗透的重要方式之一。

三、烙文化印，品文字，悟语言——由学一篇文爱上文言文

文言文是我国文学史上具有生命力的瑰宝，是我国传统文化的精粹。千百年来，它以独特的文化影响着一代又一代的炎黄子孙。语言文字是文化的载体和体现，文言文是古代通用的书面语，蕴藏着中华民族古老而深厚的文化。因此，要想了解、传承中华优秀传统文化，就有必要学习文言文，积累丰富的文言知识。

《司马光》正是这样一篇语言简洁却意义深远的文言文，它以精练的笔触勾勒出一个机敏的男孩的形象，带领大家行走在这凝练的语言文字所描绘的历史故事中。三年级的孩子刚刚接触文言文，新奇中又夹杂着些许陌生感，如何通过《司马光》一文消除学生对文言文的陌生感和距离感，并将他们从新奇、新鲜引入喜欢、热爱，在他们心中埋下一颗文字的种子，值得教师探索。

课堂伊始，我先让学生在轻松愉悦的氛围中，用自己的语言说一说司马光砸缸的故事，接着让学生借助提示语说一说司马光砸缸的故事。之后，让学生静心去读一读文中的故事，与文字直接对话，并想一想这篇课文的语言和其他课文有什么不同，在与白话文的对比中引入文言文的概念。学生觉得很新奇，很有趣，也发现了这篇文言文的精妙之处。

随后，我充分利用这些提示语设计语言实践活动，提升学生的语言运用能力。首先，让学生再读课文，把提示语与人物对应起来，梳理不同角色的活动；接着，让学生思考能否调整这些提示语的顺序，引导学生关注故事发展的先后顺序；让学生把提示语与原文对应起来，帮助学生理解古文与白话文在意义上的对应关系，并采用古今版本的文字朗读对比，引导学生再次感受文言文言简义丰的魅力和中华语言的博大精深。最后，让学生在讲故事的实践运用中，进一步体会古今文字的优势与特征。

一组提示语，重复着用，变化着用，递进着用。白话文与文言文，对比着学，并列着学，勾连着学。这一次次的操作与实践，一次次的阅读与思考，犹如在学生面前打开了一扇窗户，铺开了一条大路，让他们穿越时空隧道，走近历史先贤，汲取古代优秀文化的精髓，感受汉语言的无穷魅力。学生通过学习一个故事，了解了文言文，进而爱上了文言文，爱上了祖国传统语言文字和文化。

【专家点评】

听完谢江峰老师的这节课，我们深深感受到中华优秀传统文化的魅力，感受到中华优秀传统文化在语文课堂中的生动、美好和力量。综合分析谢老师的这节课，我认为主要有以下三方面的特点。

一、以读为本，让学生在反复朗读中理解课文内容

朗读教学是语文教学的传统经验。文言文教学中，教师要让学生充分朗读，读通、读熟是理解课文内容的前提。文言文课后的习题一般会要求学生"正确、流利地朗读课文"或"背诵课文"。读的时候往往需要注意以下几点。一要读得正确。借助拼音、注释把课文读正确，注意句子中的节奏、停顿，注意朗读时要声断气连。比如《司马光》中的"光持石击瓮破之"，课上师生一起标注了相应的停顿，即"光／持石／击瓮／破之"，虽然句子中间有停顿，但教师要引导学生连贯地读，不能机械停顿，要声断气连。二要读得通顺。读通句子，断句合理，通畅自然。三要读出韵味。想象文章的画面，将文章的深意和情感融入朗读之中。在想象的基础上，进一步读懂课文，读出画面感。巴金在谈读《古文观止》时这样说：读多了，读熟了，常常可以顺口背出来，也就慢慢地体会到它们的好处，也就能慢慢地摸到文章的调子。

二、教给方法，让学生在主动学习中理解课文内容

文言文学习中常常用到"翻译"这个词，但小学文言文要不要"翻译"值得探究。笔者认为，对文言文字词的理解要防止这样两种倾向：一是置之不理型，认为学生能借助注释和工具书，自己读懂课文；二是字字落实型，不放过课文中的每一字、每一词，古今对照，逐句翻译。小学文言文教学中对字词的理解，对文章内容的理解，要适度而为，防止囫囵吞枣，不加理解地朗读和背诵；避免拔高要求，逐词逐句翻译；尽量不把注释作为考试内容。

要想让学生在主动学习中理解文言文的内容，重要的是要教给学生理解文言文的方法。基于教学定位，统编小学语文教材中的每一篇文言文都比较浅显，在教学中，教师要带着学生灵活运用多种方法，浸润在语言里，品出语言的味道。谢老师巧妙地利用提示语，让学生结合注释理解课文大意，感受人物的美好品质，将故事内容和学习任务巧妙地结合起来，学科育人很有抓手但又无痕着落。

三、加强实践，让学生在语言实践中提升学习能力

《义务教育语文课程标准》（2022年版）指出，语文课程是一门学习国家通用语言文字运用的综合性、实践性课程。加强语言实践，是每一节语文课的任务和要求。在文言文教学中，除了必要的理解，也需要教师在教学中加以关注。

例如，教授《司马光》一课时，教师先让学生用自己的话说一说司马光砸缸的故事，再让学生静心去读一读文中的故事，与文字直接对话，在理解课文内容的基础上，有条理地讲这个故事。接着，教师进行示范，教学生适当增加内容，注意讲故事的语气，进而把故事讲完整、讲生动。整节课中，教师把课后练习中的"借助注释，用自己的话讲一讲

这个故事"作为教学重点，通过"基于经验讲故事—读通读懂讲故事—学着把故事讲好"三个板块，层层推进，强化了语言实践。

语文课程应引导学生在真实的语言运用情境中，通过自主的语言实践活动，积累语言经验，把握祖国语言文字的特点和规律，加深对祖国语言文字的理解与热爱，提升运用祖国语言文字的能力。文言文的教学同样应加强语言实践。

朱自清先生说，经典训练的价值不在实用，而在文化。学习文言文重要的是感受、浸润、影响、滋养。小学文言文教学是一个重要的话题，我们要准确把握文言文的教学定位，深入思考，大胆实践，采取有效的策略，提升文言文教学的效果，让中华优秀传统文化在学生心中扎根、发芽、开花。

（华东师范大学　董蓓菲）

寻故事之光，点文化之灯

——《司马光》课堂教学实录

上海市宝山区罗南中心校　黄依琪

教学视频|《司马光》

　　语文学科历来承载着中华优秀传统文化、革命文化、社会主义先进文化等重大主题教育的使命。《义务教育语文课程标准》（2022年版）中强化了课程的育人导向，将党的教育方针具体细化为语文课程应着力培育的核心素养，体现了正确价值观、必备品格和关键能力的培养要求。因此，语文学科在铸魂育人方面有着独特的优势，是对学生进行德育的重要途径。古诗文是中华优秀传统文化的重要组成部分，在教材编排上，文言文的教学从五年级提早到三年级，数量从4篇增加到14篇，足见对文言文教学的重视。下面以统编小学语文教材三年级上册《司马光》一课为例，谈一谈古诗文教学在小学德育方面的探索与实践。

【文本德育解读】

　　《司马光》选自统编小学语文教材三年级上册第八单元，本单元的人文主题是"美好的品质，犹如温暖的阳光，带给我们希望和力量"。单元语文要素是"带着问题默读，理解课文的意思"。与单元主题相结合，即要求学生在品读课文的同时，感受人物身上优秀的品质，传递希望与力量，提升自身的道德品质。

一、初识文言文，激发学习兴趣

　　《司马光》是学生在小学阶段接触的第一篇文言文。全文仅30余字，生动形象地记录了司马光砸缸的故事。

　　文言文行文简练，有时候寥寥数语就能将一个情景生动地呈现出来，如司马光智救同伴时，课文中用"光持石击瓮破之"短短7个字，既说明了当时情况的紧急，又将司马光的沉着冷静体现得淋漓尽致。文言文简洁精练，体现了古代人民的语言智慧。

小学阶段文言文教学的主要定位是"初识"，不需要逐句理解意思，重在激发学生对文言文的兴趣，让学生初步感受文言文的语言表达特色。统编小学语文教材选取的文言文并不难理解，通常是学生较为熟悉的故事，让学生通过古今对比发现不同，体会语言表达特色，理解故事内容，激发学生后续学习的兴趣。

二、品读语言，感受人物品质

司马光为人温良谦恭、刚正不阿；做事用功，刻苦勤奋。《司马光》选自《宋史·司马光传》，介绍的就是司马光小时候砸缸救人的故事。

文章主要写了群儿、一儿、司马光这几个人物。故事的起因是"群儿戏于庭，一儿登瓮，足跌没水中"，通过课文插图和注释，我们知道了"瓮"指的是口小肚大的陶器，想要从瓮中爬出来并不容易，一个"没"字验证了我们的猜测——一儿即将有生命危险。看到这么危急的情况，"众皆弃去"，原本在庭院里玩耍的孩子们都吓得离开了，一个"皆"字让我们感受到情况的危急和孩子们惊慌失措的样子。而这时，司马光却没有离开，而是选择留下来救自己的朋友。在如此危急的时候，"光持石击瓮破之"，司马光一持一击动作连贯迅速，不带一点迟疑，更显得与众不同。司马光即使在危急时刻都能处乱不惊，想出最优的办法去解救自己的朋友，与其他孩子形成了鲜明的对比。这体现了人物的沉着冷静和机智勇敢。

三年级的学生年龄与司马光相仿，心智与"群儿"相仿，尚不成熟。司马光美好的品质犹如温暖的阳光，带给孩子们希望和力量。《司马光》为学生之后的学习与生活树立了良好的榜样，具有深远的教育意义。

三、诵读文字，感受中华优秀传统文化

文言文对宣传历史文化具有重要的作用，它是中华民族灿烂文化的重要载体，它帮助现代社会了解我国古代历史文化风俗，通过语言文字的方式让学生走近古代社会，了解当时人们的生活和表达方式。在教学的过程中，教师可以引导学生读好停顿、读出感情，借助古人的语言走进古人的生活，感受他们身上美好的品质。

《义务教育语文课程标准》（2022年版）中强调"热爱国家通用语言文字，感受语言文字及作品的独特价值，认识中华文化的丰厚博大，汲取智慧，弘扬社会主义先进文化、革命文化、中华优秀传统文化，建立文化自信"。教师应不断探索、理解优秀古诗文蕴含的魅力和价值，不断丰富教学内容。教师要通过文言文的教学，丰富学生对汉语言的认知，激发学生对传统文化的崇敬之情，让学生的语言能力获得提升，同时提升民族自豪感与自信心。

教师要引导学生感受司马光在危急时刻机智勇敢、沉着冷静的人物形象与品质，进一步地领略中华传统故事的魅力，体会中华传统语言的形态，传承和发扬中华优秀传统文化。

【教学设计】

一、教学目标

1. 学习生字词,正确、流利地朗读课文,注意词句间的停顿,背诵课文。

2. 对照注释,默读课文,试着用自己的话讲一讲这个故事,初步理解课文的意思。

3. 在读懂课文意思的基础上,思考"司马光为什么能想出这个办法救人",感受人物美好的品质。

二、教学重点

用自己的话讲一讲这个故事,试着把这个故事讲清楚。

三、教学难点

初步理解课文的意思,知道司马光能想出这个办法救人的主要原因。

四、教学过程

(课前两分钟:预习检测)

(一)图片导入,揭示课题

1. 出示连环画,试讲故事。

[意图说明]

让学生基于以往的阅读经历讲故事,回忆故事内容,有利于学生后续理解文言文的内容,并与文言文版的《司马光》进行对比,初步感知文言文的特点。

2. 听课文录音,引出课文。

3. 揭示课题——《司马光》。

4. 联系旧知识,学习复姓"司马"。

(二)整体感知,梳理结构

1. 根据课堂预习检测情况,进行字音反馈。

2. 学习生字"瓮"。

(1)字音:wèng。

(2)字义:口小肚大的陶器。

(3)交流:你是怎么知道"瓮"的意思的?

3. 总结文言文的学习方法:借助注释、借助插图、联系生活、使用扩词法。

[意图说明]

在教学过程中,融入文言文学习方法的指导,有意识地渗透借助注释、借助插图、联系生活、使用扩词法等学习方法。

4. 梳理故事结构。

（1）轻声读课文，找出含"瓮"字或与"瓮"有关的句子。

一儿登瓮——登瓮	【板书：登瓮】
足跌没水中——跌瓮	【板书：跌瓮】
光持石击瓮破之——击瓮	【板书：击瓮】
水进——瓮破	【板书：瓮破】

（2）关注板书内容，再次读课文，体会"起因—经过—结果"的表达顺序。

［意图说明］

请学生找一找含"瓮"字或与"瓮"有关的句子，引导学生梳理文章的结构，感受古人写作的顺序，初步感知文言文语言简练的特点。

（3）对比：对比现代文和文言文的语言表达特点。

（三）厘清人物，试讲故事

1. 读好停顿。

（1）教师范读，学生演示画停顿符号并交流。

（2）交流停顿规律：在人称后停顿。

（3）指导朗读。（指名读、齐读课文）

2. 尝试分类，厘清人物。

（1）根据主次分为：光与一儿、儿、众、群儿。

（2）根据人数分：光、一儿、儿与众、群儿。

（3）根据名字的字数分：光、儿、众与一儿、群儿。

3. 总结："群儿"指一群孩子；"一儿""儿"都是指跌入瓮的孩子；"光"指的是司马光，"光"是一儿的救命恩人。

4. 回声游戏，感受心情。

（1）指名读，交流并体会情感变化。

① 感受孩子们在庭院里玩耍时的"乐"：群儿／戏于庭　　　　　　　【板书：乐】

② 感受一儿没水中时的"慌"：足跌／没水中　　　　　　　　　　【板书：慌】

③ 感受光持石击瓮时的"急"：光／持石／击瓮／破之　　　　　　【板书：急】

④ 感受儿得救时的"喜"：水进，儿／得活　　　　　　　　　　　【板书：喜】

（2）合作读，感受孩子们的不同心情。

5. 借助板书，按照事情的发展顺序讲清楚故事的主要内容，体会孩子们的心情变化。

（四）重现现场，体悟智慧

观看课文相关动画，说一说看到的内容，并用文中的句子来概括。

1. 重现"群儿戏于庭"。

（1）交流：我看到了一群孩子在庭院里嬉戏。

（2）指名读：群儿戏于庭。

（3）学写"庭"字。

2. 重现"一儿登瓮，足跌没水中"。

（1）交流：一个孩子登上了瓮，失足跌入水中。

（2）指名读：一儿登瓮，足跌没水中。

（3）借助动画，感受瓮的大与深。

（4）创设情境：交流呛水的经历与感受，感受情况之危急和儿之难受。

3. 重现"众皆弃去"。

（1）交流：孩子们都抛弃他走了。

（2）说话练习：有的……有的……还有的……

（3）指名读：众皆弃去。

4. 重现"光持石击瓮破之"。

（1）思考：司马光为什么没有离开？

（2）认识上官尚光：上官尚光与司马光从小一起长大，关系极为亲密。

（3）交流：司马光是怎么做的？

（4）指名读：光持石击瓮破之。

（5）指导朗读：一边做动作一边读，感受司马光动作之快与力量之大。

（6）对比群儿的做法，感受司马光的急中生智。

5. 重现"水迸，儿得活"。

（1）交流：水流出来了，孩子得救了。

（2）指名读：水迸，儿得活。

6. 说话练习：离开的孩子们回来了，落水孩子的母亲也来了，看到此情此景，他们会对司马光说些什么？

7. 感受品质：沉着冷静，聪明机智。

8. 齐读课文。

9. 再次感受文言文的特点（排版、标点）。

（五）总结

具体内容如下。

【板书】

【副板书】 学习方法 借助注释
借助插图
联系生活
使用扩词法

（六）布置作业

1. 为家人讲一讲《司马光》的故事。

2. 完成《练习部分》第一至三题。

【课堂实录】

以下仅呈现部分课堂实录。

师：老师想和你们做一个回声游戏。先请一个小朋友跟我合作，老师读句子，你来读回声部分。

（生1主动参与）

师：群儿戏于庭。

生1：戏于庭，戏于庭，戏于庭。

师：老师发现你在读"戏于庭"的时候，回声特别响。你能说一说原因吗？

生1：因为在庭院里玩耍很快乐。

师：是的，大家再来试一试，读出群儿玩耍时的快乐。（学生齐读）谁来跟我合作读一读第二句？足跌没水中——

生2：没水中，没水中，没水中。

师：你读出了不同的语气。你觉得跌没水中是什么样的？

生2：慌张。

师：是呀！你读准确了。接下来这句，我请所有女生来和我合作，光持石击瓮破之——

女生齐答：破之，破之，破之。

师：你来说一说"女生为什么读得这么快"。

生3：为了凸显情况紧急。

师：是呀！最后一句该怎么读呢？男生都准备好了吧！水迸，儿得活——

男生齐答：儿得活，儿得活，儿得活。

师：老师看到你们脸上都挂满了笑容，这是为什么呢？

生4（代表男生回答）：因为儿获救了，大家都很高兴。

师：现在，让我们一起读一读，感受孩子们的不同心情。（师生齐读）刚才我们梳理了文章的表达顺序，读好了停顿，感受了孩子们心情的变化，现在请大家借助板书，抓住主要人物，按照"起因—经过—结果"的发展顺序，说一说故事的主要内容，如果能加上人物的心情就更好了。

（学生讲故事）

师：大家把故事说完整了。现在请大家仔细观看课文相关动画，说一说看到的内容，并用文中的句子来概括。

生5：我看到了一群孩子在庭院里玩耍，用文中的句子来概括就是"群儿戏于庭"。

师：真不错，"庭"是我们今天要学写的字，老师先来写一个"庭"字。大家要注意笔顺是先外后里，先写广字旁，再写廷，廷先里后外，请大家在平板电脑上写一个"庭"字。

（学生练习）

师：我们再请一位同学说一说。

生6：我看到一个小朋友爬上了瓮的边缘，不小心跌入瓮里。

师：古时候的房屋大多是用木头建造而成的，为了防止失火，庭院里会放一只装满水的瓮，大的瓮高度有1.2米，对于一个年幼的孩子来说，即使踮起脚尖，头也很难露出水面。小朋友们，你们有过类似的经历吗？

（学生交流游泳时的经历与感受）

师：当时，这个小朋友肯定很难受，再晚个几分钟，他可能就会——

生7：死掉，情况十分危急。

师：让我们一起来读一读这句话。注意读出"登瓮"时的快乐和"跌瓮"时的惊慌失措。（师生朗读）面对如此紧急的情况，孩子们又是怎么做的呢？

生8：孩子们都抛下掉入瓮里的孩子离开了，用文中的句子来概括就是"众皆弃去"。

师：谁能用"有的……有的……还有的……"这个句式来说一说？

生9：有的吓得瘫倒在地，有的吓得逃回了家，有的慌忙去找落水孩子的爹娘。

师：课文中用短短四个字就概括了这段话，这四个字是——

生10：众皆弃去。

师：司马光是怎么做的呢？

生 11：司马光拿起石头击瓮，把瓮击破了。

师：用文中的句子来概括就是——

生 12：光持石击瓮破之。

师：谁来一边做动作一边读这句话？（生 13 主动参与）你们从他的动作中感受到了——

生 14：我觉得他砸得很重。

生 15：我觉得他砸得很快。

师：是呀！当时情况紧急，司马光救人心切，毫不犹豫地拿起石头，用尽全身力气，向瓮砸去。相比去搬救兵的孩子，你们更喜欢谁的做法？（学生齐答司马光）紧急关头，司马光的办法是最有效、最智慧的，这就叫作急中生智。让我们再来读一读这个句子，感受司马光动作之快与力量之大。

（学生齐读）

师：在危急时刻，司马光为什么没有离开呢？请大家先听老师介绍一下跌入水中的孩子，他名叫上官尚光，与司马光从小一起长大，关系极为亲密。现在，大家知道司马光为什么没有离开了吗？

生 16：因为上官尚光是司马光的好朋友，司马光看到朋友有难，是不会离开的。

师：故事的结尾是怎么样的呢？

生 17：水流出来了，落水的孩子得救了，用文中的句子来概括就是"水迸，儿得活"。

师：离开的孩子们回来了，落水孩子的母亲也来了，看到此情此景，他们会对司马光说些什么？

生 18：谢谢你，司马光，幸亏有你……你救了我们家上官尚光。

生 19：紧要关头，幸亏你用力击破了瓮，你真是一个沉着冷静的孩子。

师：这个故事发生后，一传十，十传百，被雕塑家刻成石像，被史学家编撰记录在《宋史·司马光传》中，世世代代流传下来，还被编者编写在教科书里。大家为什么都喜欢这个故事呢？

生 20：因为幼时的司马光遇事不慌张，沉着冷静，充满智慧，值得我们学习。

师：长大后的司马光，成了著名的史学家、政治家、思想家。他主持编纂的《资治通鉴》是一部很有影响力的编年体史书。让我们带着对司马光的敬佩之情，一起来读一读课文。

（学生读课文）

师：文言文除了语言表达十分精练，古时候，它的排版方式也很特别，你们发现了吗？

生 21：它采用了竖版的方式。

生 22：文中没有标点符号。

师：同学们，这节课中，我们学习了司马光急中生智救了自己的好朋友的故事，还感受了文言文语言简练的特点。如果你对文言文感兴趣，还可以运用今天学习的方法去读一读《世说新语》这本书。最后，让我们一起来看今天的作业。

【教学反思】

一、借助故事，激发学生学习文言文的兴趣

在小学阶段，学生初步接触文言文。为了让文言文的教学更加有效，我们不断挖掘适合文言文教学的方法，探索有效的课堂教学策略，让学生在了解文言文语言特点的同时，对文言文产生兴趣。《司马光》紧紧围绕着故事展开叙述，而司马光砸缸是学生耳熟能详的故事，所以，讲故事既是教学的重要内容，也是激发学生学习兴趣的金钥匙。

在上课伊始，我带领学生通过连环画回顾司马光砸缸的故事，鼓励学生用自己的语言说一说这个故事，激发学生的兴趣，为后续文言文的学习做铺垫。传统文化故事是学生成长过程中非常熟悉的元素，优秀的人物形象印刻在学生心中，通过回顾故事，学生会主动思考人物的品质。

在梳理完故事结构和人物后，我引导学生按照事情的发展顺序讲清楚故事的主要内容。学生要在理解课文的基础上，围绕着"瓮"将故事讲出来，运用借助注释、借助插图等方法尝试讲故事。我引导学生感受文言文也是按照"起因—经过—结果"的顺序来创作的，但在语言表达上具有简洁的特点，拉近了学生与古人的距离，激发了学生对优秀传统文化的兴趣。

二、品析文字，让学生感受传统文化的魅力

文言文充满着简洁美、韵律美。作为文化的载体，它富含着丰富的精神财富，触动着一代又一代的炎黄子孙。它是我们的文化瑰宝，也是我们了解古代文明的重要渠道。

《司马光》就是这样一篇文章，语言短小精悍，短短数字就勾勒出了一个沉着冷静的男孩形象，将事情的起因、经过、结果叙述完整。它还一一呈现了不同人物的特点，"众"的惊慌失措、"光"的沉着机敏都跃然纸上。

初次接触文言文，学生难免会有距离感、陌生感。我教给学生学习文言文的一些方法（如借助注释、借助插图等），为学生理解简洁的文字做一些必要的准备。接着，我引导学生思考古今语言文字运用的不同之处，让学生意识到文言文就是用一种更简洁的方式呈现故事。我还引导学生体会文言文语言的生动。如"众皆弃去"中，"皆"字告诉我们除了司马光以外的孩子们的选择，"弃"字简明扼要地说明了他们的态度，作者虽没有

具体写但给学生留下了想象的空间。"光持石击瓮破之"是危急时刻，对司马光的所有描写，虽然只有七个字，但简短、连贯的语言相比复杂的语言更显得"光"思想之冷静，动作之迅速。学生一边做动作一边读，体会到了司马光砸缸时的毫不犹豫、沉着冷静，也充分感受到了文言文语言的精妙。

在课后，我鼓励孩子们用课上学到的方法，自己去读一读《世说新语》，保持对文言文的兴趣。我希望把更多美好的品质渗透到学生的日常生活中，让学生在为传统文化折服的同时热爱祖国的传统语言文字，增强文化自信心和民族自豪感。

三、创设情境，让学生学习人物优秀的品质

本单元的人文主题是"美好的品质"，所以我在教学时，不仅关注文言文本身的特点，还关注学生对司马光优秀品质的感受，让学生从简短的文字中体会人物的品质，获得真情实感的体验，以达成情感与态度目标。

在日常教学过程中，我们时常会发现，由于生活环境不同，学生往往会和文章中的人物有距离感。为了引导学生更好地感受司马光优秀的品质，在教学过程中创设不同的情境引发学生的思考是极其必要的。首先，在理解一儿"足跌没水中"时，学生仅靠文中的插图是无法感受当时一儿的危险的。因此，我创设情境，引导学生交流自己呛水的经历与感受。在分享和交流自己的呛水经历与感受后，学生能设身处地地体会当时情况之危急和儿之难受。其次，让学生对比其他孩子的做法，想象"众皆弃去"的画面，用"有的……有的……还有的……"这一句式理解孩子们是怎么"弃去"的，一是体现当时情况危急，吓得大家纷纷离开，二是体现孩子们胆怯的心理，为表现司马光的优秀品质做铺垫。在"儿得活"后，创设情境，让学生思考离开的孩子们和落水孩子的母亲对司马光的评价。这时，司马光高大的形象不言而喻，印刻在了学生的心中。紧接着，引入司马光的生平与成就，联系其小时候的行为，让学生对司马光的敬佩更上一层楼。

《司马光》让学生对传统故事中的人物有了新的认识，在学生行为品德的塑造上有着巨大的作用。文言文的形式更体现出故事的长久不衰、意义深远，有助于学生树立正确的价值观、人生观。

四、融合课堂，丰富学生的学习体验

这节课中，我借助数字教材和互动课堂两大平台，通过信息技术的运用丰富学生的学习体验，减少传统课堂中课件、书本、练习的切换，让学、练、评更加快速、高效。在备课的时候，我把需要的环节整合进课件中，实现作用最大化，让学生的课堂学习更加充实。本节课中，我使用了数字教材中的音频播放、视频播放、圈画等功能，借助互动课堂实现了屏幕共享、试题互动、汉字书写、动画演示等，对于学生需要掌握的方法进行统

整，并且及时掌握学生的学习情况，增加课堂的互动性和学生的参与度，帮助学生攻克了文言文学习难题，提升了课堂实效性。在信息技术的加持下，我借助信息技术平台基本实现了以学生为主的多样化课堂，让学生在读中解，在解中品。整节课体现了信息技术赋能古文教学的优势。

【专家点评】

文言文体现了古人的思维方式，其反映的人文内涵、运用的语言文字与学生的生活有一定的距离，对学生的学习有一定的挑战性。听了黄依琪老师的课，我们感受到了她对于克服文言文教学重难点的一些思考。

一、解读课后练习，明确文言文教学的目标

教材中的课后练习体现了编写意图，是教师制定教学目标的重要依据。综合分析统编小学语文教材文言文的课后练习，我们会发现，教学目标主要体现在三方面：（1）读对——正确、流利地朗读课文，读准多音字和生字，学会正确断句，读好停顿；（2）读懂——用自己的话讲一讲这个故事，联系上下文、借助插图、联系生活实际讲一讲字词的意思，通过提问、交流深入理解文本内容；（3）读背——几乎所有文言文的课后练习都有背诵的要求。可见，小学文言文基本的教学方法就是朗读，让学生在朗读中理解字词与短文大意，在朗读中体会情感，在朗读中背诵积累。而作为统编小学语文教材的第一篇文言文，《司马光》一课的首要教学任务是激发学生学习文言文的兴趣，激发学生进一步学习文言文的欲望。黄老师从姓氏入手设置导入环节，引导学生回忆中华姓氏文化；课中采用回声读，引导学生读好停顿，品悟情感，了解人物品质；在了解大意的基础上，指导学生看着竖版的文字读、看着去掉标点的文字读，直至背诵；临下课，拓展到《世说新语》，鼓励学生课外阅读，进一步引导学生深入了解中华优秀传统文化。

二、借助数字平台，提升学习文言文的效率

黄老师的这节课融合了数字教材和互动课堂两大平台，使文言文的教学基于声、像、图、文，变得更加直观丰富。黄老师通过生生互动、师生互动降低了学生的学习难度，激发了学生的学习兴趣。在教学过程中，体现了趣味与思维双线并行，工具性与人文性无痕融合，文言启蒙与文化启蒙相结合。

黄老师利用数字教材和互动课堂两个平台，赋能课堂教学，提高了课堂教学的有效性和生动性。黄老师运用交互式课件、视频、练习丰富了教学过程，减少了传统课堂中课件、书本、练习的切换。如：在划分停顿的时候，通过互动课堂分享不同学生的停顿方

法，整个过程直观地体现了学生的学习路径，让教学变得更加便捷，提升了整堂课的思维含量。

黄老师将影视资源与古文教学相结合。影视资源因其形象性、综合性的特点，在古诗文教学中具有独特的优势，能够提高学生学习古诗文的兴趣和效率。此外，随着学生阅读习惯的变化，教师在教学过程中也应尝试开发应用此类资源，更加合理有效地促进古诗文的教学。

三、丰富朗读形式，感受学习文言文的情趣

文言文诵读是文言文教学中的一个重要组成部分。在教学时，黄老师运用多种方法引导学生练习朗读，让学生加深对文言文的理解，感受人物的心情与品质。一是通过轻声读，引导学生读准字音。二是引导学生读出词句间的停顿，并让学生在朗读的基础上归纳出在人称后面停顿的规律。三是通过教师范读、学生自由读、师生齐读的形式丰富课堂的朗读。四是通过回声读让学生关注关键字，理解人物心情，读出文言文的味道。五是通过朗读竖版的文字，去掉标点读，让学生再一次体会古人的语言，加深对文言文的印象。这样，学生进一步了解了文言文的语言特色，感受了文言文学习的情趣。

四、品读语言文字，激活学习文言文的理趣

文言文语言精练，内容丰富，教师通过创设情境，引导学生大胆想象，让学生从精简的文字中挖掘出丰富的内涵，捕捉语言空白点。如朗读课文时，抓住"没水中""儿得活"，让学生感受孩子们心情的变化；理解课文时，抓住"群儿戏于庭""众皆弃去"，引导学生联系生活想象"如果你是司马光，你会怎么做"，引导学生移情体验。

文言文包含着古人特定的思维方式，教师通过联系生活，引导学生在继承和创新中辩证思考，从而提升思辨力。初读课文，让学生圈画出表示人物的词语并对其进行分类，说清理由；再读课文，引发讨论"如果你是司马光，你会怎么做"；引导学生比较"跳进去救""找人来把瓮推倒""持石击瓮破之"等方法的优劣，让学生体会"水离人"独特的逆向思维方式，将故事内容和人物品质结合起来，体现学科的育人性。

教师为学生创设了真实的语言情境，让学生通过自主的语言实践积累语言经验，丰富自己的生活体验，加深对语言文字的认识，提升语言文字运用能力，体悟生活中的道理。文言文的教学需要教师不断去体会、钻研，以真正提升文言文教学的实效，让传统文化影响一代又一代人。

（上海市宝山区罗南中心校　金雯）

初 中

品浮生闲游意，悟寂寞壮士心
——《游山西村》课堂教学实录

上海市爱国学校　崔霞

教学视频｜《游山西村》

【文本德育解读】

　　《游山西村》作于宋孝宗乾道三年（1167年）初春，当时陆游正罢官闲居在家。在此之前，陆游曾任隆兴府（今江西南昌）通判，因在隆兴二年（1164年）积极支持抗金将帅张浚北伐，符离之役战败后，遭到朝廷中主和投降派的排挤打击。乾道二年（1166年），陆游被投降派以"交结台谏，鼓唱是非，力说张浚用兵"的罪名，从隆兴府通判任上罢归故里山阴（今浙江绍兴）。山西村并不是特指某个具体的村庄，而是对家乡山村的一种很随意的说法，即山西面的村子。可见，这里的"游"是随性漫游。结合诗人当时的处境，这里的"游"与柳宗元在《始得西山宴游记》中"施施而行，漫漫而游"相似，陆游在出游前并没有刻意要出访什么，也根本不在意游了什么，姑且认为他是以游来慰藉暂时的失意吧！陆游无意之游，却有意外之获。本诗的德育价值主要体现在两方面。

一、"偷得浮生一日游"的安闲自适

　　陆游是南宋著名的爱国诗人，他留存下来的诗作有近万首。后人研读他的诗作，总是被他报国无门、壮志难酬的深沉爱国情思所打动，"爱国诗人"的称号也由此得来。其实，有研究表明，除了爱国题材，陆游的诗作中有接近三分之二属于闲适诗。钱锺书在《宋诗选注》中评陆游的诗，"一方面是悲愤激昂，要为国家报仇雪耻，恢复丧失的疆土，解放沦陷的人民；一方面是闲适细腻，咀嚼出日常生活的隽永的滋味，熨帖出当前景物的曲折的情状。除了明代中叶他受冷淡之外，陆游全靠那第二方面去打动后世几百年的读者"。可见，闲适诗是陆游诗歌中重要的一类，《游山西村》就属于这一类型，教师在教学中应该把握它的独特价值。

　　《游山西村》以游村贯穿，用白描手法，不着一个"游"字，把秀丽的山村自然风光与淳朴的村民习俗和谐地统一在完整画面上，景情意趣自然融为一体。阅读这首诗，特别要注意完整画面的完整体验，把握一个"融"字，体会诗人游村的意趣。

　　一是客我交融，体味农家人的醇厚风情。"莫笑农家腊酒浑，丰年留客足鸡豚"，可以抓住"莫笑"一词来理解。照常理，诗人到村子里做客，村中农家人非常热情地杀猪宰鸡招待诗人，并且客气地说不要笑话咱们农村自家酿的酒不高级，这应该是农家人对来访之客诗人说的。可读者在阅读的时候，分明感受到诗人仿佛是在对读者说，"农家刚刚过了一个丰收年，有的是鸡和猪可以用来招待客人，别笑话乡下的酒没有城里的金贵，它自有自己的味道呢"。仿佛诗人不是刚刚到访的客人，反而成了农家的一员了。作者有意无意的混淆，是想模糊客我关系，在诗的开篇就营造一种淳朴的氛围，而诗人则已经完全融入这醇厚的风情中了。有人说，乡村注定永远是中国人的精神原乡，乡村文化一直是中国最质朴、最本色的文化。山西村醇厚的农家风情，对初中生来说，也是一种良好的文化浸润。

　　二是理趣交融，体悟浮生一游的闲在。"山重水复疑无路，柳暗花明又一村"，有学者认为这是作者补充交代来山西村的过程；有学者认为是诗人漫游至山西村感受到农家人的热情淳朴后乘兴而游，"又一村"表明诗人当时是随性漫游。不管是哪种解读，读者只要在自己理解的"陆游游村记"中逻辑自洽即可。从完整体验的角度来看，我认为第二种解读更合适。这个村子在大自然的怀抱中，与浮嚣红尘相隔，所以能够保持自己单纯的生活和古老的风俗。诗人在这里得到热情款待，感受到醇厚的农村风情，不禁暂时忘却自己在官场的失意，乘兴继续闲游。浙东峰峦秀丽，溪流萦绕，随山路蜿蜒盘旋，村落都在山谷，不像平原上视野开阔很远就能看到。经历山重水复，费尽一番周折，以为无路可行之际，忽然，柳色掩映春花烂漫，村子以明媚之姿跃入眼帘，诗人的心情随之明亮起来，仿佛之前的波折只为了增添此时的愉悦。这是一份多么奇妙的情趣啊！此时的诗人，是否也在这其中获得了"眼前的困境只是暂时，坚持下去必然豁然开朗"的顿悟呢？或许那一刻，诗人真正放下心中背负，信步惬意漫游了吧！"山重水复、柳暗花明"，简单的描画，却给人带来如画般浙东自然村落的美景；一"疑"一"又"，生动地勾勒出诗人的心情变化和其中包含的理趣。即使身处困境，依然有发现美、感受美、欣赏美的能力，能够体悟生活的理趣，在自然中获得心灵的滋养，这不正是陆游和他笔下的山西村所蕴含的德育价值吗？

　　三是时空交融，追寻精神栖息的家园。箫鼓追随，此起彼伏，好不热闹，这是村子里的农家人在"春社"祭社祈年。春社是一个古老的节日，人们在这一天要祭祀土地神。或许是为了丰年感恩，大家伙儿要好好犒劳土地神，也要好好犒劳自己，社日还未到，箫鼓已经像孩子一样你追我赶了。腊酒是现成的，鸡豚是丰盛的，想来村民们这个节日一定过得酣畅淋漓。

村落是远离尘嚣的，风景是自然优美的，衣冠是简朴的，农家人是热情的，节日是古老的，民风是古朴的。诗人仿佛穿越时空，到桃花源来了一场神游，与陶渊明进行了一次精神的交汇：这不正是他们追求的理想的精神家园吗？而学生也在解读陶渊明和陆游的过程中完成了一次对自己精神家园的无意构筑。

彼时的诗人正值壮年，一腔报国志，恨无报国门。一场无意的漫游，却让他放下官场与遗憾，远离争斗与喧嚣，在甘美的腊酒与丰盛的鸡豚中，在山水掩映柳绿花红的村落里，在此起彼落的春社祭祀箫鼓声中，感受到了最淳朴、最美好的生活，有了久违的轻松感。真可谓是"偷得浮生一日游"啊！

二、频来之约隐藏的寂寞壮士心

在美好的世界里倘徉了一天，于是诗人产生了眷恋之情：倘若从此以后我真的隐居下来，乘月而游，手拄拐杖，踏着月光，悠闲地微笑着漫步而来，在乡村夜晚的一片静谧中，轻轻地敲响农家的柴门……这是诗人想象中的自在闲适的日子，清代方东树在《昭昧詹言》中称之为临别之时的频来之约。骆玉明教授则认为，"在诗的构境里，陆游给了自己一个解脱"。

诗人真的能解脱吗？仔细读一读"从今若许闲乘月"，便不难捕捉诗人隐隐寂寞之心。他正在贬官闲居，为何还说"若许闲乘月"？这是因为，这种闲居不是诗人想要的闲居。国土分裂，主战的陆游因为张浚北伐失利被求和派罢官归了故里。可以与诗人随后创作的《金错刀行》"丈夫五十功未立，提刀独立顾八荒"结合起来理解：身为丈夫，功名未立，国仇未报，怎么肯把时光消耗在拄杖月下的漫然闲游呢？乡村安静美好的生活是他所喜爱的，但至少现在还不是他真正愿意要的生活。但当前不"闲"又当如何？"若许"一词，有隐隐的担忧，有隐隐的孤独，骆玉明教授称之为寂寞壮士心。儒家文化中的"家国天下"，即使闲居，也是寂寞壮士心头最大的牵挂。

在教学中，教师要尽可能地通过语词的品读、情境的创设来调动学生的想象，加强学生的整体体验，使学生能够沉浸式地和诗人一起游览山西村，充分感受被罢官归乡的陆游从无目的的漫漫而游到感受久违放松的闲在，把握陆游闲适诗的独特魅力。教师也要结合诗歌的创作背景和诗人同时期的诗作，引导学生捕捉诗人在期许背后壮志未酬的无奈。

【教学设计】

《游山西村》教学设计见表1。

表1 《游山西村》教学设计

教学目标	1. 品读诗歌,结合想象,充分感受山西村的美好生活与诗人悠闲惬意的心境,理解闲适诗在陆游诗歌中的独特价值 2. 结合创作背景,比较诗人同时期的诗作,感受诗人在期许背后壮志未酬的无奈		
教学重难点	1. 教学重点:朗读诗歌,结合想象,感受山西村的美好生活与诗人悠闲惬意的心境,感受诗人在期许背后壮志未酬的无奈 2. 教学难点:理解闲适诗在陆游诗歌中的独特价值		
课时安排	1课时		
教学过程	教学环节	活动过程	设计意图
	结合预习创设情境	任务一:交流路线图,感受诗人的心情	既让学生整体感知诗歌,也让学生初步感受诗人的心情
	激发想象沉浸体验	任务二:书写日记,体验诗人的心境	让学生借助诗歌中已有的意象尝试去还原画面,在还原的过程中沉浸式体验诗人的那份悠闲与自在
	结合背景把握个性	任务三:知人论世,理解诗歌的独特价值	诗人拥有闲暇的心境已经很难得了,在被罢官之后仍能偷得浮生半日闲更属不易。本环节旨在让学生在陆游生平经历的大背景下,理解诗歌的独特价值
	品味词句感受孤独	任务四:品读"若许",捕捉诗人的隐藏情感	结合同时期诗人的其他诗作,细细品味"若许",感受诗人在暂时闲在背后隐隐的而又挥之不去的无奈
	布置作业学以致用	1. 必做 (1)从陆游的角度,以第一人称,完整写一篇游山西村的日记 (2)"柳暗花明"是否可以改为"柳绿花红",为什么 2. 选做(二选一) (1)在课外阅读《桃花源记》,从内容和情感两个角度比较《游山西村》和《桃花源记》的相近之处 (2)比较孟浩然《过故人庄》与陆游《游山西村》的异同	针对不同学情设计分层作业,引导学生巩固学习内容,拓宽阅读视野,提高学生欣赏诗歌的能力

【课堂实录】

师：这首诗歌讲述了陆游游览山西村的经历。既然说到是游览，肯定有路线。之前，老师让大家根据诗歌内容，在预习作业中尝试着画一画诗人的行踪。谁愿意和大家分享一下自己画的游览路线图。

生1：陆游来到村外，这边有很多田地。我在这里画了酒、鸡腿、猪肉，这些是农家人招待诗人时用的，这个"笑脸"代表诗人很开心。然后，在这里我画的是树，代表树林，诗人在其中闲游，走着走着就迷路了。这个"圈圈眼"代表诗人感到困惑。接着，诗人走到了村子里，这个图案代表诗人又闲游到了另一个村子里，最后停在一个门前。

师：刚刚这位同学的游览路线图中有许多事物都画得很可爱。她还通过微表情表达了诗人的心情，很贴切。还有同学要来试一试吗？

生2：在我的画中，陆游先到了一个村子，村子里面的人拿出酒和许多鸡肉、猪肉来迎接他；接着，他过了一条河，看到了一片柳树和许多的花，又看到了一个村子，村子里有一个土地庙，有人在祭拜土地神。到了晚上，他就拄着拐杖去敲他好朋友的门，我觉得，诗人是想邀请好朋友一起去欣赏外面的景色。

师：这位同学在原来诗歌的基础上，还增加了自己的感受和猜测。这幅游览路线图颇有古镇旅游路线图的雏形，真是漂亮！刚刚同学们分享了自己画的陆游的游览路线图，这一路上有山、有水、有花、有草，有热情招待的农家人，有热闹的社日祭神。你们觉得诗人经历了这样的一天之后，他的心情如何呢？

生3：他感到满足。

生4：我感觉他很开心。

师：好，我们就带着这样一种满足的心情，把这首诗歌读一读。

（学生齐读）

师：在山西村的一日游结束了，陆游晚上回到家，他想要把白天所经历的这一切以日记的形式写下来。同学们，请你们尝试着以第一人称的方式来记录陆游这一天的经历。因为时间有限，请每位同学挑选自己印象最深或最有感触的一联，展开联想写一写。（学生尝试）请一位同学来交流一下。

生5：今天早晨我来到了山西边的村子，村民们很热情地拿出自家酿制的腊酒来招待我。腊酒虽然有一些浑浊，但依旧十分爽口。今年是丰年，桌上放满了鸡肉和猪肉，还有各式各样的菜品，我开心地品尝了所有的美食，和乡亲们谈天说地，过了好久才告别了可爱的村民，离开了村子。

师：你的描写很生动。你为什么会想要选择第一联？

生5：当地的村民非常淳朴，他们自己种着地，条件不算好，但还是很热情地招待诗人，我觉得他们很可爱。

师：不仅你觉得他们很可爱，诗人也有这样的感受。面对浑浊的腊酒时，诗人的态度是什么？

生5："莫笑"，不要嘲笑，腊酒虽然有一些浑浊，但是农家人自己酿的，陆游明白了农家人的心意。他被农家人的热情淳朴打动了。

师：说得真好！还有同学要来说一说吗？

生6：我吃过午饭，在林间散步。我看见一山接着一山，清澈的溪水映照着这一幅山清水秀的画卷。我走过一片片的柳树，随着争奇斗艳的花儿，不知不觉中走到了另一个村子。

师：你觉得诗人此时的心情如何？

生6：看到这么美的景色，诗人应该会觉得愉悦。

师：你读到的是愉悦。有没有同学关注到"山重水复疑无路，柳暗花明又一村"中隐含的诗人的情感变化？

生7：我吃完农家菜之后便踏上了游览山西村的道路，这里重峦叠嶂，绿水环绕，在一片清脆的鸟鸣声中，我迷失了方向。面对都长得近乎一样的树，我一时有些慌乱，不知道该往何处走。我尝试着走了一段，竟听见了儿童的嬉闹声！我闻声而寻，最后在那花红柳绿之处隐隐看到了几个调皮的孩子，远处竟又是一个村子！

师：你的这段话有点意思。诗人先是在林间迷了路，正当不知所措之时发现了另一个村子。前面的描写不错，后面的儿童嬉闹声更是画龙点睛，将诗人那种柳暗花明间豁然开朗的感觉一下子表现出来了！真棒！你的这段话中有重峦叠嶂、绿水环绕的迷茫，也有发现峰回路转、豁然开朗的喜悦。谁能和我们分享一下颈联的内容？

生8：我到了另一个村子，虽说这个村子的风景很美，可我一路上看到的，都是农家人在祭拜土地神，感觉他们有点迷信。

师：这位同学认为农家人有点迷信，大家有没有不同的意见？请大家思考"人们为什么要去祭拜土地神"。

生9：我觉得农家人不是迷信，他们一年到头的收入都在于土地的收成，所以他们要去祭拜土地神，希望土地神能保佑来年风调雨顺，土地肥沃，让他们的收成多一点。我觉得这是一种美好的期待和愿望，不应该说成迷信。

师：你的这段话很好，可以放到日记中去。你写的是这段话吗？（生9点头）你为什么要写这部分内容呢？

生9：农家人敲锣打鼓，载歌载舞，以这样的一种方式来祭拜土地神，这让诗人很有感觉，很自然地融入这个场景，不自觉地就和大家玩在一起了。

师：同学们的理解越来越深入了。刚刚这位同学有一个词用得很好——融入，好像诗人自己也是其中的一员。山西村的人们仍保留这种古老的传统，那种对土地的敬畏与虔诚，那种对丰收的希望与渴盼，这群勤劳可爱的人们和淳朴古老的传统都让诗人动容，不经意间就参与了其中。我们来看最后一联。

生10：从今往后，如果可以趁着明月来闲游，我应该会随时在夜晚叩农家人的门来访。

师：这里其实表现的是诗人很期待再一次的到来。请一位同学来描述一下"那天夜里，诗人所看到的夜是怎样的，月是怎样的"。

生11：微风拂过树梢，月牙儿清晰地高挂天空。那天的夜特别深邃，又特别美。

师：你描绘得很具体！我仿佛真的看到了一般。为什么你会觉得那一夜可能是很美的？

生11：我觉得诗人当时的心情是轻松、快乐的，所以，看到的景色也是美好的。

师：这位同学说得很好，那你们觉得诗人这种轻松的感觉是晚上才有的吗？

生12：我觉得诗人应该这一天都很开心。他遇见了淳朴、可爱的村民，看见了美丽的景色，感受了热闹、有意思的祭祀，他应该是满足、惬意的。

生13：从首联就能看出诗人很开心，我是从"笑"字看出来的。

师：你要自己读清楚哦！这里要表现的是"笑"还是"莫笑"？

生13：哦，应该是"莫笑"，让别人不要笑农家的腊酒浑浊。

师：是的，"莫笑"表现的恰恰是诗人对村民行为的肯定。面对客人，村民热情地挽留，将自家酿的酒和猪肉、鸡肉拿来招待，"莫笑"二字展现了诗人的赞美。其实，诗人在这里隐藏了一个小小的妙招。大家看，"莫笑"，照常理，诗人到村子里做客，村中农家人非常热情地杀猪宰鸡招待诗人，并且客气地说不要笑话咱们农村自家酿的酒不高级，这应该是农家人对来访之客诗人说的。可作者并没有点明，有意无意地模糊处理，这就让读者在阅读的时候，分明感受到这些话仿佛是诗人对读者说的，仿佛诗人不是刚刚到访的客人，反而成了农家的一员了。

生14：根据诗句，诗人可能迷路了，但这并没有影响他的心情，因为他路上看到的景色非常优美，把他这种迷路的惶恐消解了。

师：你刚刚说到迷路，诗人当时有明确的目的地吗？

生14：没有。

师：这本身就是随心而行的闲逛。在闲逛的过程中，诗人发现前面好像没有路了，所以诗人用了一个"疑"字。如果把"疑"字换成"愁"字好不好？

生15：不好，在这里，诗人只是不知道该走哪里而感到疑惑，并没有忧愁的情绪。

师：诗人来到一个地方发现不知道该走哪里，心里感到非常疑惑、奇怪，并没有消极的情绪。请一位同学来读一读，把诗人那种悠闲中有些疑惑，闲游中又发现新地方的欣喜表现出来。

生16：山重水复疑无路，柳暗花明又一村。

师：你读得很轻快。还有人要说一说吗？

生17：我结合了首联，诗人喝过了小酒，再去看祭祀的时候，看着大家载歌载舞的热闹景象，可能会有点微醺，陶醉于其中。

师：我觉得你刚刚用的一个词很棒，微醺确实很符合诗人的状态。陶醉换成沉醉可能会更好，不知是喝了酒的醉，还是周围一切的事物使诗人融入其中，反正诗人那天的状态就是微醺，一切美好得如梦似幻。我发现同学们用词很精准，前面的融入和这里的微醺都用得很棒。请一位同学来领读全诗。读的时候注意，你们就是陆游，见陆游之所见，闻陆游之所闻，经历陆游之所经历。在读的时候，你们目光所及之处，即是陆游所览之处。

（生18领读，其他学生跟读）

师：大家觉得拥有这样一种安宁、放松心境的诗人，他那时的生活应该是怎样的？

生19：他的生活环境应该是不错的，平时生活也比较顺意。

生20：我觉得他的生活应该是比较悠闲、愉快的。因为如果不是非常悠闲的话，他就不会有空来山西村游玩。

师：这位同学说如果诗人的生活不是非常悠闲的话，他也不会来游玩。确实，诗人当时很闲，我们来看一下他写这首诗歌时的状态。当时，诗人是主战派，他希望朝廷通过主动作战收回国家失地。由于他支持抗金将帅张浚北伐，战败后遭到朝廷中投降派的打压，《游山西村》就是作于诗人被罢官时。同学们注意，这里不是贬官而是罢官，意思是免除他的所有工作。当时的他身处在困顿的环境中，可我们在这首诗歌中完全感受不到这种消极的情绪。大家觉得山西村一天的经历下来，诗人除了收获好心情，还收获了什么？

生21：我觉得他收获了希望，因为他是被罢官后回乡的，他看到了农家人的质朴，他看到了山里的美景，经历了柳暗花明，又重新有了希望。

生22：他看到了这样的美景，好像把一些不开心的事给散去了。

生23：我想补充前面同学的观点，这里的"山重水复"就像是在描述诗人的人生。后面经历了"柳暗花明"，让他觉得以后的路仍然是有希望的。

师：你觉得诗人是在通过这句话来暗示自己的未来。也许此刻身处艰难险境，但这些终究会过去的，人生还会迎来"柳暗花明"的一天。这一点很符合宋代诗歌中那种理趣的意味。还有同学要补充吗？

生24：我觉得他本来应该是忧愁的，毕竟被罢官了，他的理想不能实现了。但经历了这一天，喝酒、聊天、赏景、观赏祭祀，他暂时摆脱了烦闷的心情。

生 25：我觉得他表达了对这种乡村生活的向往，有点像陶渊明的《桃花源记》，也就是说，陶渊明向往桃花源，而陆游向往山西村这种美好的环境和淳朴的民风。

师：后面这两位同学都说得很好。山西村于陆游而言，似乎就是他理想中的桃花源，所以当他进入其中的时候，便从凡尘俗世中解脱出来了。这几个环节中，我们跟随陆游的脚步游览了山西村，一起与淳朴的村民亲切絮语，也一起沉浸在重峦叠嶂、柳绿花红的美景中。我们感受到了诗人漫步游走的随性，更感受到了诗人在自身境遇不甚美好的情况下，还能觅得那份闲暇自在的难能可贵。

【教学反思】

《义务教育阶段语文课程标准》（2022 年版）指出，语文课程的综合性特点指向语文课程的内涵，其核心是融合，其一是价值的融合，其二是内容的融合，其三是过程的融合。语文学科探索学科育人规律，要紧扣语文学科融合的特点。

教师抓住诗歌"秀丽的山村自然风光与淳朴的村民习俗和谐统一，景情意趣自然融为一体"的特点，整体设置情境，巧妙设计学习任务，把学生学习诗歌的过程和诗人游村的过程紧密融合。教学活动主要在三个层面展开。

一是把握个性，加强体验。在世人的认知中，陆游是爱国诗人；在学生的学习经验中，陆游的诗歌总是在表达爱国情怀；《游山西村》中确实也隐藏着诗人的寂寞英雄心。因此，以往的学习中，学生常常忽略诗歌中诗人的愉悦、闲在，一味地挖掘诗人被罢官还乡壮志难酬的苦闷；忽略"山重水复疑无路，柳暗花明又一村"中的情趣，一味将其解读成诗人未来重新获得重用的可能。学生即使读出愉悦闲在，也往往会解读成在自然中汲取力量，为后面报国积聚能量。这可能是我们传统的语文教学中常常把"学一篇"简单迁移到"学一类"的后遗症，也有可能是对陆游诗歌的标签化解读所致。阅读诗歌，首先要尊重"这一首"诗歌的个性与特质，把握"这一首"诗歌的独特价值。反复阅读体验，《游山西村》中诗人游村过程中的闲在体验是真挚真诚的；在"若许"中隐含的落寞与无奈也是有的，但不是诗人的主体情绪。我们在诗歌教学中要尊重并捕捉"这一首"诗歌的独特价值，尊重并还原诗人在"那时"的体验与表达。惟是之故，教师在学习任务设计和课堂实施时，前两个任务所花的时间占课堂的一半，让学生充分体验诗人"那时"的情绪，诗歌的独特价值也就自然出现了。诗如此，人亦然。这是在把握诗歌独特价值背后隐藏着的德育价值。

二是巧设任务，请生入境。第一个学习任务是交流课前布置的游览路线图，学生进入教师创设的游览情境中，既把握了诗人的游览路线，大致理解了诗歌内容，又跟随诗人浅浅地游了一下山西村，感受了诗人游村时轻松愉悦的心情。虽然学生是以诗人近旁

"观察员"的身份游览，但已经进入诗歌的整体情境了。第二个学习任务是让学生从陆游的角度，以第一人称的方式写游村日记。借助一个"我"字，教师巧妙地模糊了客我，让学生和陆游来了一次"交互体验"。从课堂呈现来看，在完成这两个任务的过程中，学生发言达到20余人次，且质量很高，淳朴可爱的村民、诗人林间迷路不知所措之时传来的儿童嬉闹声、微醺陶醉的诗人都来自学生的发言。这是一个普通初级中学的七年级班级，能有如此高质量的发言，不能不归功于巧妙的学习任务设计。教师把学生作为体验的主体，学生在完成任务的过程中到陆游的世界浸入式体验了一把，而浸入式体验激发了学生的想象，使他们与陆游能够"感同身受"。醇厚的农家风情与乡村文化的浸润，提升了学生审美的触觉，让学生体悟了生活的理趣，在自然中得到了精神滋养。

三是关注过程，化静为动。内容融合、过程融合，实际上是指我们在教学过程中既要关注内容价值，也要关注过程价值。诗人在什么情况下游村、游了哪些地方、看到了哪些景物、遇到了哪些人、有什么特别的经历和感受，这些是内容，是静态的知识，学生可以一一圈画、逐句解释。课堂讲过了，笔记记下来，甚至背默下来，这首诗就算是学习了吗？这样的诗歌学习是缺乏营养的，或者说，无法实现语文学习的多重育人价值。绘制并交流游览路线图、化身诗人写游览日记、绘制诗人时间经历轴、设身处地理解诗人的情绪、咀嚼期许背后隐藏的落寞等学习任务的设计和实施，使得学生在课堂上不仅学到了静态的知识，更有设身处地的体验和真实的情感投射。学生和陆游一起，与淳朴的村民亲切絮语，沉浸在重峦叠嶂、柳绿花红的美景中，发现自然中蕴含的理趣。在这个过程中，学生发现了诗人在不甚美好的境遇下还能觅得那份闲暇自在的难能可贵，也触碰到了诗人隐藏在内心的那份落寞。乡村文化的浸润、心灵在自然中的滋养、精神家园的构建、家国天下的情怀，在这个过程中也巧妙无痕地落地了。

以上三个层面，分别侧重于从解读、设计、实施角度剖析这节课中如何紧扣语文课程融合的特点进行学科育德。其实，解读、设计、实施这几个维度本来也是紧密相关的，无法一一拆解或者一一对应。

（注：教学视频、教学设计、课堂实录由上海市静安区实验中学程佳思老师提供）

【专家点评】

陆游是南宋著名的爱国诗人，教材中也有他著名的爱国诗篇，因而在我们的语文教学中，常常误读"知人论世"，狭隘化地理解作者，解读其作品。正如本案例在教学反思中所说的，对于本诗，"以往的学习中，学生常常忽略诗歌中诗人的愉悦、闲在，一味地挖掘诗人被罢官还乡壮志难酬的苦闷；忽略'山重水复疑无路，柳暗花明又一村'中的情趣，一味将其解读成诗人未来重新获得重用的可能……"。其实，这样确定本诗教学价值的不只是学生，还有我们的教师。因此，本诗的教学就有了一个重要的价值，通过陆游闲适诗的品读，让学生体悟到，由于生活的丰富性和复杂性，即使是同一个作者，也会存在情感的多元性和情趣的多向性，从而关注文本的独特价值，改变标签思维，从由人到作品的思维走向由作品到人的思维。这对于学生阅读欣赏能力的提升具有重要的意义，本案例正是这样确定目标的。

本课例的核心目标确定为"充分感受山西村的美好生活与诗人悠闲惬意的心境，理解其在陆游诗歌中的独特性"，即课堂主要定位在文学鉴赏与审美这个层面上，并且，教师在内容的选择与安排上始终坚持了这一点，这在当前也是极具价值的。在我们的语文教学中，目标设定有时会看到鉴赏、审美这类文字，但真正落实在内容与过程中是很难的，这与我们习惯于理性思维、习惯于分析理解、习惯于让学生明白一些人生道理等有关，而鉴赏、审美更多是形象与感性的，是体验与感悟的，学生获得的是"悠然心会"中的情趣与美感，这是文学阅读时不可或缺的重要能力，这种语文教学中的审美力被弱化乃至缺失的现状，也是明确"审美创造"这一核心素养的基本出发点，这一块也就成为今天语文教学需要加强的重要方面。本课例从场景的形象再现，到场景背后生活的韵味，再到置身于其间人物的心情与心境，让学生在想象、描写、体验、感悟中与诗人产生共鸣。

这样一种鉴赏与审美能力的培养，一定不是通过教师的教实现的，而是要通过学生的主体性介入才能实现。学生需要自主想象、形象再现、感性体验，最终进行共情。也就是说，审美能力不是教会的，而是在合理有效的主体学习过程中养成的，本课例给了我们一个很好的范例。在课堂上，教师通过任务的设计、情境的创设与学习活动的安排，引领着学生由入境到入情。从"陆游先到了第一个村子，村子里面的人拿出酒和许多鸡肉、猪肉来迎接他；接着，他过了一条河，看到了一片柳树和许多的花，又看到了一个村子，村子里有一个土地庙，有人在祭拜土地神"的生活画面，到"当地的村民非常淳朴，他们自己种着地，条件不算好，但还是很热情地招待诗人，我觉得他们很可爱"的直接感受，再到"我觉得他表达了对这种乡村生活的向往，有点像陶渊明的《桃花源记》，也就是说，陶渊明向往桃花源，而陆游向往山西村这种美好的环境和淳朴的民风"这种文化认知，由景入情，由浅入深，学生经历了一次美的旅行，也是一次美的成长。

由此可见，本课例无论是文本阅读目标的确立、教学目标的确立，还是教学内容的选择与安排、主体性学习过程的设计等，都能够给我们有价值的启迪，让我们更深入地思考新课程标准与核心素养视域下语文教学变革的方向与应有的实践。

（上海市特级教师　孙宗良）

余音绕梁，三日不绝

——《蒹葭》课堂教学实录

上海市长宁区教育学院　郁寅寅

教学视频 |《蒹葭》

【文本德育解读】

《蒹葭》是《诗经》中的一首抒情诗，也是东周时期秦地的民歌。这首诗以特有的河流为背景，以蒹葭为典型景物，创造了"在水一方"这一可望难即的意境，展现了追寻者不畏艰难，奋力追寻"伊人"的意旨。虽然诗中的"伊人"历来有各种解读，但河水的阻隔之意明确，所以世间一切因受阻而难以实现的种种追求，都可以在这里发生同构，产生共鸣。本诗的德育教学价值主要体现在三方面。

一、诗歌的音乐美

《蒹葭》一诗共分三章，重章叠句，一意化为三叠，用韵先响后暗，余音绕梁。正如清末文学家方玉润所言："三章只一意，特换韵耳。其实，首章已成绝唱。古人作诗，多一意化为三叠，所谓一唱三叹，佳者多有余音。"

重章叠句的表达效果体现在两方面。一是表现出诗歌形态的美感，增强了抒情的力度。这种美感表现在结构的精美齐整上，表现在复沓的章法上，表现在句子的呼应上。反复歌咏，深化了诗歌的内容，渲染了深情的气氛，显现出了诗的节奏感、韵律感以及深长的韵味。反复咏唱之中，节奏似乎越来越快，强化了情感波澜的显现。二是强调了时间的不断推移，意味悠长。从"白露为霜"到"白露未晞"再到"白露未已"，构成了一个完整的时空序列，暗示了时光的流逝和追寻者的执着。

《蒹葭》在音韵上循环往复，意味绵长。如"苍""霜""方""长""央"等字押"ang"韵，属"阳部"，使诗境显得悠长而邈远；"萋""晞""已"押"i"韵，又使得诗境显得迫近且哀婉。读者在音韵变化中可以感受到诗人这份思念的情绪在逐步加深。又如"蒹葭"为双声字,"苍苍"为叠字,从声音上给人带来一种节奏的律动感。

在教学中,教师引导学生借助诗歌的音调、押韵、节奏等来把握作品的内蕴。了解《诗经》用重章叠句歌咏真挚情感的形式,给人以审美愉悦。通过反复的诵读,学生能感受古代诗歌的独特魅力,建立文化自信。

二、诗歌的意境美

在《蒹葭》这首诗中,多重意境交相叠合。诗人一开篇就写到"蒹葭苍苍,白露为霜",在深秋的早晨,水面上呈现出如诗如画的景色,蒹葭、白露等营造了一种凄清、寂静的氛围。而白露、水面又给人一种似有若无之感,"宛"在水中央,好似在又好似不在。这种视觉上的感受和冲击,使得诗歌的内涵和韵味更加丰富充盈。诗人把秋水、白露、蒹葭等朴素平凡的景物作为意象,生动地表现了人与自然和谐交融的美好场景。"伊人"高洁的精神气质,与蒹苍露白、秋水澄明的景致融为一体,形成一种朦胧的美感。

在教学中,教师引导学生从字里行间去感受诗歌所呈现的意境美,帮助学生理解中国古代传统文化中的审美旨趣。中国古典诗歌中的自然不仅仅是自然,它还是一种与人相契合的境界。诗者以自然界的各种动植物为媒介来阐释自己的情愫,使这种情愫更具有清新质朴之气息,能够荡涤读者的心灵。

三、主旨的朦胧美

关于《蒹葭》一诗的主题,历来说法不一。因《蒹葭》朦胧性的表达,站在不同角度,不同学识、经历的人往往会解读出不同的"伊人"形象,解读出不同的主题内涵。

在教学中,教师可以引导学生关注追寻者不畏险阻,一再追寻,几度求索的执着;可以把有代表性的观点呈现给学生,引导学生关注这些观点背后的依据和表达者演绎推论的思路;还可以引导学生思考如何在此基础上提出自己的观点并进行论证,在这一过程中提升学生的思辨力、实证精神等。

【教学设计】

《蒹葭》教学设计见表1。

表1 《蒹葭》教学设计

教学目标	1. 诵读诗歌,了解《诗经》重章叠句的手法特点及其表达效果 2. 把握追寻者的形象,推断诗歌的意旨

（续表）

教学重难点	1. 教学重点：通过诵读，理解《蒹葭》一诗中复杂细腻的情感层次 2. 教学难点：体会"伊人"虽近却不可得，但追寻者仍执着追求的坚定精神		
课时安排	1 课时		
教学过程	教学环节	活动过程	设计意图
	出示任务	1. 情境导入 2. 明确核心任务	1. 情境导入，帮助学生尽快进入文本世界 2. 明确核心任务，提高学生的学习效率
	一读 重章之妙	1. 根据学习任务单提示，自由朗读诗歌，比较诗歌三个部分在语言形式上的相同点 2. 通过朗读感受诗歌的音乐美	引导学生关注重章叠句这一表现形式的特点，感受其给诗歌带来的节奏感、音乐感
	再读 变化之巧	1. 比较诗歌三个部分在内容上的变化，分析这些变化分别表达了什么以及这些变化之间有什么联系 2. 小组朗读，思考分别用怎样的情感朗读诗歌的三个部分 3. 用第一人称，以"即使……我也要……"的句式表达诗歌三个部分的内容	通过语言的渐进变化体会诗人蕴含在追寻过程中的多层情感
	三读 意趣之深	1. 试着为诗歌续写一个结局 2. 思考《蒹葭》为什么没有结局	深层领悟"从之"的意义并非"得""失"，"追求"的过程已经超过了目标的存在意义
	学习总结 回顾经历	1. 梳理本节课的学习过程 2. 集体朗读，再次感受古典诗歌之美	1. 关注学生的学习经历，提升学生的语言素养 2. 凸显祖国语言和古典文化的魅力，激励学生主动去探索和追求
	布置作业 学以致用	1. 必做：以图示法，画出伊人、追寻者、蒹葭三者的位置关系，并配以 80 字左右的文字说明 2. 选做：尝试用白话文改写诗歌的一个部分	1. 针对不同学情设计分层作业，引导学生巩固学习内容 2. 已有的知识和新学的内容相联系，训练学生拓展迁移的能力

【课堂实录】

师：请大家根据学习任务单提示，自由朗读诗歌，比较诗歌三个部分在语言形式上的相同点。（学生自由朗读）哪位同学愿意分享一下自己的发现？

生1：这三个部分基本上是四字一句。每个部分的句式相同，有些词也是相同的。

生2：每个部分都有押韵，运用了很多叠词，读起来很有节奏感。

生3：我觉得这就是《关雎》中说的重章叠句。

师：看来，通过《关雎》的学习，同学们有很多收获，不仅关注到了押韵、叠词和重章叠句的表现形式，还感受到了诗歌的节奏感和韵律美。我们再来读一读，注意把平声字的读音拉长，把仄声字读得稍短一些，进一步思考各部分之间有哪些变化。（师生齐读）哪位同学愿意来说一说？

生4：虽然各部分的句式相同，但其中有一些字词出现了变化。

师：你能具体说一说吗？

生4：诗人描述蒹葭时用了"苍苍""萋萋""采采"，这几个词语的意思相近。诗人描述白露时用了"为霜""未晞""未已"，这几个词语的意思差不多。"在水一方""在水之湄""在水之涘"等意思相近。"长""跻""右"这几个字的意思不同，讲的是路上遇到的困难不同。"水中央""水中坻""水中沚"讲的是地点不一样。

师：很好，你找到了很多不同点，并且有意识地进行了分类。一类是意思相近，但选用的词不同。一类是意思不同，有路上遇到的不同困难，也有地点的差异。但这里有一处错误要纠正一下，"为霜""未晞""未已"这几个词语的意思不同。"为霜"是变成霜，"未晞"是没有干，"未已"是指露水新。其他同学有什么发现吗？

生5：这三个部分都押韵，但是每个部分押的韵不同。

生6：第二个部分和第三个部分押的韵是一样的。它们只是和第一个部分押的韵不同。

生7：我觉得诗人想表达的情感肯定也是不同的。

师：你能尝试具体分析一下吗？

生7：我还没想好。

师：有没有同学能帮他补充完整呢？（没有学生举手）看来大家都遇到了问题。没关系，我们不妨先分析一下刚才的发现，同学们找到了用词的变化、地点的变化、押韵的变化，我们可以来分析一下这些变化分别表达了什么以及这些变化之间有什么联系。小组内可以讨论一下。

（小组讨论）

生8：我们小组认为，诗人用不同的字词表达相同的意思，是因为语言要多变，否则都是一样的，太单调了，而且这与每个部分押的韵也有关。第一个部分押的是"ang"韵，第二个部分押的是"i"韵，所以，字词的变化与押的韵有关。

师：有点道理，变化的语言、不同的韵脚能够让诗歌更具有灵动感。语言的选择也的确与押的韵有关。请大家进一步思考诗人为什么由押"ang"韵转为押"i"韵。大家可以尝试读一读，从第一个部分读到第三个部分，从第三个部分读到第一个部分，看一看有什么不同。

生9：我感觉从第一个部分读到第三个部分声音是越来越低的，但调整顺序后声音就越来越高了。或许，诗人的情感是越来越低沉的，所以要这样变化。

师：真棒！其实，音韵对于诗来说不仅可以表现音乐的美感，还可以表达诗歌的情感。任何一种语言形式的变化都是为表达情感服务的。要想知道追寻者的情思到底有哪些变化，我们可以关注诗中表示时空、困难变化的字词。在刚刚的讨论中，有哪组同学分析了这些字词呢？

生10：我们小组认为，"为霜""未晞""未已"体现了时间的变化，让人感觉时间在慢慢流逝，"水中央""水中坻""水中沚"体现了地点的变化，这个追寻者追寻了很多地方。时间流逝，他又追寻了很多地方，但是一直没有找到，让人觉得他的情绪越来越低落了。

师：谁来补充？

生11：我们小组觉得应该结合"长""跻""右"这几个字来看，每一次追求的过程中，他都遇到了困难，时间流转，地点变化，但他并没有停下来。因此，同学刚刚说追寻者的情绪越来越低落是不对的，情绪低落的人很难一而再、再而三地追寻。

师：那你们觉得每个部分表达的情感有何不同？

生11：追寻者开始时是很向往的，后来因可望而不可即而感到惆怅，但并没有消沉。

师：很好，我们在这里做一个总结。在这一部分的学习中，我们通过关注诗歌语言的变化，分析了诗歌通过语言、韵律的变化表达的内容以及这些变化之间的联系。在分析推断的过程中，我们发现韵律的变化是为了表达不同的情感，"ang"韵开阔昂扬，表达了对伊人的向往；"i"音似低沉，体现了在追寻时会产生的怀疑、惆怅之情。而情感的不同，又可以通过时空变化等外化的词推断。"声""情"融为一体。接下来请大家小组合作，再次朗读这首诗，注意把握节奏、重音，以展现不同的情感。

（小组合作朗读，展示）

师：同学们的朗读很精彩。接下来请大家用第一人称，以"即使……我也要……"的句式表达诗歌三个部分的内容。

生12：即使她在高而陡的地方，我也要逆流而上去追寻她。即使她在遥远的另一边，我也要排除万难去追寻她。即使她遥不可及，我也要继续追寻她。

师：你的情感有变化。我关注到前一句中她所处的位置还是指向比较清晰的，后两句中"遥不可及"和"遥远的另一边"表述有点相近。

生12：我感觉诗人想表达的不一定是地理位置上的遥远，有可能是心灵上的遥远。那个"她"甚至有可能都不是人。

师：你最后一句话的表述方式容易让人产生歧义啊。

生12：我是说那个"她"有可能不是一个具体的人，可以是远大的理想，也可以是远大的抱负，就算"她"指的是一个人，也有可能因为"她"太高高在上了，而让诗人感觉高不可攀。

师："高高在上"往往形容的是领导者脱离群众，是一个贬义词，用它来形容这个"伊人"并不合适。我们可以再读一读诗，感受一下诗歌所营造的意境。

生13：我感觉诗歌带有一种朦胧的美感，这个"伊人"是可望而不可即的，有点像《爱莲说》中提到的"可远观而不可亵玩焉"高洁的莲花的形象。

师：很好，你还联系了旧知识。的确，蒹葭露白、秋水澄明的景致衬托出"伊人"高洁的形象，而这一形象又与周围的景致融为一体，给人以美的享受。我很赞同刚才生12对于"伊人"的探寻，或许是一名美丽的女子，又或许是远大的理想抱负、心中的某处彼岸。关于"伊人"的探寻，历来都颇有争议。今天这堂课中我们暂时不深入讨论。同学们可以在课后查阅资料来辨析。生12最后说"即使她遥不可及，我也要继续追寻她"。请大家试着展开想象，续写一个结局。

（学生续写并展示）

生14：我写的是"蒹葭茫茫，白露已消。所谓伊人，在我身旁"。这段话不是很工整，也没有押韵，但我觉得追寻者最终会找到"伊人"，这是美好的向往。

生15：我写的是"蒹葭复苍苍，伊人在何方"。或许，追寻者苦苦追寻后还是得不到、找不到。

生16：我写的是"所谓伊人，无可寻觅"。我觉得"伊人"或许并不存在，追寻者有可能最终会发现"所谓伊人，根本无处可寻"。

……

师：同学们写得很精彩。总结一下，大致有两种结局。一是追寻成功，喜悦之情溢于言表。二是无功而返，忧愁苦闷。但诗人却没有给出结局，这是为什么呢？

生17：给读者留下想象的空间。

师：请一位同学具体分析一下。

生18：我觉得就像中国画的留白艺术一样，诗歌留白可以给读者留下想象的空间。而且我觉得诗人不给出结局是因为结局已经不重要了。

生19：我们前面已经讲了，一而再，再而三。无论经历多少艰难，追寻者都不会放弃自己的追求。诗人想表现追寻者的执着、坚定，所以结局是好是坏并不重要。

……

师："言有尽而意无穷"，追寻者的追寻之路没有终点，也不需要终点。"所谓伊人"中，"所谓"的背后是积极的追寻，亦是坦然、自如的追寻态度。在路上的意义已是生命的全部。

【教学反思】

《蒹葭》作为经典诗篇的价值不言自明，确立目标、追寻理想等关键词对于学生的成长之路具有非凡的意义。为了在语文学习的过程中渗透"追寻"这一关键词，教师需要给予学生明确的任务，巧妙设计具有一定开放性的问题。

一是于平白中见旋律。初次诵读时，许多学生能根据语感读出二字一顿的节奏，却无法读出诗情、诗味。因此，在完成正字音的初读后，教师提示学生把平声字的读音拉长，把仄声字的读音读得稍短的技巧。渐渐地，学生能够读出每一声音的长短变化。经过教师两次示范朗读，学生把握了诗味、诗情。这也让学生体会到了诗歌应有的音乐美。

二是于重复中见坦然。教师引导学生观察《蒹葭》的语言形式特点，了解重章叠句这一艺术特色。结合任务单上的相应板块，学生发现了每一章所押韵脚的变化。教师进一步提示他们，每一声韵的变化，也体现了情感的变化。学生由换韵读出诗歌背后丰富的情感层次，进一步领会诗人追寻伊人时产生的想法。"ang"韵开阔昂扬，体现了对伊人的向往；"i"音低沉，体现了人们在追寻时会产生的怀疑、怅惘之情；第三次重复则是对前两种情感的升华、超越。这是经历了初步的向往与怅惘后达成的更自如的坚定。

三是于无穷中见追寻。本诗的教学设计很容易把伊人与诗人作为重点，但"蒹葭"之存在亦不可忽略。为何思的是伊人，却要先言蒹葭呢？对于这样一个开放的问题，学生畅所欲言，进而理解了《诗经》所用的"兴"的手法。

除了物象上的无穷，本诗意亦无穷。教师让学生探讨《蒹葭》的结局，其实是在引导学生思考"追寻"的尽头。这也是学生人生中必须思考的一个问题。学生要深入思考追寻是否有意义，确立的目标是否值得坚持，当求而不得时应该如何自处……对于这些问题，学生在续写中给出了最适切的回答。而只要生活继续，那么人生之路，成长、追寻之路也必将继续下去。

【专家点评】

于漪老师强调，"教文育人"是语文教育的根本目的。由知识技能教育走向人的发展的教育，正是今天新课程标准的核心理念。这一理念对语文教学提出了更高的要求：一是要求教师充分挖掘学习内容中的育人价值，想明白某个文本的学习到底应该给学生什么；二是要求教师处理好语文学习中学生的语文成长价值和他们作为人的完整成长价值的关系；三是要求教师探究学生在学习过程中应该扮演的角色，帮助学生实现素养提升。

《诗经》作为中国古典诗歌的源头，其影响超越了诗歌本身，甚至超越了时代的局限，因而阅读《诗经》，不能只是文学的，还应该是文化的。师生不仅要领悟作品的体式、韵律、意境等，还要了解作品所体现的时代、文化和人们的思想、价值、追求等。《蒹葭》是《诗经》中极具典型意义的作品，既有《诗经》中诸多作品的共性特征，又有自身独特的认知内涵和表达样式。如"伊人"意象的多元解读所体现的内涵的丰富性，以及这种"所指"与"能指"的转换生成语言学理论所引发的现代朦胧派文学表现方式，都极具阅读认知价值。因此，本文的教学，不仅要让学生体验重章叠唱的音韵美和凄清朦胧的意境美，还要让学生真切地感受中国传统古典诗歌的隽永浩瀚，让学生在心灵中自然而然地升腾起对祖国语言文字乃至文学的热爱之情。本案例在这方面是有所探索且取得了一定成效的。

一是语言与情感审美能力的提升。审美情趣与审美能力的培养是我们语文教学的一个弱项，多年来，我们通过理性分析使学生得到了概念与结论，却忽略了语文课程丰富存在的感性与美感内涵，这在某种程度上弱化了语文课程应有的价值。本案例中，教师抓住诗歌的情感性特征，以朗读贯穿阅读全过程，通过学生的自由朗读和齐读、教师的配乐范读、小组合作朗读等，营造出一种浓厚的诵读氛围。学生朗读的过程，就是与追寻者进行心灵对话的过程。"声情并茂"，必然引发情感共鸣，在经历很多遍不同层次的朗读后，学生逐步体会到《蒹葭》这首诗歌的韵律之美、意境之美。在这样的过程中，追寻者感情的潮水缓缓流进学生的心田，那些关于音乐美、意境美的概念一步步化抽象为具体，并转化为画面场景，让学生入境入情，由阅读者走向欣赏者。这种以学生的体验为主的语文学习方式，使得整堂课生机勃勃，意趣融融。这种德育渗透真正做到了润心无痕。

二是感性与审美思维、理性与思辨思维有机结合，整体提升了学生的思维品质。语文学习的两种基本思维形态，即基于形象的感性思维和基于抽象的理性思维，是相互支持、相辅相成的。对于具有强烈情感性的诗歌学习来说，更是如此，只有两者融于一个完整的过程，才能有效提升学生的语文思维品质。本案例在这方面做了有益的尝试。如在想象体验的基础上，要求学生为诗歌续写一个结局，促使学生的思维由感性体验转向理性的逻辑推导。通过对"诗歌为什么没有结局"这个问题的讨论，引领学生理解诗歌的意蕴，促使学生的思维进一步由逻辑推导转向文化思辨。在这一过程中，教师既给予学生独立思考的时间和空间，又搭建了学生相互讨论的探究思维支架，使他们在活动中拓展思维的广度、深度、严密度和开放度。这对于提升学生的思维品质具有很大的意义。

　　三是抓住文本个性特征，由文学走向文化，实现学生的文化理解与文化认同。以往的诗歌学习，我们往往关注文本的文学认知价值，这固然是需要的，但学习古诗文，更重要的是实现学生的文化理解与文化认同。本案例抓住对于"伊人"这一形象的多元理解，在此基础上深入"追寻"的核心，使学生明白了"伊人"意象多元"能指"的朦胧性与"追寻"背后"所指"的确定性。正如课堂实录最后部分教师的表达："'言有尽而意无穷'，追寻者的追寻之路没有终点，也不需要终点。'所谓伊人'中，'所谓'的背后是积极的追寻，亦是坦然、自如的追寻态度。在路上的意义已是生命的全部。"这是一个非常有意义的文化思考。

（上海市特级教师　孙宗良）

路难复前行，失意不失志
——《行路难（其一）》课堂教学实录

上海市松江区第六中学　张洁

教学视频 |《行路难（其一）》

【文本德育解读】

李白的《行路难》共三首，教材选的是第一首，主要抒发了诗人怀才不遇的情感。整首诗具有强烈的抒情色彩，在面对挫折时，诗人感到苦闷、惆怅，也不乏昂扬、乐观，一波三折，荡气回肠。整首诗表达了"在失意中充满自信之志，在悲愤中充满豪迈之情"的昂扬气概，具有很强的艺术感染力。本诗的德育教学价值主要体现在两方面。

一、失意而不失志的精神

李白具有济世安民的理想，但在现实中，他却成了皇帝点缀太平的工具，乃至最后被赐金放还。面对如此境遇，他体现出一种"失意而不失志"的可贵精神。袁行霈指出："《行路难》写出了李白对人生进行思考的一个过程。他茫然过，徘徊过，站在十字路口无所适从。但他最终从纷乱的思绪和低沉的情绪中挣脱出来，重又昂起头颅，踏上征途。压抑越是沉重，爆发的力量就越是迅猛。如今读来仍能令懦者勇、弱者壮！"这种在悲愤中不乏豪迈气概，在失意中仍怀有希望，遇到挫败沮丧却不放弃的可贵精神在诗中随处可见，整首诗带给读者一种鼓舞人心的精神力量。

每个人都有可能遭遇挫折，陷入人生低谷。这时，希望我们都能像李白一样，从苦闷和茫然中挣脱，重又昂起头颅，豪情满怀地踏上征途。好的诗歌确实能在潜移默化中滋养人的精神。

二、跌宕起伏的情感，凝练传神的语言

《行路难（其一）》虽篇幅短小，但生动而有层次地展示了唐代大诗人李白满怀壮志

却被赐金放还，现实遇挫后丰富的内心活动与情感变化。在这首诗中，李白停杯拔剑却四顾茫然，壮志满怀却又踌躇不前，咏叹"行路难"但也从未放弃。通过梳理其情感脉络，我们既能真切地感受到诗人理想破灭后内心的苦闷、彷徨，更能被他永不言败、奋发振作的豪情感染。

古诗的魅力在于语言的凝练传神和意蕴的丰富无穷。语文的学科育人也应立足文字，在语言文字上沉下去，在思想情感上浮起来。教师可引导学生关注两点。

一是用词凝练传神。诗人仅用"金樽清酒""玉盘珍羞"几个修饰语便营造了美酒珍馐的宴饮场面与欢乐祥和的气氛。"停杯""投箸""拔剑""四顾"四个动作一气呵成，形象地显示了诗人遇挫后内心的苦闷抑郁，体现了诗人情感的激荡变化。

二是灵活运用多种表现手法。起笔"以乐写哀"，强化了哀的程度，衬托出诗人内心的愁苦；"行路难，行路难，多歧路，今安在"运用反复的修辞手法，渲染了诗人怀才不遇时内心的凄苦。而简洁有力的短句，更强烈地抒发了诗人的情感。这首诗多处用典。诗人运用姜尚和伊尹的典故表达了自己希望有机会得到赏识，被委以重任的愿望。而宗悫的典故则进一步表达了诗人重新扬帆起航的坚定信念。丰富多样的语言形式很好地为诗人想要表达的情感服务。

在教学中，教师要引导学生梳理诗人的情感变化脉络，反复咀摸表意丰富的词语和形式多样的手法，分析作品的意蕴和艺术特点，体会中国语言汉字的魅力。教师要有效落实初中阶段学科德育"背诵唐诗、宋词、元曲的名篇，积累相关的文学、文化常识，了解我国古代文学样式及其特征，感受中国古典文学的魅力"的核心要求。

【教学设计】

《行路难（其一）》教学设计见表1。

表1 《行路难（其一）》教学设计

教学目标	1. 了解古体诗在篇幅、韵律方面较为自由的特点。通过多种形式的诵读理解诗意，体会不同情境下语气、语调、节奏的变化 2. 梳理诗人的情感脉络，体会诗人哀而不伤、悲壮昂扬的情感 3. 品味生动形象的语言、富于变化的手法，分析作品的意蕴和艺术特点
教学重难点	1. 教学重点：品味生动形象的语言、富于变化的手法，分析作品的意蕴和艺术特点 2. 教学难点：梳理诗人的情感脉络，体会诗人哀而不伤、悲壮昂扬的情感
课时安排	1课时

（续表）

	教学环节	活动过程	设计意图
教学过程	预学反馈	1. 出示学生预学时的问题,明确乐府诗的特点:(1)诗歌中每句的字数一般是一样的,但这首诗为什么会有所不同;(2)这首诗在押韵上有什么特点 2. 全班散读诗歌,要求如下:(1)读准字音,读对节奏,读响韵脚;(2)把握语速,读出语调的抑扬 3. 全班齐读诗歌	重视学生自读时有价值的问题并及时在课堂上反馈,既能解答其心中之惑,让学习真实发生,又能进一步明确乐府诗的特点。而有效的诵读则是学生了解诗歌思想感情的必由之路
	梳理情感脉络品味诗歌语言	1. "行路难"是乐府古题,多咏叹世路艰难及贫困孤苦的处境。这首诗中,诗人想象的路具有怎样的特点 2. 遇到如此难行之路,诗人的心情如何,他是如何面对的? 请从诗歌中选取相关信息,从以下两组关联词中选一组来描述 (1)因为……所以…… (2)虽然……但是……	从文本的整体理解及学生的能力训练角度设计"牵一发而动全身"的主问题,让学生通过巧用关联词造句的方式深入解读,积极思考,完整表达
	课堂总结归纳方法	1. 学生总结谈收获 从以下两个话题中选择一个来谈:(1)我掌握了解读诗歌的方法;(2)我体会到了这首诗的_____之美(可从思想内容、写作手法等角度来谈) 2. 教师总结 这首诗有三个美点:(1)结构之美,美在结构的跳跃和情感的波澜;(2)写法之美,美在语言的凝练生动和手法的丰富多变;(3)情感之美,美在坚定、乐观的人生态度	引导学生进行学习反思,让学生进一步理解文本,自主归纳,掌握解读此类文本的方法,提高能力。在此基础上,教师总结,深化学生的认知
	布置作业夯实巩固	1. 必做:将这首诗改写成一篇散文 2. 选做(二选一) 运用所学的解读诗歌的方法,从以下两首诗中选择一首来解读 (1)刘禹锡《酬乐天扬州初逢席上见赠》 (2)李白《行路难(其二)》	让学生运用所学的方法分析其他作品,培养学生的迁移能力。以读写共生代替习题,通过语言学用帮助学生内化知识

【课堂实录】

师："行路难"是乐府古题，多咏叹世路艰难及贫困孤苦的处境。李白的《行路难》共三首，教材选的是第一首。诗人想象的路具有怎样的特点？诗人是如何描绘的？

生1：诗中写到"欲渡黄河冰塞川，将登太行雪满山"，这是正面写行路的艰难，诗人用"冰塞川""雪满山"象征人生道路上的艰难险阻。

师：遇到如此难行之路，诗人的心情如何，他是如何面对的呢？请同学们细读文本，选取相关信息，从以下两组关联词（因为……所以……；虽然……但是……）中任选一组来描述。老师先给大家做一个示范：因为行路难，所以作者有一种处处碰壁、无路可走的悲愤。我是从"欲渡黄河冰塞川，将登太行雪满山"中看出来的。这句诗写诗人欲渡黄河不得，将登太行不行，不仅形象地写出他在现实生活中处处遇挫的处境，还抒发了诗人的理想无法实现的悲愤。简单来说有三个步骤：用关联词造句，引用诗句，分析。

（学生圈画批注，教师巡视指导）

师：好，刚才同学们都做到了独立思考，认真批注。接下来我们交流一下。

生2：因为行路难，所以李白食不下咽，痛苦茫然。我是从"停杯投箸不能食，拔剑四顾心茫然"中"停""投""拔""顾"四个动词看出来的。诗人仕途失意，被变相逐出京城，苦闷抑郁，原本"会须一饮三百杯"，面对如此盛宴，却举起酒杯又放下，拿起筷子又抛开，可见他内心的痛苦茫然。

师：你是怎么知道他此时仕途失意的？

生2：我预习时查阅了相关的资料，李白少时有辅佐帝王、成就伟业的大志，但被皇帝召入长安后却未能受到重用，再加上小人的排挤，最后被赐金放还。诗人"济苍生""安社稷"的愿望无法实现，在朋友为他饯行的酒宴上愤然写了这组诗。

师：你能主动通过查阅资料来解读文本，这个习惯很好。的确，"知人论世"是我们解读诗歌的重要方法。

生3：我想补充，我觉得这句诗要和前面的诗句"金樽清酒斗十千，玉盘珍羞直万钱"联系起来理解。诗人用"金""清""玉""珍"这些修饰语凸显宴席的丰盛和餐具的贵重。诗人平时喜欢喝酒，此时却食不下咽。诗人在这里运用了"以乐写哀"的手法，反衬出自己内心的愁苦。

师：很好，解读文本时要具有整体意识，勾连上下文能使我们的理解更加全面、深入。

生4：因为行路难，所以李白内心充满了找不到出路的激愤焦灼。我是从"行路难，行路难，多歧路，今安在"中看出来的。诗人运用反复的修辞手法来表现自己找不到出路时忧虑、焦灼的心情。

师：老师想到了同学们预习时提出的问题，把这组三字句在句式结构上改一下，与其他句型保持一致，"行路难矣行路难，多歧路兮今安在"，大家觉得怎么样？

生5：我还是觉得原句好。诗人采用节奏急促、有力的短句，强烈地抒发了怀才不遇的激愤。老师改的句子是长句，节奏比较舒缓，虽然在形式上保持了句式的整齐，但与诗人想要表达的感情是不符的。

师：非常好，语言形式要与语言内容保持一致。无论是长短句的句式，还是标点符号，或者是修辞手法，都是为了更好地表达诗人的情感。请一位同学来读一下这几句诗。（生6读诗）读到这里，我们发现，这位天才诗人在遇到挫折时，在人生处于低谷时，也和普通人一样，会因痛苦、激愤而迷茫。那么，他有没有和普通人不一样的表现呢？

生7：虽然行路难，但李白依然对被朝廷重用、施展自己的抱负怀有美好的期望。我是从"闲来垂钓碧溪上，忽复乘舟梦日边"中看出来的。

师：这句诗运用了什么手法？

生7：这句诗引用了姜尚和伊尹的典故。前半句讲的是姜尚晚年在溪上钓鱼，遇到周文王，后来被重用，助周灭商的故事。后半句讲的是伊尹虽出身奴隶，但研究先王治国之道，被商汤重任为丞相后，帮助商汤灭了夏朝，为商朝鼎盛立下了汗马功劳的故事。

师：李白在这里为什么要写这两个人物？他们的共同点是什么？

生7：这两个都是起初在政治上并不顺利，但最终大有作为的人物。诗人在心境茫然时，忽然想起他们，觉得光明在前，希望尚有，自己对从政仍然有所期待。

师：是的，李白其实是怀有辅佐帝王、成就伟业的大志的。我们来看屏幕。（出示："申管、晏之谈，谋帝王之术，奋其智能，愿为辅弼，使寰区大定，海县清一"）这句话的意思是，我愿意成为宰相，竭尽所有的智慧和才能，来使天下统一，国内安定，繁荣富强。虽然诗人未被皇帝重用，甚至最终被赐金放还，但他在遭遇打击时失意而不失志，依然怀揣理想，并用贤人的事迹来自我鼓励，这是多么可贵。

生8：虽然路难行，但诗人坚信自己的理想抱负终将实现，乐观向上。我是从"长风破浪会有时，直挂云帆济沧海"中看出来的。"会"是终将的意思。诗人虽然遭受排挤，怀才不遇，但壮志未减，依然坚信总有一天，自己会乘长风，破巨浪，渡沧海，酬壮志。我从中读出，诗人虽遭遇挫折却自信豪迈。

师：乘风破浪，沧海扬帆，这句诗给我们展示了诗人勇往直前的画面，表达了诗人对美好未来的期盼和向往。因此，人们说它是"千古雄句，激荡人心"。请大家试着读一读，读出它雄壮的气势。（学生齐读）刚才两位同学找的两组句子在写法上有什么共同之处？作用是什么？

生9：它们都引用古籍中的故事或词句表达自己的愿望。如"长风破浪会有时"用了宗悫的典故。

师：你能说一说他的故事吗？

生9：他少时有大志，叔父问他的志向，他回答说，愿乘长风破万里浪。成年以后，他做了大将军，立下了赫赫战功。

师：很好，那么诗人为什么要用典而不是直抒胸臆呢？

生10：我觉得用典会让诗句的表达更委婉，富有美感，同时语言精练，内涵丰富。

师：同学们分析得很到位，我们通过品读语言梳理了李白遇到挫折时心理情感的变化（板书情感变化曲线图）。莫砺锋教授曾这样评价李白，"李白的可贵之处在于，他虽然失意，虽然在诗篇中反复地表达他的失意，但是失意而不失志。他的志向，他的胸怀，他的理想始终没有消失。他好像很悲观，但是马上又变得乐观了，他好像是有些绝望，但很快又充满希望了……李白的最大意义在于他体现了一个平民的人格尊严"。下面，请大家根据屏幕上的标注来读整首诗。老师设计了领读、分读、和读等朗读形式。谁来试一试？

（学生认领任务，师生配乐朗读）

师：世事并非总能尽如人意，但李白对待挫折时，这种在悲愤中不乏豪迈气概、在失意中仍怀有希望的态度鼓舞着在困境中感到迷茫的人。虽然路难行，但我们依然要鼓起勇气，豪迈前行。

【教学反思】

诗歌是概括最集中、思想感情最饱满、语言表达最精美的文学艺术，对学生的审美素养及情感、态度、价值观具有重要影响。本课例在深入挖掘文本育人价值的基础上，力求在活动设计中体现学科育人的理念。我主要在以下几方面做出尝试。

一是重视学生的思考与表达，实现深度对话。有学者认为，最精湛的教学艺术遵循的最高准则，就是让学生提出问题。因此，教学的真正起点不是课堂，而是学生的预学。课前预学可以让学生有较为充分的时间、空间与文本初步对话，对文本有一定程度的了解与思考。而教师则要关注学生在预学过程中产生的困惑与疑问，并选取有代表性的问题作为教学内容。课堂导入环节，我用学生的质疑导入，让学生获得被老师重视与尊重的体验，同时培养学生在语文学习中的问题意识，引导学生养成独立思考的习惯。重视学生提出的问题，其价值就是重视思考的力量。

二是耐心倾听学生发言，实现真正的交流。日本学者佐藤学指出，我们应当追求的不是"发言热闹的教室"，而是"用心相互倾听的教室"。只有在这样的环境中，交流才有可能发生。没有交流的对话并未从真正意义上构成对话。这就要求教师认真聆听学生发言，及时捕捉相关信息，促进有效生成。教师不仅要引导学生掌握正确的解读文本的方法，还要让他们意识到课堂交流中倾听的重要性。每个人都有自己的认知局限，倾听可以使我们扩大视野，弥补不足。倾听也是尊重他人的具体体现。教师要做到"目中有人"，才能让课堂成为学生生命成长的丰厚土壤。

三是灵活设计课堂活动，力求活动"语文化"。高效课堂本质上是学生活动充分的学堂。教师要从"学"的角度精心构思教学环节，着重考虑运用怎样的活动方式才能激发学生的学习兴趣，选取哪些教学点才能真正提高学生的语文素养。这堂课中，依据教学内容，我设计了"选用关联词表达""学生自主课堂总结"等富有力度的课堂实践活动，让学生在潜心阅读、积极思考、完整表达的语言实践中发现语文学习的规律，在主动探索中层层深入。课堂的推进过程就是学生充分调动自己的情感体验，思考、释疑和表达的过程。

四是在活动内容的确定上紧扣"语文性"。著名美学家朱光潜先生指出，"诗是培养趣味的最好媒介，能够欣赏诗的人不但对于其他种类的文学可有正确的了解，而且也绝不会觉得人生是干枯的"。的确，学习诗歌不仅可以提高学生的语文素养，而且对于其情感、态度、价值观的影响深远。根据语文的学科特点，教师要在语言文字上沉潜下去，在教学活动的设计上紧扣语文性。在导入环节，明确乐府诗的文体特征；梳理诗人的情感脉络，引发学生的共鸣，给学生以积极的人生态度的引导，在潜移默化中实现人文情怀的渗透和影响，产生了润物无声的德育效果；而改古诗为散文的作业设计，则让学生通过弥补诗中留白，深刻体会诗歌蕴含的内容，提升写作能力。一言以蔽之，"用语文的方式学习语文"，锻炼学生听、说、读、写、思等能力，着力培养学生的语用能力、审美素养和思维张力。

【专家点评】

理想与现实的冲突是中国古代文人常常遭遇的人生困境，屈原是，陶渊明是，杜甫是，刘禹锡是，苏轼是，李白也是，这也往往成为他们作品的主题，《离骚》《饮酒（其五）》《石壕吏》《酬乐天扬州初逢席上见赠》《水调歌头（明月几时有）》都是，《行路难（其一）》也是。有冲突，就必然有选择。于是，有人坚守理想，如屈原、杜甫；有人放下执着，回归精神本源，如陶渊明。在这种冲突和选择的过程中，不同的人呈现出不同的心路历程，体现出不同的性格、情怀与价值取向。

李白的《行路难（其一）》就是不断纠结于希望与失望之间，也即理想与现实之间，但最终定格于希望，而且，诗人的情感是不断变化的。因而，阅读此诗，重点在于使学生浸润于诗歌的情境，去理解李白的心理、认识李白的选择、体悟李白的生命情怀，从而明白为什么是"失意而不失志"。本案例正是这样定位的。其教学目标"梳理诗人的情感脉络，体会诗人哀而不伤、悲壮昂扬的情感"中，"梳理诗人的情感脉络"就是为了让学生在阅读中了解诗人的情感走向，"梳理诗人的情感脉络，体会诗人哀而不伤、悲壮昂扬的情感"则是为了让学生认识李白的选择，体悟李白的生命情怀。

本案例的目标是这样确定的，课堂也是这样行走的。从用"因为……所以……""虽然……但是……"的组句来表达现实中"人生道路上的艰难险阻""诗人的理想无法实现的悲愤"；到从姜尚和伊尹的典故中读出的同样面对人生失意、生命低谷，诗人所表现出来的"和普通人不一样的表现"，即"光明在前，希望尚有"；再陡然回到"行路难，行路难，多歧路，今安在"，了解诗人"内心充满了找不到出路的激愤焦灼"；最后又"展示了诗人勇往直前的画面"。在这样的行走过程中，学生完成了对全诗的整体解读与对诗人的完整建构。学生认识到诗人虽然没有能够在真正意义上走出他所面临的现实困境，但信念依然，理想永在，从而看到了一个既有中国文人共性的生命追求又具有自身个性特征的诗人形象。

在这样的过程中，教师注重引领学生细细咀嚼，深入体验，局部的赏析与整体的建构相辅相成，使得学生的解读很是到位。"会须一饮三百杯"的酒仙面对美酒佳肴却四顾茫然，学生从中很好地读出了理想与现实的残酷冲突；联系"长风破浪会有时，直挂云帆济沧海"，学生便能体悟到诗人的选择所体现出来的生命意识之可贵。学生在这一过程中是有所获得的。

（上海市特级教师　孙宗良）

品味旷达之音，体悟"诗豪"情怀

——《酬乐天扬州初逢席上见赠》课堂教学实录

上海市松江区教育学院　王文娟

教学视频|
《酬乐天扬州初逢席上见赠》

【文本德育解读】

唐敬宗宝历二年（826年），刘禹锡罢和州刺史，与刚离任苏州刺史的白居易在扬州相遇。在酒宴上，白居易作《醉赠刘二十八使君》，对刘禹锡被贬谪的遭遇寄予了深切的同情。刘禹锡遂写《酬乐天扬州初逢席上见赠》回赠白居易。此诗紧承白居易诗《醉赠刘二十八使君》末联"亦知合被才名折，二十三年折太多"，诗人对自己被贬谪、遭弃置的境遇表达了无限辛酸和愤懑不平，亦显示了自己对世事变迁和仕宦升沉的豁达襟怀，表现了自己坚定的意志和乐观的精神。全诗感情真挚，沉郁中见豪放，不仅反映了深刻的人生哲理，还具有很强的艺术感染力。本诗的德育教学价值主要体现在两方面。

一、诗歌独特的语言表达

《酬乐天扬州初逢席上见赠》是一首七言律诗，律诗在结构上讲究起承转合。本诗起承转合层次清晰，首联从自己被贬谪写起；颔联承接首联，并借用典故，抒发对岁月流逝、人事变迁的感叹；颈联对诗意进行转折，突破个人际遇，从社会大形势的宏观角度立意，通过适切的比喻和鲜明的对照，表现了自己豁达的襟怀；承接颈联的奋起，尾联顺势而下，照应诗题，既传达出对友人白居易的深深谢意，又自然流露出坚韧不拔的斗争意志。

古典诗歌的语言精练、含蓄，往往通过寥寥数语表现出丰富的思想感情。在教学中，教师要引导学生通过反复诵读，品味表情达意的关键词句，借助绘制诗歌情感走势图，把握诗人的情感脉络。教师要引导学生推敲古典诗歌名句，品味炼字之美，如"怀旧空吟闻笛赋"和"到乡翻似烂柯人"中的"空"字和"翻"字背后凝聚的情感。

典故往往具有故事性,不仅能增加诗歌的趣味性,而且含蓄深沉,能收到言简义丰、耐人寻味的效果。本诗的颔联借用两个典故来抒发感情。在教学中,教师要引导学生结合具体语境分析典故的作用,走向文本深处。在这个过程中,教师要引导学生体会汉语诗歌的魅力,让学生产生对祖国语言文字和古典文学的热爱之情,有效落实初中阶段学科德育"积累相关的文学、文化常识,了解我国古代文学样式及其特征,感受中国古典文学的魅力"这一核心要求。

二、诗人豁达乐观的情怀

每首古诗词都彰显着诗人的情怀。本诗是一首酬赠诗。白居易写下了著名的《醉赠刘二十八使君》。在这首诗中,白居易对刘禹锡的才华给予了高度赞赏,称其为"国手",同时对刘禹锡的不幸遭遇给予了深切同情:虽然才华横溢,却依然得不到重用,被贬谪长达二十三年却对命运的压制无可奈何。但刘禹锡反而劝慰白居易,不必为自己的寂寞和蹉跎而忧伤。对于世事的变迁和宦海的沉浮,诗人表现出豁达的襟怀和豪爽的气度。

颈联"沉舟侧畔千帆过,病树前头万木春"是诗人用乐观的精神看待社会和人生的形象写照。它超越了时代,千百年来,成为人们用以鼓舞梦想、放眼未来的激励语。

尾联"今日听君歌一曲,暂凭杯酒长精神",诗人听了白居易所作的诗并不感到消极气馁,而是表示要振奋精神,积极进取。由此,我们可以体会到诗人坚定的意志和积极乐观的生活态度。这一联,既是对友人关怀的感谢,也是在和友人共勉。

在教学中,教师要引导学生从文本出发,与文本对话。教师要适时补充写作背景和诗人的其他作品,如《陋室铭》《秋词》等,增加诗的厚度,积淀诗的深度,从而使学生与诗人产生情感的共鸣,深刻体会诗人对人生积极的体悟,学习诗人坚韧不拔、豁达乐观的精神品质,进而从容面对人生道路中的种种忧患与挫折。

【教学设计】

《酬乐天扬州初逢席上见赠》教学设计见表1。

表1 《酬乐天扬州初逢席上见赠》教学设计

教学目标	1. 反复诵读,品味表情达意的关键词句,把握诗人的情感脉络
	2. 理解典故的内涵,体会诗歌蕴含的哲理
	3. 体味诗人旷达的胸怀和积极的人生态度,通过朗读、交流表达自己的感悟

（续表）

教学 重难点	1. 教学重点：反复诵读，品味表情达意的关键词句，把握诗人的情感脉络，体味诗人旷达 的胸怀和积极的人生态度 2. 教学难点：理解典故的内涵，体会诗歌蕴含的哲理		
课时 安排	1 课时		
教学 过程	教学环节	活动过程	设计意图
	聚焦标题 出示任务	1. 出示标题，思考从中获取的信息 2. 思考《醉赠刘二十八使君》这首诗的感情基调，并结合具体词句说出依据 3. 出示核心任务，明确学习方向，思考"面对白居易的慨叹，刘禹锡是如何作答的，从中反映出诗人怎样的情感变化，这种情感变化表现出诗人怎样的人生态度"	聚焦标题，初步感知诗歌的主要内容和写作背景，为深入探究《酬乐天扬州初逢席上见赠》的主题奠定基础
	反复诵读 梳理情感	1. 反复诵读诗歌，整体把握诗歌的感情基调 2. 细读诗歌，圈画出能表达诗人情感的语句，关注诗歌中的意象和典故，作为绘制诗歌情感走势图的依据 3. 绘制诗歌情感走势图，在图中用关键词标示诗人的情感 4. 交流绘制理由，采用多种形式朗读诗歌	引导学生绘制诗歌情感走势图，把握诗人的情感变化；引导学生在交流绘制理由的基础上，通过朗读走入诗人的内心
	知人论世 体悟情怀	1. 诗人的情感变化表现出他怎样的人生态度 2. 用"虽然……虽然……但是……所以……"句式完成对课堂核心内容的梳理 3. 出示材料，深度探究 自古逢秋悲寂寥，我言秋日胜春朝。 ——刘禹锡《秋词》 斯是陋室，惟吾德馨。 ——刘禹锡《陋室铭》 千淘万漉虽辛苦，吹尽狂沙始到金。 ——刘禹锡《浪淘沙》	引导学生运用一组关联词语完成对课堂核心内容的梳理，有利于学生整体认知文本；适时补充写作背景和诗人的其他作品，让学生深度探究，从而与诗人产生情感共鸣

（续表）

	教学环节	活动过程	设计意图
教学过程	明确主题 回顾路径	1. 梳理学习内容，交流诗歌主题 2. 回顾学习经历，凸显德育价值 3. 师生共同诵读，获得情感体验	及时总结，让学生对诗歌的写作特点有更清晰的认知，帮助学生明晰学习路径；创设情境，师生共同诵读，使学生能更深刻地体会诗人豪迈的情怀，获得更深的情感体验
	布置作业 学以致用	1. 白居易极其欣赏这首诗的颈联"沉舟侧畔千帆过，病树前头万木春"，称赞它"神妙"。这一联将思想性和艺术性巧妙融为一体，请从情、景、理三方面简要说明 2. 请你写一段推荐语，引导大家多阅读刘禹锡的诗歌（不少于150字）	学以致用，巩固学习内容，进一步培养学生鉴赏诗歌的能力；通过写推荐语的形式引导学生拓展延伸阅读，让学生更为深入地体会诗人的情感，体悟"诗豪"情怀

【课堂实录】

师：同学们好！今天，我们来学习唐代诗人刘禹锡的《酬乐天扬州初逢席上见赠》。从标题中，你们获取了哪些信息？

生1：我注意到了诗题中的关键字——"酬"。"酬"在这里是以诗相答的意思。

师：这首诗是回赠给谁的呢？诗人为什么要回赠呢？

生1：刘禹锡在扬州遇到白居易，在一次酒宴上白居易以诗赠友，刘禹锡便回赠了这首诗。

师：非常好！"酬"在这里是以诗相答的意思。"乐天"是指白居易。扬州是两位诗人相逢之地。"见赠"是指送给"我"。刘禹锡参与王叔文集团的政治改革，失败后被贬到外地做官二十多年。唐敬宗宝历二年，刘禹锡在扬州遇到白居易。在酒宴上，白居易写了《醉赠刘二十八使君》送给刘禹锡。这首诗是这样写的。让我们一起读一下。

醉赠刘二十八使君

白居易

为我引杯添酒饮，与君把箸击盘歌。

诗称国手徒为尔，命压人头不奈何。

举眼风光长寂寞，满朝官职独蹉跎。

亦知合被才名折，二十三年折太多。

（学生齐读诗歌）

师：你们觉得这首诗的感情基调是怎样的？请结合具体词句说出自己的依据。

生2：从颔联"诗称国手"可以看出来，白居易对刘禹锡有着很高的评价。"命压人头不奈何"，表明他对刘禹锡屡遭贬谪、怀才不遇的命运寄予了深切的同情，慨叹"二十三年折太多"。这首诗的感情基调是低沉、伤感的。

师：你分析得很好！我们本节课要解决的核心问题是"面对白居易的慨叹，刘禹锡是如何作答的，从中反映出诗人怎样的情感变化，这种情感变化表现出诗人怎样的人生态度"。《酬乐天扬州初逢席上见赠》是律诗，押"en"韵。大家先听老师范读一遍诗歌，再自己试着读一读。

（教师范读诗歌，学生自读诗歌）

师：请同学们细读诗歌，圈画出能表达作者情感的语句，关注诗歌中的意象和典故，绘制诗歌情感走势图。

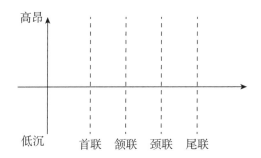

（学生绘制诗歌情感走势图，并在图中用关键词标示出作者的情感）

师：接下来请大家交流一下自己绘制的诗歌情感走势图，并结合具体词句说明理由。

生3：诗的首联，诗人从慨叹自己的身世遭遇下笔，"巴山楚水"指的是诗人被贬之地。诗人没有直接倾诉内心的愤懑不平，而是通过"凄凉地"和"弃置身"这些富有感情色彩的语句表达心酸和悲凉之情。因此，诗歌情感走势图的起点位于情感水平线的下方，且走势向下。

师：是啊！这位同学很敏锐地关注到了"凄凉地"和"弃置身"这些直接表现作者情感的字词。除此之外，我们还要关注"二十三年"这个数字传递出的情感。

（出示课件：805年，34岁，连续遭贬10年；815年，44岁，再度遭贬12年；826年，55岁，罢和州刺史返回洛阳）。

师：同学们，根据课件中的信息，我们发现诗人被贬外放的"二十三年"正值其壮年时期。一个极具才华、满怀抱负的人，理想在这二十三年中灰飞烟灭，心中的酸楚与痛苦不言而喻。请同学们有感情地朗读首联，要注意重音，突出关键词"凄凉""二十三年""弃置"，把握好声音的轻重缓急和节奏。

（学生有感情地朗读首联）

师：诗歌接下来的情感走向是怎样的呢？让我们继续交流。

生4：在颔联中，诗人借用两个典故来抒发情感。作者借"闻笛赋"的典故抒发在永贞革新失败后对旧友的怀念，借"烂柯人"的典故抒发自己返京时觉得人事全非、恍如隔世的心境。在图中，我们以持续向下的箭头来显示诗人低落的心情。

师：这位同学非常棒，关注到了诗歌中运用的典故。同学们，诗人往往用简练而又富有韵味的文字来表达深邃的情感。还有哪些词语也能传达作者怅惘低落的情感？

生5：我认为"怀旧空吟闻笛赋"中的"空"字隐含了诗人内心无限的悲痛、怅惘，以及知交零落的孤独感。

师：是啊！友人们相继逝去，世态迅速变迁，"空吟"二字把诗人内心的痛惜和寂寞渲染得淋漓尽致。

生6：我关注到了"到乡翻似烂柯人"中的"翻"字。"翻"字可以理解为却、反而。诗人即将回到家乡，本应该倍感亲切。可是经历了这前后长达二十三年的别离，诗人暮年才回到了家乡，只觉得物是人非、恍若隔世。一个"翻"字暗示了诗人被贬谪的时间之久，也抒发了诗人对岁月流逝、人事变迁的感叹。

师：这两位同学真棒，能够发现一些修饰语背后蕴含的真挚的情感与深邃的思考。如果把"怀旧空吟闻笛赋"改成"怀旧悲吟闻笛赋"，大家会有怎样的感受？

生7："空"字更能体现出诗人感慨世事沧桑、物是人非的落寞苍凉之感。

师：你能具体说一下吗？

生7："空"是徒劳的意思。诗人运用"闻笛赋"的典故，是要表达怀旧的感情，他所怀念的应该是当年参加永贞革新的旧友王叔文等人，可是自己身处巴山蜀水凄凉地，又怎能与旧友相见？再三吟诵《思旧赋》又有何用？更何况这些旧友大多受到迫害，很多已经不在人世了。一个"空"字，隐含了诗人知交零落的孤独感，比"悲"字更能体现诗人内心的孤独和怅惘。

师：你说得真好。你既能联系写作背景，又能在比较中反复揣摩，体会作者的内心情感。让我们齐读颔联，重音朗读"凄凉""弃置""空""翻"等字词，体会诗人对故人的怀念和沉郁感伤的心情。

（学生有感情地朗读颔联）

师：通过推敲关键字词，我们从诗歌中读出了巴山楚水的偏僻荒凉，读出了诗人对旧友的怀念、对世事变化的沧桑之感。接下来，让我们继续交流诗人的情感变化。

生8：我认为颈联描绘出千帆竞发、万木争春的富有生机的景象，因此在图中，我用超越情感水平线的线条走势来表现此联情感的变化。

师：你分析得很好！"沉舟侧畔千帆过，病树前头万木春"这一联富有哲理，谁能结合具体的词语谈一谈对这一联的理解？

生9：这一联中提到了四个意象，即"舟""帆""树""木"。诗人分别在每个意象前面加了修饰语，组合成"沉舟""千帆""病树""万木"。"沉舟"与"千帆"，"病树"与"万木"形成了鲜明的对比，"沉舟""病树"已到生命的尽头，而"千帆""万木"中的"千"字和"万"字则表示帆和木的数量之多。

师：说得好！你关注到了修饰语。谁能用自己的语言描绘一下这幅画面？

生10：在岌岌可危的沉舟之畔，有上千只帆船齐头并发；在奄奄一息的病树周围，有数万棵新木茁壮成长。

师：这一联回应了白居易诗《醉赠刘二十八使君》中的哪一联呢？

生11：举眼风光长寂寞，满朝官职独蹉跎。

师：能谈一谈你对这句话的理解吗？

生11：这句话的意思是，放眼望去，文武百官皆是风光无限，唯独你怀才不遇孤独寂寞。从这句话中，我读出了白居易心中对好友的同情与惋惜。

师：你说得很好！还有同学补充吗？

生12：通过"独"字，我还读到了白居易为刘禹锡的遭遇感到不平。

师：面对白居易的慨叹，诗人的回应是沉舟侧畔千帆过，病树前头万木春。从中看出诗人具有怎样的人生态度？

生13：白居易的诗颇有为刘禹锡鸣不平之意，但刘禹锡却能从沉郁中奋起。"沉舟""病树"的意象固然让人感到低沉、抑郁、惆怅，但沉没的船只旁边有千帆竞发，枯死的树木前头万物皆春，虽然被贬谪远迁，但后继有人，逆境只是暂时的，光明美好的未来必将到来。这一联表现了诗人对仕宦浮沉、世事变迁乐观豁达的襟怀。

师：你分析得很好！这一联对仗工整，寓意深刻，警策人心，成为传诵的名句。现在人们赋予它新的意义，天地万物生生不息，新事物必将取代旧事物。那么，尾联的情感走势是怎样的呢？

生14："今日听君歌一曲，暂凭杯酒长精神"，"君"指的就是白居易，"歌一曲"指的是白居易的《醉赠刘二十八使君》，"长"是增长、振作的意思，"长精神"是指振作精神。诗人听了白居易所作的诗并不感到消极气馁，而是表示要振奋精神，积极进取。因此，我们依旧用上扬的线条收束。

师：你说得有理有据！我们从尾联中可以体会到诗人坚定的意志和积极乐观的生活态度。这一联，既是对友人关怀的感谢，也是在和友人共勉。同学们，我们借助绘制诗歌情感走势图，梳理了这首诗中诗人的情感变化，从中我们感受到了刘禹锡虽身经磨难，却不消极气馁，始终坚定乐观的人生态度，这也许正是刘禹锡被称为"诗豪"的原因。请大家尝试用"虽然……虽然……但是……所以……"这组关联词来梳理刚才所讲的内容。

生15：虽然刘禹锡对长期被贬的遭遇感到无限辛酸和愤懑不平，虽然他内心有对友人的怀念和对岁月流逝、物是人非的怅惘，但是他依旧慷慨昂扬，对世事变迁拥有豁达的襟怀，所以他被称为"诗豪"！

师：你说得真好！刘禹锡身处逆境，却豁达乐观，积极进取，有着坚贞不屈的精神，他被称为"诗豪"当之无愧！同学们，你们能从他的其他作品中印证这一点吗？

生16：我们学过刘禹锡的《秋词》。"自古逢秋悲寂寥"，文人笔下的秋天往往充满了感伤，他却另辟蹊径，以极大的热情讴歌了秋天的美好——"我言秋日胜春朝"，表现了自己奋发进取的豪情和豁达乐观的情怀。

生17：我们还学过刘禹锡的《浪淘沙（其八）》。他被贬后，不畏谗言，写下"千淘万漉虽辛苦，吹尽狂沙始到金"的誓言，体现了自己百折不挠、积极进取的坚定信念。

生18：我们还学过刘禹锡的《陋室铭》。他被贬和州，身居陋室，却坦然自安，抒发了自己安贫乐道、洁身自好的思想感情，展现了自己不慕富贵、不与世俗同流合污的高尚节操。

师：古诗言简意丰，融入多文本，以诗解诗，以文解文，是非常重要的阅读方法，往往会带给我们意想不到的收获。一波三折的仕途，没有磨灭刘禹锡对生活的热情。他把对人生遭遇的感悟和坚强乐观的性格都呈现在了作品中。请大家齐读《酬乐天扬州初逢席上见赠》。

（学生有感情地朗读全诗）

师：同学们，这节课中，我们通过推敲字词、品读意象、比较阅读等学习了《酬乐天扬州初逢席上见赠》。我们品味了旷达之音，更感受到了"诗豪"的情怀。希望大家能从诗歌中汲取力量，做一个内心有强大力量的人，永远保持直面人生的勇气，向阳而生，无惧风雨！

【教学反思】

古典诗歌具有语言凝练、意象丰富、意境深远、情感多元等特点。古典诗歌作为中华传统文化的一部分，有其独特的育人价值。教师应站在育人的高度，站在促进和提升学生完整生命的高度来解读诗歌，设计教学，引领学生通过对诗歌的学习获得该语言系统负载的思想、文化、精神等人文积淀。

要实现古典诗歌的育人价值，尊重学生的主体性和遵循语文学科教学的规律是重中之重。尊重学生的主体性，需要教师根据学生的年龄特点和认知规律进行教学。遵循语文学科教学的规律，需要教师关注文本表现形式，立足语言文字本身。因此，本堂课的教学活动主要从三个层面展开。

一、关注文本的独特表达，巧设问题链

本诗是一首酬赠诗。白居易作《醉赠刘二十八使君》相赠，对刘禹锡被贬谪的遭遇深表同情，刘禹锡遂写此诗回赠。作为一首七言律诗，本诗对仗工整，用典贴切，诗情跌宕起伏，意气低回盘折，悲慨而不失豁达。

教师要关注文本的独特表达，设置富有逻辑性的问题链，引领学生走入文本深处。如可以先引导学生聚焦标题，初步感知诗歌的主要内容和创作背景，为深入探究《酬乐天扬州初逢席上见赠》的主题奠定基础。接着引导学生绘制诗歌情感走势图，把握诗人的情感变化。教师引导学生在交流绘制理由的基础上，关注作者所用意象和典故，并适时补充写作背景和诗人的其他作品，引导学生深度探究，从而使学生与作者产生情感共鸣，深刻体悟作者豁达乐观的情怀和积极向上的人生态度。最后，引导学生运用一组关联词语完成对本堂课核心内容的梳理，有助于学生整体理解文本。

二、关注文本平常处，培养学生对语言的敏感性

诗人往往以简练而又富有韵味的文字来表达深邃的情感。要提升学生的思维品质，教师不仅要设计一条逻辑清晰的问题链，还需要引导学生发现文本语言形式的特点，引导他们思考这样的语言形式表现了怎样的内容、这样的内容为什么用这样的语言形式表达，让学生反复推敲。叶圣陶先生在《语文教学二十韵》中指出："作者胸有境，入境始与亲。一字未宜忽，语语悟其神。"

好文章往往是"看似平常最奇崛"。仔细分析，教师会发现本文有很多被学生忽略的妙处可以挖掘。例如，颔联运用了两个典故，委婉地表达了作者与世隔绝的感受、对岁月流逝的感慨，还有对友人的无限怀念。除了关注典故的表达作用，教师还应引导学生关注"空"字和"翻"字背后承载的情感。"空"字隐含了诗人内心无限的悲痛、怅惘，以及知交零落的孤独感。"翻"字可以理解为却、反而。诗人即将回到家乡，本应该倍感亲切。可是经历了前后长达二十三年的别离，诗人暮年才回到了家乡，只觉得物是人非、恍若隔世。一个"翻"字暗示了诗人被贬谪的时间之久，也抒发了诗人对岁月流逝、人事变迁的感叹。

教师要善于在这些平常处"设疑"，引领学生细细品读这些细节，体会语言悠长的韵味，体验其中蕴含的真挚的情感与深邃的思考。

三、知人论世，以诗解诗，理解诗人丰富的情感

要理解诗人丰富的情感，除了品味诗歌的语言，还需要了解作者的经历、性情，去看

看他同一时期的作品,通过知人论世,结合作者的写作背景深度探究。

如学生在理解"二十三年弃置身"时,对于"二十三年"的认知,可能只停留在"时间长"上。为了让学生真切体会到文字背后承载的作者的情感,我适时出示资料,介绍了作者的生活经历。学生看后恍然大悟:原来这二十三年,正是诗人年富力强、欲将理想抱负付诸实践的时期。但是,在现实面前,所有的梦想灰飞烟灭,所有的期待化为泡影。"知人论世"策略的适度应用可以帮助学生更好地体会诗人凄楚愤懑的内心世界。

要理解刘禹锡身经磨难却豁达乐观的人生态度,教师需要引导学生从已经学过的诗作中找到相关的诗句来进行印证。如《秋词》《陋室铭》等诗文,足以折射诗人虽处人生低谷,但始终昂扬向上、豁达乐观的精神状态。在这些材料的启发下,学生能够更好地理解作者之所以被称为"诗豪"的原因。

总之,古典诗歌的学习过程中,教师要努力让学生沉浸文本,体味诗歌的语言,体会诗人的情感,丰富自身的精神世界。本堂课中,我通过"关注文本的独特表达,巧设问题链""关注文本平常处,培养学生对语言的敏感性""知人论世,以诗解诗,理解诗人丰富的情感"三个教学活动激活了学生的思维,为学生提供了清晰而富有层次的思维路径,使学生一步步走向文本深处。学生在诗歌语言的感受和品鉴中提高了审美情趣和语文素养,生命情感也得到了丰富和充实。学科的育人价值在潜移默化中得以落实。

【专家点评】

有人在谈及中国古典文学史时说,一部中国文学史就是一部贬官文学史,尤其是唐宋文学史。这话虽有调侃意味,但也不无道理。中学语文教材中诸如苏轼、白居易、柳宗元等文坛巨人,他们最璀璨的作品,往往与他们被贬谪的人生经历息息相关。面对人生的大挫折,他们或失落,或悲伤,或不甘,或昂扬,其背后是中国古代文人的理想追求、现实处境和胸襟情怀,也是这些不同生命个体面对大挫折时所体现的独特的人生态度、价值取向和生命哲学。因此,阅读古诗,是读文学,也是读时代;是读人生,更是读生命、读文化。《酬乐天扬州初逢席上见赠》就是其中具有典型意义的作品,阅读此诗,其核心任务或许就是要真正体悟刘禹锡之所以被称为"诗豪"的原因。本案例在这方面给予了我们很好的启迪。

(1)整个学习过程很好地把握了诗人面对贬谪的情感变化,逐层推进,引导学生深刻体悟诗人独特的胸襟与情怀。教师引领着学生从作者二十三年漫长的人生大失意切入,去感受这样的经历本应该带来的悲凉、孤独与无奈。通过对两个典故内涵的深度品析,学生更是能感悟到这种悲凉、孤独与无奈。于是,从应该这样到确实这样,学生理解了这种悲凉、孤独与无奈存在的必然性。然后,教师带着学生从"沉舟侧畔千帆过,病树前头万木春"中读出刘禹锡的独特与其之所以被称为"诗豪"的原因。正如教师的总结："从中我们感受到了刘禹锡虽身经磨难,却不消极气馁,始终坚定乐观的人生态度,这也许正是刘禹锡被称为'诗豪'的原因。"最后,从刘禹锡的"这一首"到他的"这一类",在这样不断深入的过程中,一个特立独行、百折不挠、始终充满豪气的文人形象由淡而浓地矗立在学生的眼前。

（2）这一课堂推进的过程不只是基于简单的抽象分析让学生获得概念,而是浸润到诗歌的语言中,让学生在细细的咀嚼与品读中深刻理解语言背后的情感与内涵。如在课堂上有学生说："我关注到了'到乡翻似烂柯人'中的'翻'字。'翻'字可以理解为却、反而。诗人即将回到家乡,本应该倍感亲切。可是经历了这前后长达二十三年的别离,诗人暮年才回到了家乡,只觉得物是人非、恍若隔世。一个'翻'字暗示了诗人被贬谪的时间之久,也抒发了诗人对岁月流逝、人事变迁的感叹。"又有学生抓住了"空"字："'空'是徒劳的意思。诗人运用'闻笛赋'的典故,是要表达怀旧的感情,他所怀念的应该是当年参加永贞革新的旧友王叔文等人,可是自己身处巴山蜀水凄凉地,又怎能与旧友相见？再三吟诵《思旧赋》又有何用？更何况这些旧友大多受到迫害,很多已经不在人世了。一个'空'字,隐含了诗人知交零落的孤独感,比'悲'字更能体现诗人内心的孤独和怅惘。"这种建立在语言细读细品基础上的整体解读与逻辑建构,让学生从语言到情境,从情境到情感,再进入文化,提升了语言运用能力、思维建构能力、文化理解能力,这正体现了核心素养语境下的语文阅读要求。

本案例还抓住了酬赠诗的特点,紧扣白居易赠诗的情感基调,将白居易的诗与本诗对白居易诗的回应形成对照式联系,促使学生更清楚地认识到同样面对人生的大挫折,白居易的诗是"'命压人头不奈何',表明他对刘禹锡屡遭贬谪、怀才不遇的命运寄予深切的同情,慨叹'二十三年折太多'"。因此,白居易的诗感情基调是低沉、伤感的,然后自然地凸显本诗的情感个性。这样的过程,既加深了学生对特定题材诗歌的认知,又锻炼了他们比较和联系的思维方式,使学生将文章及其内在的思想有机融合,这正体现了新课程标准所倡导的融合与整合的理念。

（上海市特级教师　孙宗良）

品诗词大美，育家国情怀

——《左迁至蓝关示侄孙湘》课堂教学实录

上海市青浦区豫才中学　徐周栋

教学视频|
《左迁至蓝关示侄孙湘》

【文本德育解读】

　　《左迁至蓝关示侄孙湘》是统编语文教材九年级上册中的一首诗歌，作者是唐代的韩愈。元和十四年（819年），唐宪宗迎佛骨，史书记载当时的盛况："王公士庶，奔走舍施，唯恐在后。百姓有废业破产、烧顶灼臂而求供养者。"韩愈一贯有反佛思想，此情此景让他再也无法忍耐，于是上书劝谏，指出信佛对国家没有好处，而且自东汉以来信佛的皇帝都短命。韩愈的直谏激怒了皇帝，皇帝几乎要将他处死，经百官苦劝才改为贬谪潮州刺史。为泄愤，诗人被严令即日启程，乘驿赴任。仓促间诗人孤身上路，家人都没有跟上，只有侄孙韩湘追了上来。路过蓝田关时，诗人作此诗。

　　诗歌首联写祸事缘起。他很有气概地说，这个"罪"是自己主动招来的。就因那"一封书"之罪，所得的命运是"朝奏"而"夕贬"，且一贬就是八千里。颔联直陈上书原因，即"除弊事"，他申述了自己忠而获罪和非罪远谪的悲愤。虽然招来一场弥天大祸，他仍旧是"肯将衰朽惜残年"，字里行间无不流露出他的刚直不阿之态。颈联就景抒情，情悲且壮。韩愈在一首哭女之作中写道："以罪贬潮州刺史，乘驿赴任，其后家亦谴逐，小女道死，殡之层峰驿旁山下。"由此可见，"云横""雪拥"，既是实景，又不无象征意义。"蓝关"形容关山险恶，归途渺渺，前途茫茫，"雪拥蓝关"语意双关，明写天气寒冷，暗写政治气候恶劣。"马不前"三个字流露出英雄失路之悲，表现了诗人对亲人、对国都的眷恋。尾联沉痛而稳重。《左传·僖公三十二年》记老臣蹇叔哭师时有"必死是间，余收尔骨焉"之语，韩愈用其意，向侄孙从容交代后事，进一步吐露了凄楚难言的激愤之情，表现了"为除弊事"而"不惜残年"的坚强意志、文人风骨。

　　全诗融叙事、写景、抒情于一体，"风格沉雄、感情真挚，卷洪波巨澜于方寸之间"，极富艺术感染力和精神冲击力。教授这首诗,需要关注以下几点。

一是要教学生明了诗句的意思、体察诗人的情感,进而感受诗句的韵律美、文字美。实现的途径包括了解诗歌的写作背景、推断诗句的字面意思、推敲诗人的行为动机、有节奏地朗读等。这一层次的教学旨在让学生初步领略古诗的语言魅力,为后续进行鉴赏分析、进一步探究诗人精神世界打好基础。

二是要教学生通过对诗歌语言文字的品味,体悟诗人营造的意境美。实现的途径包括研磨关键字词的意思、联想景物的形态、破解物象的隐喻、与诗人产生情感共鸣、有感情地朗读等。诗歌是语言美感的极致形态,这一层次的教学旨在让学生进一步领略祖国语言文字的博大精深,获得独特的审美体验。

三是要教学生品诗而识人、识人而承道,在此过程中理解和传承中华优秀传统文化。所谓品诗而识人,是指学生通过作者在诗句中表达的意思和寄托的情怀,感受韩愈以天下为己任、为国为民不惜自身的精神境界和刚正不阿、宁折不弯的心灵力量。所谓识人而承道,是指学生在领会了作者崇高的精神境界后,主动传承这种精神,把"家国情怀"深植内心,使中华优秀文化绵绵永续。

【教学设计】

《左迁至蓝关示侄孙湘》教学设计见表1。

表1 《左迁至蓝关示侄孙湘》教学设计

教学目标	1. 理解诗句的含义,体会其中蕴藏的情感 2. 感受诗歌的语言美、音韵美,体会诗歌的意境和艺术特点 3. 理解诗人的精神追求,体会诗中的家国情怀和文人风骨		
教学重难点	1. 教学重点:体会诗人的情感,理解诗人的精神追求 2. 教学难点:感受诗歌的语言美、音韵美,体会诗中的家国情怀和文人风骨		
课时安排	1课时		
教学过程	教学环节	活动过程	设计意图
	导入	1. 板书并解析甲骨文中的"示"字 2. 出示核心问题:本诗的作者想"示"人的究竟是什么	"示"字是本诗的文眼。通过对"示"字的解读,可以自然地串联起诗歌的内容、意境及诗人的感情,达到牵一发而动全身的目的。以说文解字的方式引入新课,可以激发学生的学习兴趣,使学生更直观地感受祖国语言文字之美

（续表）

	教学环节	活动过程	设计意图
教学过程	明诗意	1. 这首诗主要讲了什么内容 2. 从诗句中看，诗人因何被贬官 3. 初读诗歌，通过语气的变化，读出诗人忠心进谏却遭贬官的沉重	要理解诗人的心迹，首先要知道诗人的经历。考虑到初中生的认知水平，此处以故事的形态来推动课堂。先讲诗人因何左迁，再讲诗人为何非要进谏，接着讲诗人眼前的处境和内心的悲愤，最后讲诗人向侄孙托付后事。这样设计的目的是让学生整堂课都浸润在一种娓娓道来的情境中，从而提高学习效率
	体诗情	1. 诗人是否知道这道奏折可能会激怒皇帝，他为什么一定要上这道奏折 2. 再读诗歌，通过语速快慢的调节，读出诗人义无反顾的情感	这一环节旨在探究诗人行为背后的动机。了解了诗人为天下百姓、为忠君理想、为价值坚守而仗义执言的动机，学生对家国情怀和浩然正气两个抽象的词语，就有了具体可感的认知
	悟诗境	1. 诗人所写的蓝田关与李商隐《锦瑟》一诗中"蓝田日暖玉生烟"的景象有何不同，如此情景，折射出诗人怎样的内心感受 2. 闭眼想象并吟诵颔联，体悟苍凉悲壮的意境	古典诗歌的魅力在于其凝练的文字和深远的意境。这一环节旨在引导学生感受诗人用文字创设的充满象征意义的画面
	解诗心	1. 诗人想"示"人的究竟是什么 2. 师生共读，体会诗句中的家国情怀与文人风骨	此处进行课堂小结，回应导入，以师生共读的方式解答核心问题。诗歌教学中，朗读的重要性是不言而喻的。此前的每个环节，都设计有相应的朗读。学生朗读的能力层级随着解读的深入而逐渐提升，到此处以师生共读的形式，掀起课堂的高潮。朗读恰似一根隐在暗处的线，将课堂的各个板块串成更加紧密的整体
	布置作业	有人说，"昌黎《蓝关》诗，见忠愤之气。子厚柳州诗，多哀怨之音"。课外阅读柳宗元的《江雪》和《别舍弟宗一》，说一说你更喜欢韩昌黎的诗还是柳子厚的诗，并说明原因	"操千曲而后晓声，观千剑而后识器"，通过比较阅读，可以激发学生的学习热情，拓宽学生的视野，启发学生的思维，挖掘学生的潜能

【课堂实录】

师：这是商代甲骨文中的"示"字，下面代表祭台，上面代表祭品。因为祭品的公开属性，所以"示"字渐渐有了展露给人看的意思。那么，本诗的作者想"示"人的是什么呢？请大家听老师把这首诗朗读一遍，一边听一边想。（教师朗读）同学们，这是一首讲什么内容的诗？

生1：这首诗先讲了诗人被贬官到八千里之外的潮州，然后表达了诗人的感情。

师：好。还有没有同学补充？

生2：这首诗讲了诗人被贬之后的遭遇。诗人路过了秦岭和蓝关，还交代别人到瘴江边给他收尸骨。

师：你们讲得很好。有哪位同学知道诗人是为什么被贬官的？

生3：因为诗人写了一封奏折，这封奏折把皇帝激怒了，然后皇帝就把他贬谪到八千里之外的潮州去做官了。

师：你是怎么知道的？你在课外了解过韩愈的故事吗？

生3：有一些内容是我在课外读到的，还有一些内容是我在这首诗里面读到的。

师：好的，请你找一找这首诗里的哪一句话最能体现你所说的这层意思。

生3：一封朝奏九重天，夕贬潮州路八千。

师：请你来读一读这句诗。

生3：一封朝奏九重天，夕贬潮州路八千。（语气激昂）

师："夕贬潮州路八千"并不是一件令人高兴的事，怎么读会更好一些？大家想一想"贬官是怎样的一件事，会给人怎样的感受"。

生4：贬官是一件令人悲伤的事，应该读出悲伤来。

师：非常好。请你来读一读，注意读出这种被贬官的沉重、悲伤。

生4：一封朝奏九重天，（平缓）夕贬潮州路八千。（低沉、缓慢）

师：你读得非常好，由平缓而渐入低沉，读出了诗人被贬官的沉重。大家一起来读一读这句诗，注意语气的变化。（学生齐读）大家读得很好。你们有没有注意到诗句中的"朝"字和"夕"字？它们是什么意思？

生5：朝是指早晨，夕是指傍晚。

师：诗人早晨上奏折，傍晚就踏上了贬官的路程，竟然连一个晚上的时间都没有过。如此匆忙，这样急促，诗人恐怕连收拾行李的时间都没有！诗人在这封奏折中说了哪些内容，竟然掀起如此的轩然大波，让皇帝这样生气？

（学生摇头）

师：（出示课件）诗人的这封奏折触到了皇帝的逆鳞。当时的皇帝是唐宪宗，这是中唐时期相对有作为的一位皇帝,在政治、军事上都有一定成就,也是他重新起用了被贬官多年的韩愈。但这位皇帝有一个特殊的爱好,那便是礼佛。元和十四年正月,唐宪宗派宦官到法门寺,把佛祖舍利迎入皇宫。自古以来上行下效,皇帝信佛大大刺激了民间对佛事的信仰。老百姓为了展示对神佛的虔诚,竟有"焚顶烧指,甚至断臂脔身"者。韩愈由此更加坚定地认为"事佛有害",而皇帝大张旗鼓供奉的佛骨舍利就是国家的祸害!所以他要把佛骨"投诸水火"以"永绝根本"!皇帝大怒,欲将他处死。百官苦劝,终于改为放逐。朝奏而夕贬,一封《论佛骨表》换来的,便是八千里绝域的"左迁"!同学们,诗人难道不知道这样做会触怒皇帝吗?他为什么非要上这封奏折呢?

生6:他关心老百姓,要为老百姓说话。

生7:他是一个忠臣,要对君王尽忠,所以他才不惜冒着生命危险规劝皇帝。

师:哪句诗能体现你说的这层意思?

生7:欲为圣明除弊事,肯将衰朽惜残年!

师:"除弊事",那就意味着诗人坚定地认为自己是正确的,他在为国家、为社稷扫除隐患。为此,他不惜个人的一切!为了天下苍生,他义无反顾!请你来读一读,读出这种大义在前、义无反顾的味道来。

生7:欲为圣明除弊事,肯将衰朽惜残年!(声音洪亮)

师:"欲为"两个字可以读得稍微快一点,体现诗人主动的态度。"除弊事"三个字可以重读,体现出诗人的决心。"惜残年"三个字可以读得稍微慢一点,体现出诗人的悲壮。请你再来读一读。

生7:欲为圣明除弊事,肯将衰朽惜残年!

师:写下这些诗句的时候,诗人身在何处?

生8:在贬官路上。

师:具体是在哪里?

生8:诗人此时在蓝关。

师:好。蓝关就是蓝田关。唐代贬官者南下,大多要经过此处。蓝田关是武关道上的要隘,许多诗人行经这里,都留下了脍炙人口的诗句。李商隐在《锦瑟》中说"沧海月明珠有泪,蓝田日暖玉生烟",杜甫在《溪陟行》中说"船舷暝戛云际寺,水面月出蓝田关",那么,诗人所见的蓝田关也是这样的吗?

生9:不一样。"蓝田日暖玉生烟"让人有一种很美好的感觉,跟这首诗里的蓝田关不一样。

师:这首诗里的蓝田关是什么样的?

生9:云横秦岭家何在?雪拥蓝关马不前。

师:请你再读一读,注意体现出跟"蓝田日暖玉生烟"不一样的感觉。

生9：云横秦岭家何在？雪拥蓝关马不前。（语气激动）

师：请大家都来读一读，琢磨一下要读出怎样的感觉、感情。

（学生散读）

师：让我们闭上眼睛，一起来想象一下诗人的处境。此时，横亘在诗人面前的是风雪关城，前路茫茫，连马儿都裹足不前。诗人回望，身后是巍巍秦岭，云雾翻腾，好似天堑！天地苍茫，却化成了牢笼！家人、故园、朝堂、理想，一切都被阻断了，只留下了眷恋和悲愤。让我们一起读一读，感受景致的苍凉与诗人内心的悲壮。

生齐读：云横秦岭家何在？雪拥蓝关马不前。（语速略快、语气低沉）

师：英雄失路，诗人早已料定了不能生还长安。他连后事都安排好了，将一切托付给了侄孙。诗人满腔的苦楚与激愤，只化作了一句悲歌！请同学们一起读一读这句悲歌。

生齐读：知汝远来应有意，好收吾骨瘴江边。

师：同学们，这一切值得吗？要知道，诗人三岁丧父，年少孤苦。中年时又因为写《御史台上论天旱人饥状》而得罪权贵，屡遭贬谪。云横秦岭、雪拥蓝关，诗人并不是第一次经历了。他写《马说》，悲叹伯乐不常有。诗人这匹无人赏识的"千里马"，苦苦熬到了50岁，才终于立下大功，成为刑部侍郎。但是一篇《论佛骨表》又把他打入了深渊。谏阻佛骨对诗人有什么好处吗？并没有！但这对国家、对社稷、对天下黎民有好处！接下来，我们一起读一下诗句。老师读诗句和引言，你们用相应的诗句回应我。欲为圣明除弊事，哪怕夕贬潮州，诗人也道——（语气平缓）

生齐答：肯将衰朽惜残年！

师：欲为圣明除弊事，哪怕云横秦岭，诗人仍道——（语气渐激昂）

生齐答：肯将衰朽惜残年！

师：欲为圣明除弊事，哪怕雪拥蓝关，诗人还道——（语气较强烈）

生齐答：肯将衰朽惜残年！

师：欲为圣明除弊事，哪怕埋骨瘴江边，诗人更道——（语气强烈）

生齐答：肯将衰朽惜残年！

师：好！大家读出了这股忠义之气！现在，请大家想一想诗人想要"示"人的究竟是什么。（约3分钟后）请你来说一说。

生10：诗人想要"示"人的是他忠心为国却被贬官的不平与悲愤。

师：你讲得很好，请坐。请你也来说一说。

生11：诗人想要"示"人的是他心怀大义、义无反顾的坚定决心和不屈风骨。

师：是啊！哪怕夕贬潮州，哪怕云横秦岭，哪怕雪拥蓝关，哪怕埋骨瘴江边，他悲愤、委屈、不甘、痛苦，但他唯独不后悔！为国家、为社稷、为黎民，他九死而无悔！这就是韩愈。诗人想展示的是他的一腔浩然正气，是他千古不易的家国情怀，是中国文人的担当与风骨。

【教学反思】

一、承担育人责任，重视语文人文特性

于漪老师在《家国情怀》一书的序言中说："文化是民族的血脉，是人民的精神家园。一颗没有精神家园的心灵，就会浮游飘荡，既不可能潜心思考自己生命的意义与价值，也不可能对他人有真挚的情感关切，更不可能对社会有发自肺腑的责任感。"这一番言论真是振聋发聩，给人极大的启迪。没有文化传承的社会是可悲的，很难想象一个民族、一个国家在丢失了最本源的文化传承之后还能破浪前行。中国的经济发展已经达到了较高的水平，但是不尽如人意的地方也很多，其中大部分的问题与文化传承的缺失有关。我们有着五千年灿烂辉煌的传统文化可以去发掘，我们有着优秀的文化基因等着下一代去传承。而承担着传承与弘扬中华优秀传统文化重任的，首先就是我们的语文教师和语文教育。

提升对语文人文性的重视，主动承担起传承中华优秀传统文化的重任，激发学生血脉中的华夏文化的灵魂因子，是语文学科德育的重要方向。作为语文教师，在这一点上，我们责无旁贷。

二、传承经典力量，发掘名篇不朽魅力

于漪老师说："中华文化源远流长，其中的优秀遗产积淀着中华民族最深层的精神追求，代表着中华民族独特的精神标识，为中华民族生生不息发展壮大提供了丰厚滋养。她哺育了一代代中华儿女，支撑他们成为中国的脊梁。"于漪老师的话为我们指引了方向。在我们的初中语文教材中，就有着大量的经典文言名篇。这些名篇无一不是中华传统文化的集大成者，无不浸透了最深沉的精神养料，可以激发智慧，可以涵养精神。

当我读到"欲为圣明除弊事，肯将衰朽惜残年"时，一股沛沛然充塞天地、浩浩然遮掩日月的刚强浩大的正义之气仿佛围绕着我。韩愈身上的那种哪怕身死魂灭也要为心中的正义、为普天下的黎庶仗义执言的悲壮义气，每每把我感动得不能自已。我想，这就是于漪老师说的家国情怀，这就是经典的力量。

作为语文教师，在于漪老师精神的引领与感召之下，我不仅要重新细读教材中的经典名篇，更要引导学生去感悟传承千载却历久弥新的精神力量，体味其中的家国情怀。

三、立足语言实践，播下家国情怀的种子

于漪老师说："成长中的青少年认真汲取其中的精华和道德精髓，就会长智慧，明方

向，增力量，懂得自己根在何处，魂在何方。"于漪老师站在时代的高度以全局的眼光对中学生提出了希冀。那么，作为语文教师，我们又该以何种方式来回应于漪老师的希冀，以何种方式在学生的心中播下家国情怀的种子呢？这需要细细思量。

语文的教学终究要依托语言文字。只有在字词的揣摩之间、在语义的推敲之间、在忘情的朗读声中、在一项项的语言实践活动中，属于语文的德育才能自然地开展，无痕地润泽。为此，我在《左迁至蓝关示侄孙湘》一课的教学实践中进行了有目的的尝试与探索。

在教学中，我以多种形式的朗读为主线，以家国情怀的感悟为核心，引导学生在读中悟、在读中思，让学生在品味诗作本身的节奏、韵律、文字之美、艺术特色的过程中，自然而然地领会诗人心怀社稷、九死无悔的执着精神。

四、破开视野局限，探索课堂前进方向

《左迁至蓝关示侄孙湘》一课的教学，还带给我许多的思考。

其一，"德育的语文"与"语文的德育"要相融、相济。家国情怀的教育不能生硬灌输，而要创设情境、真情引导。通过对课堂的回顾，我清晰地感受到：想要在学生的心中播下这颗名为家国情怀的种子，仅靠教师直白的讲授是做不到的。没有一定的情境，激发不了学生的情感，什么情怀都是空谈。正如于漪老师说的，"教学就是要创设情境，带领学生置身于情境之中，使他们耳濡目染，受到熏陶""要坚持教文育人，从学生实际出发，把思想教育渗透于语言文字的教学之中，把情操熏陶、知识传授、能力培养和智力开发融为一体"。

其二，要打破藩篱，引入更多的源头活水。语文是恢宏的，它的外延无限广阔。在立足教材的基础上，帮助学生拓展文化视野、丰厚文史底蕴，是我们语文教师义不容辞的责任。对学生精神力量的培养，也不仅仅局限于家国情怀。生生不息的顽强精神、敬畏生命的人文关怀、热爱生活的乐观态度等，都是学生健康成长的过程中需要获得的精神养料，需要我们引导着学生去关注、去感悟，"路曼曼其修远兮，吾将上下而求索"。

【专家点评】

学科德育，顾名思义，是要实现两个维度的教学价值：一是学科成长；二是人的成长。就语文课程而言，就是实现学生语文素养和人的素养的同步提升，最终还是人的完整成长。文化自信、语言运用、审美创造、思维能力等语文课程核心素养，既基于语文，又超越语文而指向人。因此，语文教学中内容的整合和教学过程中价值的融合，就成为当前迫切需要解决的问题。本案例的教学把核心素养的确立、诗歌语言的品读、诗人情感的浸润、文化的熏陶与认同融合成一个完整的过程，产生了较好的教学效果。

（1）从整个教学设计来看，教师要确定一个核心价值。教师可以从诗歌的体裁、诗歌的语言、诗歌的情感、诗人的思想情怀等维度的教学价值中确定一个维度作为核心价值，其他维度的教学价值则融合在核心价值的实现过程中。具体来说，本堂课的核心价值就是课堂总结时教师说的内容。教师抓住诗人的思想情怀乃至中华民族的担当与风骨，以此贯穿课堂的始终，就能很好地在实现核心价值的过程中同步实现其他维度的教学价值。

（2）核心价值的实现不能是架空的，教师要通过概括的方法抽象地归纳一些道理，依托语言载体，让学生在语言的咀嚼和浸润中细细地品析与挖掘语言背后的情感、思想、文化内涵。本案例正是这样做的。例如首联"一封朝奏九重天，夕贬潮州路八千"，教师在课堂中抓住"朝"字与"夕"字，从时间的紧迫走向贬谪的缘由（因为他关心老百姓，要为老百姓说话，所以他才不惜冒着生命危险规劝皇帝），诗人的生命情怀自然进入学生的头脑中去了。这样又自然引出颔联"欲为圣明除弊事，肯将衰朽惜残年"，教师引领学生体悟语言的节奏，让学生通过稍快的节奏去读出面对贬谪八千里这一人生大波折时诗人的坚定与决绝，他想要"示"人的是心怀大义、义无反顾的坚定决心和不屈风骨。后面两联也是如此。这样的教学过程是丰满的、有血有肉的，能够培养学生的多维素养。

（3）在课堂中紧紧抓住诗歌体裁的情感性特征，使学生始终沉浸在浓郁的情感氛围中，一步步进入诗人的心灵世界，在情感的深入体验中与诗人共情。如品读"云横秦岭家何在？雪拥蓝关马不前"时，教师带着学生想象当时的场景。情境的创设，画面的呈现，很好地激发起学生的情感，引发了情感的共鸣。又如课堂中师生合作的那段诵读，让学生进入了审美的境界。如果我们的语文课堂始终停留在抽象的理解和分析的理性思维基础上，得到一些概念和判断，那么学生也就始终停留在认知的层面。他们知道了诗人抱有这样的生命情怀，知道了中国文人和文化的理想精神，但是他们不一定认同，也未必会经由认同而进一步内化，建构自己的生命意识与理想精神。真正的价值内化必须是基于共情和认同的，这是语文德育必须建立的认识。

徐老师在文本德育教学价值分析中说的那段话值得我们品味。"品诗而识人，识人而承道"这句话说得非常好，真正的阅读是由作品到作者，由作者到时代与文化，而不是倒过来，错误地理解知人论世。尊重文本，尊重文本的个性特质，永远是语文阅读和语文教学必须遵循的原则。徐老师在教学反思中说："当我读到'欲为圣明除弊事，肯将衰朽惜残年'时，一股沛沛然充塞天地、浩浩然遮掩日月的刚强浩大的正义之气仿佛围绕着我。韩愈身上的那种哪怕身死魂灭也要为心中的正义、为普天下的黎庶仗义执言的悲壮义气，每每把我感动得不能自已。"教师自己深深进入了文本，自己情动了，才能由作品到作者再到时代与文化，才能上出理想的文学鉴赏课来。

（上海市特级教师　孙宗良）

动心忍性历忧患，也无风雨也无晴
——《定风波（莫听穿林打叶声）》课堂教学实录

上海市宝山区乐之中学　顾毓敏

教学视频｜
《定风波（莫听穿林打叶声）》

【文本德育解读】

这首词是苏轼因"乌台诗案"被贬黄州时所作。"乌台诗案"令苏轼经历着身体和精神的双重打击。因此，初到黄州时，他是忐忑不安的。但随着时间的流逝，苏轼逐渐在这次"忧患"中领悟了"动心忍性""曾益不能"的真谛，并通过这次"忧患"达到了如孟子所说的"改""作""喻"三重境界。他的人生态度也随之发生了变化，终于寻得了一份宁静和淡然。苏轼在黄州期间创作出了不少优秀的作品，《定风波（莫听穿林打叶声）》就是其中一首。这首词的德育教学价值主要体现在两方面。

一、读长短句交错之韵，明历经风雨的情感态度

与诗歌不同，词在句式上有长句和短句之分，因而又名"长短句"。长句和短句的交错，增强了词的节奏感，对作者的情感表达起到了一定的作用。

这首词正文部分共有 11 句话，其中，8 个是长句，3 个是短句。8 个长句组合在一起，完整地勾勒出作者遇雨途中的所见所闻以及雨后的所思所想。作者面对的是一场骤雨，雨点大，因而出现了穿林打叶声。作者分别以不听、高声吟咏、雨中漫步三个表现应对这场偶遇的骤雨。接着，一位拄着竹杖穿着芒鞋，在雨中步履轻盈的人物出现在我们眼前。而"一蓑烟雨任平生"将这样的形象进一步升华了。这种从容洒脱在作者笔下还在延续，雨后看着一路走来经历的一切，哪里还有风雨和晴，自然产生了"也无风雨也无晴"的感慨。

3 个短句穿插其中，则恰到好处地展现了作者情感升华的过程。其中，"谁怕"表达了作者对偶遇骤雨和平生烟雨的泰然。联系前文"莫听""吟啸""徐行"的表现和"轻胜马"的态度可知，作者对穿林打叶的骤雨是不畏惧的；联系后文"任平生"可知，作者面对平生

烟雨等坎坷是不退缩的。"微冷"既是作者对现实中雨后初晴的感受，也体现了他面对平生烟雨总能看到希望的豁然。联系前文"料峭春风"，作者因雨后吹到春风而冷，联系后文"山头斜照却相迎"，山头斜照的夕阳给作者送来了春天的暖意，因而只觉得微冷。"归去"则表达了作者面对人生风雨的淡然。联系前文，作者在回看了一路的风雨后，选择了归去。联系后文"也无风雨也无晴"可知，作者归去后回想起一路的经历并对未来进行思考后，意识到人生也充满了风雨和晴，只要内心保持淡定，这些风雨和晴便不能左右自己的情绪。

在诵读这首词时，除了注意长句的节奏要缓慢、短句的节奏要轻快，我们还要注意一些入声字（"莫""叶""竹""一""却""瑟"）应读得短促有力，感悟作者的情感变化。

在教学中，教师要引导学生关注这首词长短句交错的特点。通过讲解词中的长句，引导学生初步梳理这首词的主要内容。通过将词中的短句归位，引导学生进一步明确作者的情感升华过程。通过有节奏地朗读长句、短句和入声字，引导学生体会作者的情感变化。这体现了"积累相关的文学、文化常识，了解我国古代文学样式及其特征，感受中国古典文学的魅力"的核心要求。

二、品苏轼之豪情满怀，悟其乐观洒脱的处世观

清代学者刘熙载强调以"品"论词，认为词人的性情、修养往往通过词作显露，以胸襟为基，其词格自为上品。他曾高度评价"苏辛皆至情至性人，故其词潇洒卓荦，悉出于温柔敦厚"。苏轼的作品多为"潇洒卓荦"，这与他乐观豁达的性情是密不可分的。正因为此，在抒发与胞弟离别之思时，他会发出"但愿人长久，千里共婵娟"这一跨越时空的哲思。正因为此，在被贬密州太守时，他会道出"会挽雕弓如满月，西北望，射天狼"这一请战宣言。也正因为此，在元丰六年（1083年）与张怀民夜游承天寺时，他会叹出"但少闲人如吾两人者耳"的自嘲之声。而《定风波（莫听穿林打叶声）》这首词向我们展现了一个立体的苏轼及其乐观洒脱的处世观。

（一）面对偶遇的骤雨却不畏惧、不躲避的苏轼——那是一种泰然

面对骤雨，面对"雨具先去"的尴尬，面对"同行皆狼狈"的情况，苏轼以"莫听""吟啸""徐行"的表现，刻画了拄着竹杖穿着芒鞋，在雨中步履轻盈的人物形象。这种不畏惧、不躲避，让我们感受到了苏轼的泰然。

（二）面对平生的烟雨却不哀伤、不愤懑的苏轼——那是一种豁然

"一蓑烟雨任平生"无疑将苏轼泰然的形象进一步升华了。序言中交代"雨具先去"，那作者何来蓑衣呢？首句穿林打叶的骤雨在作者笔下怎么又变成了朦胧烟雨呢？"任平生"三个字解答了这两个问题，作者的视线已从路途偶遇的骤雨转移到了平生的烟雨上。在他看来，未来人生的道路上像骤雨般的坎坷一定会有，但一个"任"字，道出了他对待平生未知坎坷从容洒脱的态度，正是有了这种从容洒脱，他才能把骤雨化为烟雨，而"一蓑"既呼

应了前文竹杖芒鞋的形象，又何尝不是一种面对平生的烟雨却不哀伤、不愤懑的豁然呢？

（三）面对人生的风雨却不抗拒、不排斥的苏轼——那是一种淡然

当作者"回首向来萧瑟处"，哪里还有风雨和晴，风雨过后就是晴天，风雨和晴不都是人生不可或缺的一部分吗？"也无风雨也无晴"的感慨自然是在诉说着面对未来人生道路上的风雨，因为淡定，所以将不再抗拒和排斥。苏轼乐观洒脱的形象背后也有一份坚定："谁怕"道出的是一种自豪，"微冷"说出的是一种自信，"归去"叹出的则是一种自适。

苏轼在中国文学史上是一位难得的人才，他博采儒、释、道三家之长，在人生的不同阶段，始终心系国家，以儒家思想为底色，通儒释之精要。儒家"立德、立功、立言"的思想使他有着"何日遣冯唐"的入世精神和"鬓微霜，又何妨"的进取意识。儒家文化精神对中华民族性格和民族精神的形成产生了深远的影响。在教学中，教师应结合苏轼的人生经历，引领学生深度挖掘文本思想背后折射出的精神品格、道德内涵等，让学生建立起文化自信，增强社会责任意识。

【教学设计】

《定风波（莫听穿林打叶声）》教学设计见表1。

表1 《定风波（莫听穿林打叶声）》教学设计

教学目标	1. 关注词的标题或序言，明确作者的写作缘由 2. 体会词中长句与短句的节奏变化，了解词的主要内容和作者的情感变化 3. 感悟苏轼乐观洒脱的处世观，通过诵读、交流表达自己的感悟		
教学重难点	1. 教学重点：通过朗读、比较，梳理词的主要内容，感悟苏轼乐观洒脱的处世观 2. 教学难点：体会词中长句与短句的节奏变化，了解作者的情感变化		
课时安排	1课时		
	教学环节	活动过程	设计意图
教学过程	读序言知事由	1. 教师朗读序言，学生思考"作者在路途中遇到了什么""人们对于此情形的态度有何不同""最终结果如何"三个问题 2. 学生交流，教师总结 （可以用一句话把这三个问题的答案连缀起来：作者在出游的路上遇到了一场急雨，在雨具被人带走的情况下，同行的人都很慌乱，唯独作者不以为意。不久后，天空放晴了）	让学生借助三个问题思考序言"写了什么"，明确作者写这首词的缘由

（续表）

教学过程	教学环节	活动过程	设计意图
	读长句 理脉络	1. 讲解词中的长句,明确具体内容 （1）莫听穿林打叶声,何妨吟啸且徐行 关注"莫听""吟啸""徐行" （2）竹杖芒鞋轻胜马……一蓑烟雨任平生 关注"任" （3）料峭春风吹酒醒……山头斜照却相迎。回首向来萧瑟处……也无风雨也无晴 关注"风雨""晴" 2. 学生自读长句,放缓节奏,感悟苏轼的淡定从容	通过讲解词中的长句,引导学生初步梳理这首词的主要内容
	归短句 明情感	1. 根据提示,学生尝试把词中的 3 个短句进行归位,并根据提示阐述理由 A. 谁怕（联系上下文思考:作者不怕什么,这表达了作者怎样的情感） B. 归去（联系上下文思考:作者何时归去,归去后有何感想） C. 微冷（联系上下文思考:作者为什么觉得冷,为何只是微冷） 2. 学生交流,教师总结	通过将词中的短句归位,让学生进一步明确作者的情感升华过程
	读节奏 悟情感	1. 学生朗读这首词,注意长句的节奏要缓慢、短句的节奏要轻快 2. 教师提示:注意一些入声字（"莫""叶""竹""一""却""瑟"）应读得短促有力,感悟作者的情感变化 3. 学生再次朗读	让学生有节奏地朗读长句、短句和入声字,感悟作者的情感变化
	明主题 顾经历	1. 内容总结（感悟苏轼面对风雨的态度及其对于学生生活的现实意义） 2. 思路回顾 3. 方法迁移:学习其他古诗词诵读篇目时,要重点关注序言或标题,明确作者的写作缘由;诵读时要特别留意短句的节奏变化,感受作者的情感变化	总结方法,触类旁通,关注学生的学习经历,凸显祖国语言和古典文化的魅力,激励学生主动去探索和追求
	布置作业	1. 梳理学习内容,有节奏地诵读 2. 运用所学方法,尝试诵读《浣溪沙（身向云山那畔行）》	引导学生巩固学习内容,内化祖国语言文字,提高自身鉴赏诗歌的能力

【课堂实录】

师：这首词在正文之前有一段序言。老师先来朗读一下，请大家思考三个问题：作者在路途中遇到了什么？人们对于此情形的态度有何不同？最终结果如何？（教师朗读）请一位同学尝试用一句话把这三个问题的答案连缀起来。

生1：作者在出游的路上遇到了一场急雨，在雨具被人带走的情况下，同行的人都很慌乱，唯独作者不以为意。不久后，天空放晴了。

师：你说得很流畅，概括得很准确，非常好！通过序言，我们大致了解到作者对待路上突如其来的一场雨的态度，联系最后一句"故作此词"，这也就是他创作这首词的缘由。接下来我们一起来读词的正文，具体分析作者在雨中的表现和雨后的思考。与诗歌不同，词在句式上有长句和短句之分，因而又名"长短句"。长句和短句的交错，增强了词的节奏感，对作者的情感表达起到了一定的作用。这首词正文部分共有11句话，其中，8个是长句，3个是短句。我们先把8个长句连缀起来，看一看作者具体写了什么。

生2：词中的"穿林打叶声"告诉我们，作者面对的是一场骤雨，雨点大，因而出现了穿透树林、击打枝叶的声音。

师：这位同学抓住了首句的声音，对当时的环境进行了分析。面对这样一场大雨，作者有哪些表现呢？

生3："莫听""吟啸""徐行"交代了作者分别以不听、高声吟咏、雨中漫步三种表现来应对这场偶遇的骤雨。

师：你分析得很好。有没有同学能联系序言的内容，说一说这些表现反映了作者怎样的心态？

生4：作者的这些表现与序言中的"不觉"相呼应，与同行的"狼狈"形成强烈的反差。作者的这些行为，表现了他的从容淡定。

师：读到现在，大家或许会好奇"有如此从容淡定表现的作者会是怎样的一个形象"。（学生点头）有没有同学能结合其他诗句为我们一探究竟呢？

生5："竹杖芒鞋轻胜马"一句向我们呈现了词人拄着竹杖、穿着芒鞋，在雨中步履轻盈。

师：你步履轻盈这个词语用得非常好，何以体现呢？

生5：轻胜马。

师：作者的状态丝毫不逊色于策马奔腾的青年的状态。老师有两个疑问，一是序中交代"雨具先去"，那作者何来蓑衣；二是首句穿林打叶的骤雨在作者笔下怎么又变成了朦胧烟雨。前后似乎有一点矛盾。

生6：作者应该是把骤雨想象成了烟雨。

师：作者怎么会产生这样的想法？

生6：作者的视线已从路途偶遇的骤雨转移到了平生的烟雨上。

师：作者如此想象的背后反映了他怎样的心态呢？

生6：从容洒脱，只有这样，他才能把骤雨化为烟雨。

师：词中有哪些词语可以表现作者的这种心态，支持你的观点呢？

生6："任平生"。

师：请具体说一说。

生6：在作者看来，未来人生的道路上像骤雨般的坎坷一定会有，但一个"任"字，道出了他对待平生未知坎坷从容洒脱的态度，正是有了这种从容洒脱，他才能把骤雨化为烟雨。

师：你说得太棒了！这是一个多么淡定又坚定的苏轼啊！其他同学有没有补充？

生7："一蓑"呼应了前文竹杖芒鞋的形象，联系序言中"雨具先去"，苏轼因内心从容淡定而看到了希望，由此产生了想象。

师：你们对"任平生"和"一蓑"的分析很好地解答了老师之前提到的两个问题，也让我们看到了对未来充满希望的苏轼。这种希望在他笔下是不是还在延续呢？（学生点头）哪位同学能结合词句来说一说？

生8："料峭春风吹酒醒……山头斜照却相迎"说的是，作者经历了雨打风吹后不免体感微寒，但很快，山头斜照的夕阳就送来了春天的暖意。

师：春天往往代表着希望。

生9：作者"回首向来萧瑟处"，看着一路走来经历的一切，哪里还有风雨和晴，风雨过后就是晴天。

师：用一句话来概括就是——

生齐答：也无风雨也无晴。

师：大家对于这些长句把握得很到位。请同学们一起朗读这些长句，放缓节奏，体会苏轼的从容淡定。（学生齐读）我们通过对词中的长句进行连缀，读懂了苏轼从容淡定的行为、形象和内心感受，也了解了词的主要内容。接下来，我们来看一下作者的情感是如何逐步升华的。请同学们合上书本，以小组为单位，尝试把词中的3个短句进行归位，并根据提示阐述理由。

（教师呈现相关内容）

莫听穿林打叶声，何妨吟啸且徐行。竹杖芒鞋轻胜马，___①___，一蓑烟雨任平生。料峭春风吹酒醒，___②___，山头斜照却相迎。回首向来萧瑟处，___③___，也无风雨也无晴。

A. 谁怕（联系上下文思考：作者不怕什么，这表达了作者怎样的情感）

B. 归去（联系上下文思考：作者何时归去，归去后有何感想）

C. 微冷（联系上下文思考：作者为什么觉得冷，为何只是微冷）

（学生小组讨论后汇报）

生10：第一处应该选 A。联系前文"莫听""吟啸""徐行"的表现和"轻胜马"的态度可知，作者对穿林打叶的骤雨是不畏惧的；联系后文"任平生"可知，作者面对平生烟雨等坎坷是不退缩的。

师：因此，"谁怕"表达了作者对偶遇骤雨和平生烟雨的泰然。

生11：第二处应该选 C。联系前文"料峭春风"，作者因雨后吹到春风而冷。联系后文"山头斜照却相迎"，山头斜照的夕阳给作者送来了春天的暖意，因而只觉得微冷。

师："微冷"既是作者对现实中雨后初晴的感受，也体现了他面对平生烟雨总能看到希望的豁然。

生12：第三处应该选 B。联系前文，作者在回看了一路的风雨后，选择了归去。联系后文"也无风雨也无晴"可知，作者归去后回想起一路的经历并对未来进行思考后，意识到人生也充满了风雨和晴，只要内心保持淡定，这些风雨和晴便不能左右自己的情绪。

师：非常好！"归去"表达了作者面对人生风雨的淡然。我们通过把词中的短句归位，与上下文建立联系，感受到了作者的情感升华过程，即"对偶遇骤雨的泰然—对平生烟雨的豁然—对人生风雨的淡然"。请同学们再次朗读一下这首词，注意长句的节奏要缓慢，短句的节奏要轻快。同时还要注意一些入声字（"莫""叶""竹""一""却""瑟"）应读得短促有力，感悟作者的情感变化。

生齐读：莫听穿林打叶声，何妨吟啸且徐行。竹杖芒鞋轻胜马，谁怕？一蓑烟雨任平生。料峭春风吹酒醒，微冷，山头斜照却相迎。回首向来萧瑟处，归去，也无风雨也无晴。

师：同学们，通过这首词，我们认识了一位面对偶遇的骤雨却不畏惧、不躲避的苏轼——那是一种泰然；认识了一位面对平生的烟雨却不哀伤、不愤懑的苏轼——那是一种豁然；认识了一位面对人生的风雨却不抗拒、不排斥的苏轼——那是一种淡然。但他的内心深处也有一份坚定："谁怕"道出的是一种自豪，"微冷"说出的是一种自信，"归去"叹出的则是一种自适。我们在学习其他古诗词诵读篇目时，也可以使用今天所学的方法，要重点关注序言或标题，明确作者的写作缘由；诵读时要特别留意短句的节奏变化，感悟作者的情感变化。

（教师出示表2，引导学生课后学习）

表2 学习古诗词诵读篇目时要关注的内容

关注点	定风波（莫听穿林打叶声）	临江仙（夜登小阁忆洛中旧游）	太常引（建康中秋夜为吕叔潜赋）
序言或标题【明确作者的写作缘由】	三月七日，沙湖道中遇雨，雨具先去，同行皆狼狈，余独不觉。已而遂晴，故作此词	夜登小阁忆洛中旧游	建康中秋夜为吕叔潜赋
短句节奏【感悟作者的情感变化】	1. 谁怕 2. 微冷 3. 归去	1. 杏花疏影里，吹笛到天明 2. 古今多少事，渔唱起三更	1. 被白发，斯人奈何 2. 人道是，清光更多

【教学反思】

《义务教育语文课程标准》（2022年版）强调了核心素养对学生全面发展的重大意义。在语文教学中，教师应尊重教学实际，充分发挥语文课程的育人功能。

本课在教学设计时力求兼顾经典古诗词外在语言形式和内在思想内容的统一，以期达成"用语文学科特色完成德育内容，以德育内容彰显语文学科特色"的目标。因此，教学活动主要在两个层面展开。

一是立足语言形式，彰显学科特色。语文的核心就是语言，语言是思维的本体，因此语文课对学生而言更多的应该是语言的学习。而语言的学习向来不是一蹴而就的，需要一定的时间和一定数量的学习实践。本课教学中，我主要抓住词这一文体形式的特点，从"通过三个问题思考序言写了什么，明确作者写这首词的缘由""通过讲解词中的长句，初步梳理这首词的主要内容""通过将词中的短句归位，进一步明确作者的情感升华过程""通过有节奏地朗读长句、短句和入声字，感受作者的情感变化"四方面设计教学。在教学过程中分别解决了"作者写这首词的缘由是什么""这首词写了什么""作者的情感有了怎样的变化""作者是怎样写的"等问题，进而解决了"作者想要表达什么"这一核心问题。

二是建构联系意识，探究"学"和"习"的思路。语文学科是兼顾工具性和人文性的一门学科。教师在引导学生学习语言的同时，也要关注方法的指导。建构起文本之间的联系意识，是学习每一种文体都不容忽视的重要方法。在这首词的教学过程中，我看似将长句和短句分割开来进行教学，但增加了"归短句，明情感"的环节，通过让学生在学习完长句后，尝试将短句进行归位的环节设计，追加了相关内容，帮助引导学生建立起短句与长句之间的联系意识,让学生以"学"促"习",以"习"验"学"。

在教学过程中,我还有意识地引导学生举一反三、触类旁通。我在教学后期追加了比较迁移的教学环节,引导学生在学习其他古诗词诵读篇目时,要重点关注序言或标题,明确作者的写作缘由;诵读时要特别留意短句的节奏变化,感悟作者的情感变化。这也是在引导学生建立起同一单元内词与词之间的联系意识,帮助学生构建起群文阅读的联系意识。

【专家点评】

苏轼是中国古典文学史上一位不可忽视的人物,《定风波(莫听穿林打叶声)》是苏轼不可忽视的一篇作品。因此,在本首词的教学过程中,教师要引导学生体会词的体裁与表达特征,让学生从中领悟苏轼独特的人生理解与生活态度,看到一个真实的文人形象,并认识一种时代现象、一种生命选择。本案例的三条教学目标正是在朝着这个方向努力,并取得了一定的成效。

例如,课堂紧紧围绕词的文体特点,抓住序言和词语品读,引领学生很好地走进文本,了解苏轼。一是场景和人物的外在表现,学生抓住三个词语分析,"'莫听''吟啸''徐行'交代了作者分别以不听、高声吟咏、雨中漫步三种表现来应对这场偶遇的骤雨",一幅具有独特意味的画面呈现出来了,这种语言咀嚼能力难能可贵。二是与序言建立起联系,"作者的这些表现与序言中的'不觉'相呼应,与同行的'狼狈'形成强烈的反差。作者的这些行为,表现了他的从容淡定",从人物的外在表现走向了人物的心灵世界,走向了文本的整体阅读;接着由现实世界的风雨走向人生的风雨,"在作者看来,未来人生的道路上像骤雨般的坎坷一定会有,但一个'任'字,道出了他对待平生未知坎坷从容洒脱的态度,正是有了这种从容洒脱,他才能把骤雨化为烟雨",这一推进依然建立在语言的深度品读基础上,自然而然又富有逻辑;然后走向词人面对人生波折的生命态度,"联系前文,作者在回看了一路的风雨后,选择了归去。联系后文'也无风雨也无晴'可知,作者归去后回想起一路的经历并对未来进行思考后,意识到人生也充满了风雨和晴,只要内心保持淡定,这些风雨和晴便不能左右自己的情绪"。在这样一个行云流水般的过程中,学生的逻辑推进、情感体验、文化理解等能力得到了锻炼,这有助于他们建构起诗词鉴赏的基本思维范式。

阅读还可以帮助教师建立起学段意识,让教师清晰地把握学生的已知和未知,组织更有意义和更有深度的阅读,实现课堂效益的最大化,提高学生的素养。九年级的学生知道贬谪对于具有济世情怀的中国文人来说意味着什么,知道贬谪可能给文人们带来的失落与无奈、悲凉与愤懑,但他们不太明白不同的人对待这种人生大磨难的态度和选择，以及为什么会形成这样不同的态度和选择；他们知道苏轼的豪放、豁达和超然，但不太知道黄州时期对于苏轼意味着什么，不太明白苏轼在黄州完成了一种怎样的人生大感悟、怎样实现了面对人生大磨难的一种生命超越，不能理解苏轼在即将走向生命终点时的人生感慨与总结"问汝平生功业，黄州惠州儋州"。因此，本文的阅读需要学生更多地站在时代与文化的视角，读词作，读苏轼，读中国文人，读那个时代，读中华文化。本案例也努力在这样追求着。当然，如果课堂把学生的视野再放宽一些，如最后一个环节的比较和迁移性阅读，不局限于词的序言和语言表达，而是转换到文人们的人生态度与生命选择的比较上来，或许会让学生从苏轼的豁达和超然中读出更多的东西来。

（上海市特级教师　孙宗良）

观笔底之史实波澜，悟诗人之济世情怀
——《石壕吏》课堂教学实录

上海市松江区教育学院　曹怿岚

教学视频 |《石壕吏》

【文本德育解读】

《石壕吏》写于 759 年，诗歌叙述了唐代著名诗人杜甫在"安史之乱"期间投宿石壕村一户百姓家中，遭遇差役夜晚"捉人"，最终带走了老妇的经过。通过诗人的"所闻"，反映了百姓在战争中妻离子散、家破人亡的凄惨遭遇，谴责、鞭挞了差役蛮横粗暴的行为，折射出了当时的战争态势和国家形势，传达了诗人的忧愤伤时之感和忧国忧民的济世情怀。本诗的德育教学价值主要体现在两方面。

一、诗歌的语言魅力

《石壕吏》的情节其实并不简单：从差吏夜间捉人，到老妇随往；从老翁逾墙逃走，到事后潜归；从诗人日暮投宿，到天明登程告别，整个故事有开始、发展、高潮、结局，情节完整并紧张，活动着的人物有五六个之多，并且蕴含着作者强烈、鲜明的感情。所有这些，都浓缩在文本中。在这篇言简义丰的诗歌中，我们能充分领略中国古典文学的语言魅力。

一是以精练的叙述和描写渲染了差吏捉人的气势。"夜捉人"和"逾墙走"生动再现了官吏捉人的声势和全村惶惶不安的情景。二是在老妇哭啼的语言描述中暗写差吏捉人的情况。老妇说这番话时，差吏绝非在洗耳恭听，诗歌通过多次换韵，表现出对话中的波折，暗示了官吏的多次"怒呼"逼问。三是将主观的评价和深沉的感情寓于事件的叙述之中。诗人经历了事件的全过程，却始终没有开口，没有直接书写感情，没有发表一句议论，但文中无不透露出作者对事件的主观评价。

在教学中，教师要引导学生关注古体诗在篇幅、韵律方面较为自由的特点，领略诗歌通过人物语言、矛盾冲突推进叙事的巧妙构思以及含蓄精练的语言风格。在掌握诗歌体式特点，依据文字实证、遵循文本逻辑的解读中，教师要帮助学生建立起"言必有据""言必有理"的学习态度，让学生体会汉语诗歌的魅力，产生对祖国语言文字和古典文学的热爱之情，有效落实初中阶段学科德育"积累汉语言知识，运用汉语言知识解决阅读、写作中的问题，体会汉语的魅力，激发对语言文字的热爱之情""积累相关的文学、文化常识，了解我国古代文学样式及其特征，感受中国古典文学的魅力"等核心要求。

二、诗人的济世情怀

作为现实主义风格的代表人物，杜甫善于在诗歌中观照现实。《石壕吏》聚焦生民疾苦，以凝练、简洁的语言风格和针砭时弊的创作态度呈现了"安史之乱"背景下的社会凋敝和民不聊生，充分体现了诗人对战乱中的百姓的同情。

杜甫的这种济世情怀在诗歌中随处可见：夜晚捉人、怒斥啼妇的卒吏形象，以及在老妇不断啼哭中呈现出的"安史之乱"带来的悲凉和凄惨现状，都深寓着诗人的愤懑之情和批判之意。"老翁逾墙走""三男邺城戍。一男附书至，二男新战死""请从吏夜归"，这是在战火中流离失所的广大民众的真实缩影，诗人通过描绘战乱下的民生之艰，表达了他难以释怀的复杂心绪。

然而，从背景资料可以知道，杜甫当时是朝廷命官，石壕村是他赴任时所经之地。面对"有吏夜捉人""老翁逾墙走"的事实，他既不能劝阻卒吏的"捉人"（国家需要），也不忍举报老翁的"逃役"，因此只能保持沉默，只能在"天明登前途"时，"独与老翁别"。

在教学中，教师要引导学生从字里行间去感受杜甫对自我情绪的隐忍，对国家现状难以名状的失望，对民间疾苦的深切同情。教师要帮助学生理解中国古代文人"为天地立心，为生民请命，为往圣继绝学，为万世开太平"的济世情怀。

【教学设计】

《石壕吏》教学设计见表1。

表1 《石壕吏》教学设计

教学目标	1. 积累汉语言知识，了解古体诗在篇幅、韵律方面较为自由的特点，能根据用韵的变化给诗歌内容划分层次
	2. 体会汉语的魅力，品味诗歌中含蓄精练的叙事语言，理解作者对诗中事件和人物的态度，能用自己的话描述诗中的社会现实
	3. 感受杜甫忧国忧民的情怀，能通过朗读、交流表达自己的感悟

（续表）

教学 重难点	1. 教学重点：了解古体诗在语言形式上的特点，感受杜甫忧国忧民的情怀，能通过朗读、交流表达自己的感悟 2. 教学难点：体会汉语的魅力，品味诗歌中含蓄精练的叙事语言，能用自己的话描述诗中的社会现实		
课时 安排	1 课时		
教学 过程	教学环节	活动过程	设计意图
	比较阅读 出示任务	1. 引入《春夜喜雨》和《鸟鸣涧》，让学生通过比较，了解古体诗在语言形式上的特点 2. 出示核心任务，明确学习方向 核心任务：从诗歌的语言形式入手来探究《石壕吏》的主题	通过比较阅读，让学生对五言古体诗及其用韵有变化的特点有所感知，为掌握古体诗的阅读方法、读懂《石壕吏》的主题奠定基础
	聚焦铺陈 把握层次	1. 依据用韵变化，划分铺陈部分的层次，思考"铺陈部分可以分为几层，每层分别写了什么" 2. 理解老妇的意图，体会诗歌的情感 3. 朗读铺陈部分，走入人物内心	让学生根据用韵的变化，清晰地给老妇人的"致词"划分层次，有助于学生深刻理解这个家庭所遭遇的深重苦难，进而思考造成这些苦难的社会现实；引导学生通过朗读感受老妇的情感
	逆推话语 理解冲突	1. 抓住诗歌的语言特点，逆推"吏"的语言，思考"如何从已写内容还原出吏的种种表现" 2. 进入当时的情境，体会矛盾冲突	借助学习单和小组合作，引导学生通过补白逆推聚焦矛盾冲突，揭露吏的凶恶蛮横。这既是对诗歌采取的"藏问于答"写作技巧的关注，也是对诗人情感的进一步理解和感受
	品味词句 推断现实	1. 深入字里行间，推断社会现实，思考"可以从哪些地方读出当时的社会现实" 2. 设身处地，理解作者的情感	让学生通过深入品析词句来推断现实，把老妇一家的命运与当时的社会状况紧密联系起来，从而对诗歌产生更深刻的认识
	明确主题 回顾经历	1. 梳理内容，交流诗歌的主题，思考"这首诗究竟表达了怎样的主题" 2. 回顾经历，凸显德育价值	总结方法，触类旁通，关注学习经历，凸显祖国语言和古典文化的魅力，激励学生主动去探索和追求

（续表）

	教学环节	活动过程	设计意图
教学过程	布置作业学以致用	1. 根据情境，补充对话 （1）"老翁逾墙走，老妇出门看"，想象夜听敲门声时的夫妇对话 （2）"急应河阳役，犹得备晨炊"，想象之后老妇与儿媳的对话 （3）"天明登前途，独与老翁别"，想象诗人与老翁的对话 2. 阅读《新安吏》《潼关吏》，任选一首诗歌，参照用韵变化给其划分层次，并说一说自己的感受	针对学情设计分层作业，帮助学生巩固学习内容，了解祖国的语言文字，提高学生鉴赏诗歌的能力

【课堂实录】

（以下仅呈现部分课堂实录）

师：我们通过用韵的变化来给铺陈部分划分层次，然后读懂每个层次的内容。接着，我们关注老妇是一个什么样的角色，走入她的内心，我们感受到了这个家庭的无奈。在她对官吏的苦苦哀求中，我们理解了作者对于他们这一家寄寓的深切同情。第二节指出，吏呼一何怒！妇啼一何苦！第三节只是讲了"妇啼一何苦"，似乎并没有写"吏呼一何怒"。请大家小组合作，试着根据老妇的话，还原出吏的语言和表现。

（学生讨论）

师：我请两组同学来汇报一下。

生1：我第一句话写的是"喂！你家男丁去哪里了"；第二句话写的是"你家还有什么人？快交出来，能打仗的就行"；第三句话写的是"还有谁能去打仗？必须有一个人要跟我走"。

师：你为什么写这样的三句话？

生1：老妇答的第一句话是"三男邺城戍"，说了他们家孩子的情况，所以，官吏问的应该是男丁去哪里了。第二句写的是老妇家里有什么人，所以，官吏问的应该是家里还有什么人可以去打仗。第三句是老妇要请缨去打仗，官吏应该问了谁能去打仗，必须要带走一个人，老妇才会这么答。

师：你根据老妇的答语，推断出了官吏的问题，或者说推断出了官吏的表现。我关注到你写的第一句话中有一个语气词"喂"，官吏为什么会有这种表现？

生1："喂"表现出官吏的不客气，也体现出官吏只是为了抓丁，无视百姓的疾苦。

师：你想表现出官吏很蛮横，半夜敲门喊"喂"，很不尊重百姓。还有谁来说一说？

生2：第一句是"老太婆，你们家有没有男的，可以跟我去当兵"，第二句是"你家的房子中确定没有藏人？快——报来，我没有那么多时间"，第三句是"每家必须出一个人，实在不行就你去"。这几句话可以说明官吏的粗鲁和没有人情味。

师：刚刚那位同学对老妇的称呼是"喂"，你对老妇的称呼是"老太婆"。你为什么会用这个称呼？

生2：为了显示出官吏很粗鲁。

师：因此，一定要关注"吏呼一何怒""妇啼一何苦"的对照。

生2：其实我刚刚得出了一个结论，这个老妇的每一句话其实都是由官吏步步紧逼出来的，最后老妇不得不去从军，表现出官吏的不近人情和残暴。

师：你有一个词语用得非常好——"步步紧逼"，官吏先问老妇家的男人，然后问其他人，最后说一定要带走一个人。我觉得还有一点需要我们体会，当老妇讲出来这些话后，我们内心都会感到同情，而官吏会吗？

生3：不会。

师：通过"步步紧逼"这个词语，我们能看出来官吏和老妇之间是怎样的关系？

生4：老妇家只是当时战争中百姓的一个缩影，而官吏的话给人一种高高在上的感觉，并且其态度特别蛮横，我感觉他们的身份地位有很大的差距。

师：差距是客观存在的，但是你从这里面感觉到官吏要捉人，老妇要怎么样？

生4：她没有办法反抗，只能哀求他不要把家里的其他人带走。

师：一个要捉人，一个要保住其他人，他们的立场是有冲突的，是对立的。经过官吏的步步紧逼，老妇无可奈何地让步了，最后自己从军了。

师：读到这里，你们觉得杜甫呈现出官吏的形象，他的内心会怀有一种怎样的情感？

生5：官吏很无情，是残暴的，没有考虑到百姓家里的实际情况。

师：只顾自己交差，不顾百姓死活，所以诗人有一种不满和愤怒的情感。"妇啼一何苦"，苦得有情有义，自己从军；"吏呼一何怒"，怒得无法无天，没有节制。刚才我们通过还原官吏与老妇的对话，感受到了杜甫的情感。其实，官吏与老妇之间的对立和冲突只是当时社会的冰山一角。请大家看一看整首诗，想一想还能从哪些词句中了解当时的社会现实。注意看屏幕，老师标红的地方，大家要细细体会一下，当然，如果你们很敏锐，可以从其他地方了解当时的社会现实就更好了。

生6：我从"有吏夜捉人"和"老翁逾墙走"中看出来，官吏所做的这件事情不是第一次发生了，不然的话，老翁不会一看到官吏就逾墙走了。

师：你联系了"有吏夜捉人"和"老翁逾墙走"，证明官吏来了之后，百姓对他们是有戒备的。这能体现出什么？官吏和百姓之间的关系是怎样的？

生7：对立的。

师：大家通过"有吏夜捉人"还能看出来什么？

生8：到了晚上还来捉人，说明官吏为了完成任务不择手段。

生9："捉人"给人一种强迫的感觉。

师：捉人，强迫，不择对象。征兵是光明正大的，是符合规则的。从这里可以看出来，在政治上，官民之间矛盾重重。谁还想说一说？

生10：我找到的是"出入无完裙"。"完裙"的意思是完整的衣服。作为孩子的母亲，却没有一件完整的衣服。我觉得他们的家境非常贫寒。

师：因此，老妇家境贫寒。老妇家的情况也能折射出国家的经济状况，是不是？还有没有补充？

生11：我关注到了"邺城戍""河阳役"。从地图中可以看出来，邺城和河阳的距离是非常远的。结合注释一，在758年，唐军围攻邺郡，次年春天，形势发生逆转，唐军全线崩溃，退守河阳。

师：唐军一败再败，已经由邺城败退到河阳了。刚才我们通过对古诗中一些词句的咀嚼，发现当时的唐朝社会在政治、经济、军事等方面都在衰退。政治上矛盾重重，经济上急速衰落，军事上一败再败。杜甫通过写一家反映了一国的状况。作为一个立志报国的知识分子，杜甫写下这样的语句时，内心会有怎样的情感？

生12：我觉得他内心会非常激动、急切、愤怒。

师：激动、急切、愤怒。其他同学有补充吗？

生13：我觉得他心里会觉得无奈。国家从强盛到逐渐衰败，他作为一个小人物，根本无能为力，这使他非常伤感。

师：我觉得你理解得很对，但是中国古代的知识分子常常有一种忧国忧民的情感，比如，《诗经》中就写了"知我者，谓我心忧；不知我者，谓我何求"。"天下兴亡，匹夫有责"，对于国家的命运和前途，杜甫的内心是会有忧虑的，这就是这首诗的丰厚内涵。

【教学反思】

本课抓住经典文本外在的语言形式和内在的思想内容之间高度统一的特点，在三维目标的协同落实中设计和推进教学，以达成"语文的德育"和"德育的语文"的水乳交融，即用语文的德育方式达成语文的德育内容。因此，教学活动主要从三个层面展开。

一是关注语言形式，触类旁通。以体会古体诗的体式为抓手，解决"写了什么"的问题。引导学生调动以往经验，通过与律诗和绝句的比较，分辨古体诗在篇幅、韵律方面较为自由的特点。以学生的体验和发现为基础，以铺陈和转韵为生发点，通过铺陈老妇"致词"的选材方式，引导学生理解本文主次分明、剪裁精当的特色；结合古体诗韵律较为自由、可"换韵"的特点，引导学生尝试划分老妇"致词"的层次，了解古体诗在韵律转换和内容转换之间的对应关系。通过学习，学生能够明白阅读古体诗应关注"铺陈部分"和"转韵"。

二是探究语言理路，批文入情。以品味词句为抓手，解决"为什么写"的问题。杜甫在"安史之乱"期间反映民生疾苦的诗歌有"诗史"之称。本课是将"诗史"由干瘪的标签转化成鲜活的育德体验的绝佳契机。因此，在学习的过程中，教师要让学生设身处地地理解文本，品味一些看似平常的诗句，体会人物和作者的情感。例如，通过转韵将"致词"划分为三个层次后，启发学生思考"每个层次中，老妇是以什么身份、从什么角度来陈述的，这背后凝聚着怎样的情感"，让学生设身处地地体会她为人妻、为人母、为人祖的悲伤、凄苦、焦急和无奈，理解她"请从吏夜归"背后深深的无奈。学生感受了老妇一家的苦难和了解了"安史之乱"期间唐朝的衰败、凋敝、混乱，再去朗读吟诵，便能理解杜甫的忧愤伤时之感，把握杜甫以"一家"见"一国"的写作意图，同时提升对诗歌语言"炼字""联句""谋篇"的敏感度。

三是创设语言实践，习文悟理。以补白、逆推为抓手，解决"写得怎样"的问题。本课所叙事件扣人心弦，很大程度上在于激烈的矛盾冲突无时不在。而老妇的语言描写是矛盾冲突的高潮之处，通过老妇的答语逆推官吏的问话，从已写内容还原出官吏的种种表现，可以使学生更好地理解官吏步步紧逼、老妇节节退让的态势，进而深入地体会官吏的蛮横和老妇的凄苦，认识到"吏"和"妇"之间的矛盾冲突不是孤立的，映射着当时的社会现实，进而感受作者高超的艺术表现力和忧国忧民的情怀。

【专家点评】

语文育人过程中，我们需要注意以下几点。

一是要思考语文德育的基本点在哪里，明确语文学习的核心在于语言的学习。语言是人类思维的载体，承载着民族的文化，也是语文之所以为语文的课程特征和基本内容，因此，语文课的德智融合不是脱离了语言去抽象出几个概念，贴标签式地让学生停留在识记层面，而是要引导学生通过对语言的理解、品读与赏析去感知其背后的意义，建构意义背后的认知与文化逻辑，并与作者的思想和情感形成共鸣。

二是明确语文育人价值的两个维度，即内容育人和过程育人。前者解决"教什么"

的问题，即课程内容或者具体的文本。它所蕴含的语言的情感思想乃至文化价值，能够让学生获得成长。后者解决"怎么学"的问题，即同一项学习内容，可以有不同的学习路径，但使用不同的学习路径，学生的收获是不一样的。以往我们较多关注内容实现的价值，对于过程的思考基本停留在怎么更好地实现内容价值上，而实际上，学习过程本身也具有促进学生成长的价值，如语感能力的形成与提升、思维和审美能力的发展与进步等都是通过"怎么学"来实现的。因此，内容育人和过程育人是语文学习的一体两面，这两个维度有机融合，才能真正实现学生核心素养的培育。

这节课在上述方面是有探索并有建树的。本堂课不是通过浅表的理解性的内容解析和简单的概括式的意义抽象，贴标签式地告诉学生作者对老妇是这样的，诸如同情与悲悯，对国家是那样的，诸如忧患与期盼，最后告诉学生，诗歌体现了作者乃至中国文人忧国忧民的博大情怀。这样的课堂直奔结论，学习过程中语言被弱化了，只是作为信息成为被解析与抽象的对象，语言内在表达的有效性、情感的丰富性、思想的深邃性等没有了，学生得到的只是概念和简单的、浅表的认知，学生只是行进在理解、概括、识记这样的思维层面，甚至在重复他们的已知，这样的课堂是今天语文教学中普遍存在的。

本课首先通过五言律诗、绝句与五言古体诗的比较，引导学生认识五言古体诗的特点，在这一过程中，学生体验并深刻认识了诗歌语言的特征及其与作品思想情感的关联性和一致性，知道了诗歌体裁的差异会造成表达思想情感的不同；其次通过老妇不同身份、角色之间情感的碰撞与交汇，引导学生体会其内心的复杂感受，理解其最终跟随官吏服役的选择，突出战争给百姓带来的痛苦；最后通过老妇态度和官吏态度的比较，引导学生体会他们之间的关系。这样的碰撞，使学习充满发现和震撼，学生不仅在建构知识，也在体验情感。而这一切都是建立在语言品析的基础上的，学生在语言学习的基础上实现了各方面素养的综合成长。

从课堂实施过程来看，整节课以问题和任务的形式推动学生思考，通过小组讨论、同桌交流、师生探讨等形式鼓励学生表达，使学生在表达中一步步走进诗歌，了解作者。表达具有主体性，在表达过程中，学生对自己的感受和思考进行了充分的内化和优化。特别是在最后回顾诗歌学习路径的环节中，教师对学生提出了较高的要求，让学生既要有感性的回忆，又要有理性的梳理。教师给了学生较大的表达空间，激发了他们的潜力，让他们在主动发现中，而不是在被动灌输中达成德育目标。为了使学生的学习经历更加完整丰富，教师还设计了预习单、课堂操作单和作业单，这不仅着眼于语文学习的有效性，也凸显了德育的过程性。学生的认识和体悟通过文字记录、书写下来，才能真正转化为自己的观点和看法。这样的学习过程中，学生始终处于主体地位。

本节课借助《石壕吏》这样的经典作品，将德育价值无痕渗透进每个教学环节，提升了学生的语言品析、文学鉴赏、文化理解能力，达成了德智共融、潜滋暗长的目标。这样的课堂启示着学生，语文学习要学什么和怎样学，以怎样的角色介入课堂与文本，从文本的哪里切入，要经历一个怎样的学习过程等，并在学生不断内化的过程中，真正提升学生的综合素养。

（上海市特级教师　孙宗良）

理想情怀观照下的浪漫诗情
——《白雪歌送武判官归京》课堂教学实录

上海市奉贤区教育学院　宋姬

教学视频 |
《白雪歌送武判官归京》

【文本德育解读】

《白雪歌送武判官归京》是盛唐时期岑参的诗作，也是他任安西、北庭节度使判官时送友人回京之作。全诗以西北边塞的奇寒雪景为背景，展现了戍边将士的边塞生活，也借送别之前、饯别之时、临别时刻、送别之后的雪景抒发了诗人对友人武判官的惜别之情。诗歌写景奇丽浪漫，意境鲜明独特，情感细腻丰富，堪称盛唐边塞诗的压卷之作。这首诗的德育教学价值主要体现在三方面。

一、诗歌语言夸张浪漫

诗歌主要由描写雪景和叙述送别两部分内容组成，其中，描写雪景的诗句呈现出了鲜明的语言风格。全诗中广为传诵的诗句是"忽如一夜春风来，千树万树梨花开"。诗人借南方春天雪白梨花盛放压枝的场景比喻胡地八月白雪压冬林的景象，丰富的想象力跨越了时间和空间，意味不同寻常。诗句中"忽如"两个字用得精妙，与"一夜"形成了时间的碰撞，点明了边塞气候的变幻无常，给人以眼前一亮的惊喜之感。用词上，"千树万树梨花开"中的"千"字和"万"字虽然是虚数，但"千树"和"万树"的叠加运用既有一种动态之美，又呈现出了一片繁荣的景象。这种画面感极强、色彩却如此朴素的宏大画面给人的视觉带来极大的冲击，给人以华丽、壮美的感受。可以说，诗人身处苦寒的边塞，却在诗歌的语言中展现了自己的浪漫诗情。诗歌中的"瀚海阑干百丈冰，愁云惨淡万里凝"虽然所写景物和表达的情感发生了变化，但"百丈冰""万里凝"的夸张写法，让诗人笔下的边塞冬景又呈现出了与众不同的磅礴气势。

《白雪歌送武判官归京》这首诗中的整体色调为白色，但也出现了"风掣红旗冻不翻"的突兀色彩，冻不翻的红旗赋予边塞风光一抹奇异的亮色，堪称奇景。单调的环境中增加华丽色彩的点缀，使诗歌呈现出一种独特的意境，这也是岑参的边塞诗给人以雄奇瑰丽之感的重要原因。

在教学时，教师可以通过激发想象、对比色彩、有情感地朗读等方法，指导学生在诗人夸张浪漫的语言表达中欣赏西北边塞的风光，领略岑参边塞诗"奇丽"的艺术风格，让学生在语言赏析中感受汉语言文字在古代诗歌中焕发出的巨大魅力。

二、诗歌情感细腻丰富

理解并感受诗人对友人的真挚情谊同样体现了诗歌的德育教学价值。送别诗是唐诗中常见的体裁，而本诗的独特之处在于诗歌意境的与众不同。无论是开篇写浪漫奇美的雪景，还是写送别设宴前冰封云凝的奇寒景象，都为"送别"营造了一种大气磅礴的外部环境和鲜明独特的意境。

诗人写这首诗时是第二次来到西北边疆，担任的是安西、北庭节度使判官，武判官是他的前任，也是他的好友，诗人在轮台送他回长安，并写下了此诗。边塞路途遥远、人迹罕至，生活在此处本就有很多道不明的孤独感，而友人即将离开回京，诗人的惜别情感由此生发。诗人先营造了一种冰封雪冻的外部环境，在"愁云惨淡万里凝"中借云表达愁意。接下来，视线转移至军帐内，"胡琴琵琶与羌笛"的热闹与外面的愁形成了鲜明的对比，以乐景反衬因友人即将离去而产生的愁绪。从"饮归客"到暮雪纷纷、红旗不翻中"送君去"，再到雪满天山环境中"不见君"的不舍，最后望着友人远去的马蹄印迹独自惆怅。诗人多处着墨，将内心复杂的情感通过叙述和写景步步推进、层层堆积，丰富细腻的情感在诗歌的字里行间自然流淌。

在教学时，教师要引导学生将送别的内容与写景的诗句建立起联系，建构起阅读的整体感，体会诗人在写作手法上的巧妙，更好地理解诗人送别友人时复杂而饱满的情感。

三、诗歌内涵丰厚宽广

阅读这首诗歌，如果仅把它作为送别诗来理解是不够的，还要关注其作为边塞诗的丰厚内涵，从更高的立意上挖掘出诗歌的德育教学价值。

唐玄宗天宝十三载（754年），诗人第二次来到西北边疆，直到唐肃宗至德二载（757年）回京，本诗就作于那个时期。当时边疆一带战事频繁，虽然诗人了解边塞战事的危险、生活的苦寒，但他还是怀着建功立业的志向第二次来到边疆。本诗的中间，诗人写边塞的苦寒从室外转入室内，写了边塞将士的日常生活。其中，"散入珠帘湿罗幕"中的珠帘和罗幕运用了夸张的修辞手法，都是美化的说法。那么，"狐裘不暖锦衾薄"中的狐裘和锦衾有没有夸张和美化呢？边塞生活艰苦、条件简陋，边塞将士即使身着狐裘也不能感觉到暖和，身盖锦衾也会嫌太薄，何况他们并没有狐裘和锦衾。"将军角弓不得控，都护铁衣冷难着"在写天寒的同时也在写"人"，在如此艰苦的自然条件下，边塞将士冒雪拉弓、穿甲守卫，毫不退缩。从边塞诗的角度来看，诗人并没有写将士在边塞征战的场面，而是写了奇寒环境中将士们穿衣、拉弓等日常生活细节，由此歌颂将士们戍守边疆的大无畏气概，也从侧面流露出自己想要在边塞建功立业的志向。

从教学层面来看，教师要将诗歌的中间部分作为教学的重点，引导学生感受边塞将士在奇寒环境中守卫边疆的不易。尤其要抓住"不暖""不得控""冷难着"等内容，结合写作背景，让学生体会诗人对边塞将士在苦寒中戍守边疆的赞美，间接读出诗人为实现建功立业的志向而二度出塞的豪迈情怀。

【教学设计】

《白雪歌送武判官归京》教学设计见表1。

表1　《白雪歌送武判官归京》教学设计

教学目标	1. 品析和朗读，体会边塞风光"奇"的特点，感受诗歌"奇丽"的艺术风格 2. 学习借景抒情、寓情于景等写法，体会诗人的豪迈气概以及对友人的惜别之情		
教学重难点	1. 教学重点：品析和朗读，体会边塞风光"奇"的特点，学习借景抒情、寓情于景等写法，体会诗人的豪迈气概以及对友人的惜别之情 2. 教学难点：感受诗歌"奇丽"的艺术风格		
教学过程	教学环节	活动内容	设计意图
	导入解题 初读诗歌	1. 关注诗歌题目：从诗歌的题目中可以读到哪些信息 2. 了解"歌行体"的一般特点 3. 学生试读诗歌，师教正音	让学生大致了解诗歌的题材和体裁，扫除文字上的障碍，为学习诗歌做好相应的准备
	感受边塞 风光之奇	1. 思考诗人是如何描写边塞风光的，诗人写出了边塞怎样的特点 （1）找出诗中写景的诗句，并做批注 （2）交流并朗读体会 （预设：天气奇寒、风景奇美） 2. 思考诗人是怎样写将士们的边塞生活，诗人仅仅是为了表现天气寒冷吗 （预设：生活奇苦、守边不易）	让学生通过品析和朗读，感受诗歌中写景诗句的语言之美，体会边塞风光的"奇"。让学生通过理解写边塞将士生活的诗句，感受边塞将士生活的艰苦，体会诗人对边塞将士的赞美

（续表）

	教学环节	活动内容	设计意图
教学过程	体会送别情感之深	1. 思考诗歌中哪些句子写的是送别的内容 2. 思考诗人写了关于送别的哪些场景，表达了怎样的情感 场景一：中军置酒设宴 场景二：东门送别离开 场景三：远望雪地马行处 3. 思考诗人是怎样表达出这些情感的 （预设：以景衬情、寓情于景）	将学生容易找到的送别场景与写景的内容建立起勾连，让学生体会诗歌采用以景衬情、寓情于景等写作手法来表达情感
	理解报国雄心之壮	1. 出示资料 资料一：岑参生于官宦家庭，后家道中落。他怀着建功立业的志向，辞家西行万里，两度出塞，历时六年 资料二：功名只向马上取，真是英雄一丈夫 　　　　　　——《送李副使赴碛西官军》 2. 结合相关资料，理解诗人想要建功立业的雄心壮志	通过背景资料的补充，让学生进一步感受诗人的雄心壮志。
	课堂总结	1. 回顾诗歌的内容，总结诗歌的特点 2. 归纳学习本诗的方法	回顾课堂所学，通过总结提炼，帮助学生积累阅读经验
	布置作业	1. 课外阅读岑参的诗歌《轮台歌奉送封大夫出师西征》 2. 结合背景资料，以岑参的身份给归京的武判官写一封200字左右的书信	拓展阅读可以让学生学以致用，巩固学习诗歌的方法。写作作业可以让学生结合本首诗歌的背景，进一步了解诗人的理想抱负，同时提升学生在具体情境中解决问题的能力

【课堂实录】

师：诗人在诗中是如何描写边塞风光的？请同学们圈画出描写边塞风光的诗句，思考一下这些诗句写出了边塞怎样的特点。

（学生自读并标注）

生1：我找到了"北风卷地白草折，胡天八月即飞雪。忽如一夜春风来，千树万树梨花开"。凛冽的北风把大地上的白草都给吹折了，胡地在八月就落下了纷纷扬扬的白雪。忽然一夜春风袭来，好像把千树万树的梨花都吹得盛开。这两句诗中运用了比喻的修辞手法，诗人将胡地八月的雪比作春日的梨花，生动地体现了塞外风光的壮阔景象。

师：你找到了诗句，并用壮阔概括了边塞的特点。我们先来看"忽如一夜春风来，千树万树梨花开"，边塞的雪与春天的梨花有何共同点？作者这样比喻恰当吗？

生1：我认为恰当，边塞的雪与春天的梨花共有的特点是，它们都是白色的。

师：你刚刚用了一个词语——壮阔，那么，诗人在看到眼前的雪景时，他的心情是怎样的？哪个词语能告诉我们此时诗人的心情？

生1：我觉得诗人此时的心情是惊喜和愉悦的，"忽如"这个词语的意思是"好像是忽然之间"，吹了一夜的春风后，千树万树的梨花盛开了，而这里的白色梨花就是诗人所看到的白雪，当时白雪已经"挂"满了枝头。

师：细心的你捕捉到了"忽如"一词，确实，当时作者看到眼前的景象不禁为之惊叹、欣喜。我们继续来看，边塞的雪与春天的梨花除了颜色相同，还有什么共性呢？

生2：数量都很多，大雪落满了枝头。

师：对，胡地八月的大雪落满枝头的景象和"千树万树梨花开"的景象非常相似！老师再补充一点，梨花确实是白色的，它在早春开放，一般都是陆续开放的，而且，边塞也看不到梨花。你们有没有发现，在诗人笔下，千千万万棵梨树上的花一夜之间全都绽放了，这个比喻打破了时间和空间的限制，好像诗人来到了江南，在他眼前的是白雪挂满枝头这样一种壮美的景致，他十分惊喜、愉悦，他看到的雪景不仅美丽，而且非常奇特，可以用奇美来形容。接下来，老师想请同学们试着朗读这几句诗，把诗歌所营造的那种奇美的意境读出来，感受一下诗句中的浪漫色彩。

（学生朗读）

师：非常不错！我们再来找一找诗歌中还有哪些地方描绘了边塞的风光。

生3：老师，我找到了"瀚海阑干百丈冰，愁云惨淡万里凝"。它的意思是沙漠纵横交错，沙漠中所结成的冰有百丈宽，天空中的云非常暗淡，给人一种灰蒙蒙的感觉。

师：从中你能够感受到边塞的什么特点呢？

生3：我从"百丈"和"万里"中感受到了边塞的广袤无垠，从"冰"字和"凝"字中感受到了边塞的严寒。

师：是啊，广袤无垠是边塞的地域特点，而"冰"字和"凝"字让人感受到当时的天气是极度寒冷的，可以用奇寒来概括。请你为大家读一读，读出边塞极度寒冷的特点。

（生3朗读）

生4：我找到了"纷纷暮雪下辕门，风掣红旗冻不翻"。傍晚的时候，辕门前大雪下个不停，即使是北风也无法让红旗飘动。

师：是啊，诗歌开篇处的"北风卷地白草折"让我们感受到了胡地北风的猛烈，而北风却不能让红旗飘动，这是为什么呢？

生4：因为边塞天气寒冷，红旗被冻僵了。

师：对，在这里诗人写"风掣红旗冻不翻"也能够体现出边塞的奇寒天气。同学们有没有注意到，诗人笔下的雪景是白色的，这句诗中却出现了一个特殊的颜色，读到这句诗，你们有怎样的感受？

生5：其实边塞的颜色很单调，诗人写的雪景很美，现实中生活在那里的将士们却很苦，根本不会去欣赏雪景，这里的红色旗子给人眼前一亮的感觉，好像是艰苦生活中的一丝希望。

师：你说得非常好！诗人似乎要给单调的边塞风景增加一点色彩和温度，这也是岑参的边塞诗与其他边塞诗不一样的地方。

生6：我找到了"散入珠帘湿罗幕，狐裘不暖锦衾薄"。诗人写了雪花飘进室内落在罗幕上的场景，将士们穿着狐裘、盖着锦衾都不觉得温暖。

师：这句诗写了室内的场景，不是边塞的风光，但同样写出了边塞的寒冷。老师有一个疑问，戍守边疆的将士们真的有裘皮大衣和织锦被吗？

生6：应该没有。他们的生活条件比较艰苦。

师：这句诗除了写出边塞天气寒冷、将士们生活艰苦，还可以怎么理解呢？

生7：我认为这句诗一方面从侧面写出了天气的寒冷，另一方面写出了守卫边疆的将士们经历着严寒的天气，虽然没有这些物质上的条件，却依然守卫在边疆，我们从中可以感受到他们身上不畏艰难、坚毅乐观的精神。

师：你分析得很全面，真棒！戍守边疆的将士们真是太不容易了！这句诗不仅写出了天气的寒冷，还写出了将士们生活的"苦"。还有和这一句类似的诗句吗？

生8：我找到了"将军角弓不得控，都护铁衣冷难着"。将军应该是因为天气太冷了，拉不动角弓，都护那金属做的铠甲也因太过冰冷而难以穿上。可见，当时边塞的天气十分寒冷，冷到将军怎么拉都拉不开角弓，都护的铁衣怎么穿也穿不上。

师：老师又有一个疑问，将军和都护真的会因为天气寒冷而不拉角弓、不穿戴铠甲吗？

生9：并不会。我觉得将军即使再寒冷也要拉开角弓，都护即使再寒冷也要穿上铠甲。因为他们身处边疆，为了能够坚定地守护国家的这一方土地，为了防止敌人的突然袭击，他们会排除万难。从诗句中，我能感受到他们身上那种艰苦卓绝的精神。

师：老师来总结一下，雪与寒冷贯穿整首诗，诗人既写了胡天八月奇特瑰丽、雄伟壮阔的雪景,又让我们感受到了边塞的奇寒。我们通过写边塞将士生活的几句诗,还感受到了戍守边疆的将士们在边塞生活的艰苦和不畏艰难的精神。本诗是一首送别诗,我们再来看一看这首诗中哪些诗句是在写送别,诗人写了送别的哪些场景。同学们可以用自己的话来说一说。

生10:我找到了"中军置酒饮归客,胡琴琵琶与羌笛""轮台东门送君去,去时雪满天山路""山回路转不见君,雪上空留马行处"。

师:请你用自己的话说一说这些诗句写了哪几个场景。

生10:第一个场景是中军在营中摆酒为武判官送行;第二个场景是诗人在轮台东门送朋友回京;第三个场景是诗人送别了朋友后,看不见朋友的身影,只能看见雪地上马蹄的痕迹。

师:不错!你找得很全。我们先来看第一个场景。从送别的场景中你们感受到了怎样的氛围?

生11:我感受到了热闹的氛围,诗人像是在办一场酒席一样,还有乐器来助兴。

师:从中你读出了诗人怎样的情感?

生11:诗人在这样的场合下会感到喜悦、高兴。

师:友人要离开了,诗人真的会感到喜悦吗?结合写景部分来看这个场景,你会不会有新的发现?

生11:我在"愁云惨淡万里凝"中看到了一个"愁"字,我想诗人写云的愁,一方面是想表达对友人即将要归京的不舍,另一方面可能是想表达对于边疆战事纷纷的忧愁。屋内热闹的氛围与屋外的愁云形成了对比,诗人并没有享受这种热闹,他在这里想表达的应该是对友人的不舍之情。

师:诗人是以景来衬情。是啊,友人就要归京了,宴会是热闹的,但情感却是忧愁的。其他同学也可以尝试用这种方法来理解诗人的情感。

生12:诗人写雪满天山路,结合上句"纷纷暮雪下辕门,风掣红旗冻不翻",随风飘动的红旗都被冻住了,当时风雪比较猛烈,天气比较恶劣,路应该也是比较难行走的,但是因为军令难违,友人不得不归京,所以除了不舍之外,诗句还表现出诗人对友人的关切。

师:我们来看第二个场景。在如此寒冷的天气环境中,自己的好友即将回京,如果你是岑参,你会对武判官说些什么?请同学们试着补充一下。

生13:我第一反应肯定是希望他不要离开,但这不太可能。当时天气恶劣,回京路上肯定是比较危险、比较艰辛的,我会让他一路保重。长安的天气比较温暖,条件也比较好,所以我希望友人能尽快回到长安。

生14:如果我是岑参,在这个寒冷的环境中,我会让武判官在路上多注意安全,希望他到达长安的时候可以给我写一封信。

生 15：我觉得诗人可能会对友人说，等边疆安定了，我完成了建功立业的心愿，就会回到长安和你相聚。

师：几位同学的回答都非常不错。你们都有很强的共情能力，能够把自己置身于诗人的处境，在别离时刻，把诗人内心想抒发的那种不舍、担忧、伤感的情绪表达出来，甚至还想到了诗人保家卫国的豪情壮志。

师：我们再来看第三个场景。你们有没有关注到两个字，诗人送别时是"雪满天山路"，而在送别过后是"空留马行处"，通过前面的"满"字和后面的"空"字，作者表达出了什么情感？

生 16：老师，我从"满"字中体会到当时大雪纷纷落下，铺满了山路，而"空"字可能想表达的是，友人走了之后，诗人感到知音不再，以后的生活可能会很落寞、很孤独，因此感到惆怅。

师：你说得很有道理，朋友的离开确实会引发作者内心的惆怅。我们再来看一下"满"字，刚刚这位同学分析的是其浅层含义，"满"字的背后又饱含着作者怎样的情感呢？

生 17："满"字体现了作者在送别友人时那种不舍、担心、关切的情感。

师：确实，"满"字的背后也饱含着作者浓浓的情意啊！在送别这一部分中，我们主要聚焦三个离别场景，从诗人平淡质朴的语言中感受他对友人的依依惜别之意，还有因友人返京而产生的惆怅之情。

【教学反思】

古代诗歌是语文课程中重要的学习内容。古代诗歌所展现的语言魅力、承载的美好情感以及深厚的文化内涵使其成为学科德育的重要载体。语文学科育德功能的发挥不在于说教，而在于实践、体验和内化。本节课主要从以下几方面落实德育目标。

一、关注诗歌语言，感受汉语魅力

岑参是唐代边塞诗的代表人物，他所写的这首古体送别诗《白雪歌送武判官归京》是他奇丽诗风的代表作品。在教学中，教师要以诗歌语言为切入口，引导学生赏析诗人笔下的奇美雪景。如理解"忽如一夜春风来，千树万树梨花开"时，侧重引导学生感受诗人跨越时空的想象所创设的雪景的奇美和浪漫；引导学生关注"风掣红旗冻不翻"中的"红"字，理解诗人边塞诗的奇丽诗风。在教学中，教师要结合朗读指导，引导学生在品读、朗读中感受汉语言文字的魅力。

二、把握诗歌内容，理解情感变化

本诗虽为送别诗，但诗人并没有把送别作为诗歌的明线，而是把雪作为一条明线贯穿全诗，并将一条情感的线索隐藏在雪的背后。在写景的过程中，诗人将看到"梨花开"的惊异、对边塞苦寒的感叹、对友人离开的忧愁等一一展现。在教学中，教师先要让学生明确诗中写边塞风光的诗句，通过"雪景奇美""天气奇寒"等感受边塞风光的"奇"，以此了解边塞将士生活的"奇苦"；再将送别的内容与诗中写景的句子相结合，让学生理解诗歌寓情于景、以景衬情的写法，进而读出诗人送别友人时的不舍、忧愁，感受诗人送别情感之深。

三、尊重学生体验，还原文本人物

时代的久远、现实的差距会让诗歌所写的内容与学生的认知存在比较大的错位。在教学中，关注学情并尊重学生的体验尤为重要。在课堂上，教师要以不同的教学方式带领学生感知诗歌的表层含义，理解诗歌的深层意味，如通过师生对话、诗人与友人说话等方式逐步加深学生对诗歌的理解，让学生与诗人产生共鸣。学生和诗人共情力的达成有赖于教师的引导，教师通过设计有思维含量的问题促进学生的思考，如"戍守边疆的将士们真的有裘皮大衣和织锦被吗""将军和都护真的会因为天气寒冷不拉角弓、不穿戴铠甲吗"等问题出现在课堂的追问中，师生在教学情境中逐渐形成一种共识和默契，从而达成对将士们守卫边境、保家卫国精神的赞美。尊重学生体验的一个好做法是还原人物，如教师设计了"在如此寒冷的天气环境中，自己的好友即将回京，如果你是岑参，你会对武判官说些什么"这个问题。诗人有着建功立业的抱负，对理想信念的坚持让他二度出塞，这个问题的设计旨在引导学生去深刻体会诗人与友人离别时内心复杂的情感。

四、借助相关资料，深入理解文本

在教学中，教师在学生理解内容、理解情感的肯綮处提供适当的资料助读，把诗人的写作背景、写作经历等与文本进行对接，实现拓展资料的软着陆，让学生用好"知人论世"这个学习方法。本堂课安排了两次拓展资料的介入，包括在解题环节补充诗人在边塞的经历、在课的结尾补充诗人二度出塞的缘由以及诗人鼓励友人赴军营的诗歌。这些资料的补充为学生搭建了深入理解诗人情感和志向的学习支架，加深了学生对文本的理解，也丰富了学生的学习内容，拓展了学生的思考空间。

【专家点评】

在新课程标准所要求的核心素养视域下，如何在语文教学情境中育德于无痕，在促进学生语文学习能力提升的同时实现他们作为人的整体成长，是今天学科教学必须关注的重要问题。《白雪歌送武判官归京》是一首脍炙人口的送别诗，也是一首经典的边塞诗。从语文教学价值来看，教师可以关注诗歌的内容、形式、意象、情感等。从学科德育的角度出发，教师要做到"目中有生"，既要挖掘学习内容中的育德因素，又要把握学习过程中的育德契机。在本课例中，教师比较好地实现了这两点。

一、推进深度阅读，合理挖掘文本内容的育德因素

（一）涵泳咀嚼，提升学生的语言审美能力

在这首诗中，诗人用独特的语言呈现了自己的浪漫诗情和奇丽诗风，要实现这种抽象的艺术审美是有一定难度的，因此，引导学生涵泳咀嚼诗歌语言，在此基础上借助想象实现场景重现，进而入境入情，就是一种非常重要的学习方式。

在处理教材时，教师带领学生理解了"千树万树梨花开"所表现的边疆雪景之美，而在对诗人的情感的把握上，重点引导学生发现"忽如"一词，一种举重若轻的意外惊喜之感和一种不以为意的乐观心态油然而生，学生自然解读出了诗人的浪漫诗意。对于"奇丽"诗风的理解，教师带领学生品读了"风掣红旗冻不翻"中的"红"字，还原出"边塞本来是单调的，红旗让阴沉暗淡的天空中有了一抹瑰丽的亮色"，让学生通过语言理解了诗人内心的温暖和他的浪漫诗情，并初步理解了诗人所写边塞诗的艺术风格。诗歌教学中，必要的咬文嚼字可以培养学生对语言的敏感度，让学生感受到语言文字的神奇和魅力，感受到汉语言的表现力。

（二）建立联系，关注学生的情感体验

本诗是一首古体送别诗，篇幅比较长，教师在教学时做到了有放有收、散而不乱。教师在处理教材时把握好了三点。一是表和里的联系。从"散入珠帘湿罗幕，狐裘不暖锦衾薄。将军角弓不得控，都护铁衣冷难着"中，学生很容易读出边塞八月天气之严寒、将士们日常生活的艰苦，在教学中，教师通过问题引导学生从"苦"的表象中读出了诗句背后诗人对将士们不畏艰难、保家卫国精神的赞美。二是景和情的联系。教师引导学生把与送别相关的三个场景、诗人所写的景联系起来，如发现送别宴会的热闹与前文"愁云惨淡万里凝"的关系等，帮助学生通过对写作手法的学习体会诗人在友人即将离别时的复杂情感。三是景和景的联系。"去时雪满天山路"和"雪上空留马行处"似乎是独立的诗句，分别展现了送别时和送别后的两个场景，教师引导学生将"满"字和"空"字进行比较，体会诗人送别友人前后的心情变化。建立联系的处理方式使整首诗的教学既还原了作者的写作思路，又帮助学生体会了诗人的复杂情感。

二、明确学生立场，实现语文价值与德育价值的有机融合

（一）平等互动，激发学生的学习热情

课堂的主体是学生，核心素养视域下的语文课堂必须进一步明确学生立场，高度关注学生是如何参与学习的，如此才能真正实现学生的全面成长。就本堂课而言，教师在问题的设计上颇有亮点。如在指导学生感受"忽如一夜春风来，千树万树梨花开"的边塞雪景时，教师设计了"这样的比喻是否恰当"这个问题来引发学生的思维碰撞，让学生思考春天的梨花和边塞的白雪之间的共同点，感受诗人对于眼前美景的惊喜和赞叹。在引导学生体会将士们日常生活的艰苦时，教师两次表达自己有一个疑问，接着提出需要解决的问题，拉近了师生之间的距离。此外，在师生互动的过程中，教师的肯定、引导和随机点拨也营造了师生之间和谐的对话氛围，为学生沉浸诗歌、理解诗歌创设了平等交流的学习环境，让学生成为真正的学习者。

（二）激发主动探究，促进文化理解，提升思维品质

从学科角度来看，能从一篇文本中学习到的知识、培养的能力都是有限的，让学生拥有主动学习、主动探究的学习品质更应该得到教师的关注。本案例中，教师将诗歌教学中常用的"知人论世"用在了实处。教师在引导学生理解诗人报国雄心之壮时，把诗人二度出塞的经历和诗人所写的《送李副史赴碛西官军》作为补充阅读资料，布置作业时又安排学生在课外阅读诗人的其他边塞诗，这些拓展的阅读资料既能促进学生阅读方法的迁移，也有助于学生在拓展阅读中将人物的精神读"活"，并由一篇到一类，开阔文化视野，加深文化理解。此外，教师布置的作业中要求学生从诗人的角度进行模拟身份写作，这种情境类的作业涉及写作对象、情境、目的等，可以让学生在探究和实践的过程中进一步理解诗人的精神世界，在写作中提升语言文字运用能力。

《白雪歌送武判官归京》是边塞诗的杰作，它用诗歌独特的语言形式呈现了诗人对友人的真挚情感，也蕴含着诗人对理想执着追求的精神境界。从教学实施来看，教师做到了胸中有文、心中有情、目中有生、手中有法，将落实教学内容和渗透德育要素进行了有机融合，因而取得了不错的教学效果。

（上海市特级教师　孙宗良）

高　中

雨打风吹英雄梦不灭，矢志不渝爱国心永存

——《永遇乐·京口北固亭怀古》课堂教学实录

上海市奉贤区教育学院　贾冬梅

教学视频|
《永遇乐·京口北固亭怀古》

【文本德育解读】

　　《永遇乐·京口北固亭怀古》是统编高中语文教材必修上册第三单元中的一首词。该单元属于高中语文必修课程"文学阅读与写作"学习任务群，人文主题是"生命的诗意"。这首词是南宋词人辛弃疾的经典作品，历来备受推崇，被称为"辛词之首"。这首词最大的特点是典故的使用。本词典故的使用极具特色，集叙事、描写、抒情于一体，含蓄蕴藉的同时又增加了词句的张力，令人感动。词人登临京口北固亭，北望中原，含着生命的热泪，写就这样一篇感人至深的词作。就文本的德育教学价值而言，包括两方面。

一、饱含生命血泪、力透纸背的语言

　　这首词的特色是用典。辛弃疾饱读诗书，情感丰郁，但在南宋时期，因性格耿直而受到猜忌，他拥有满腔的爱国心，却总是不被重用。因为饱含生命的血与泪，他的文字往往力透纸背，所谓"以情铸典"，叙述中夹杂描绘、含带情感，正如叶嘉莹所说，"辛弃疾的词喜欢用典故，是因为他读书多，而且对所读的书有真切的感受……而辛弃疾则可以信手拈来，都是典故，每个典故都带着他的生命和感情"。

　　读本词，要关注用典的内容，更要关注对典故的叙述和描绘方式，进而体悟其背后丰富的情感。比如可以引导学生关注称呼的使用，"仲谋""寄奴"等称呼的背后是作者对于英雄寄托的不同情感，也可以引导学生关注一些动词的使用，让学生关注"赢得""可堪"的反向意，体会作者痛心疾首之感。五个典故，表达方式上各不相同，既有"想当年，金戈铁马，气吞万里如虎"的个体英雄场景聚焦，也有"佛狸祠下，一片神鸦社鼓"的场面描写；既有"赢得仓皇北顾"的细节描绘，也有"廉颇老矣，尚能饭否"的语言

描写。表达方式的多元,让整首词典随情迁,典故和情感熔铸为一。

从培育学生语文核心素养的角度来看,通过品析语言,让学生在语言建构与运用中逐步感受其艺术感染力,感受词人复杂、艰难而又执着的故土梦,进而走向思维、审美和文化层面的提升。

二、超越个人生命的满腔爱国情怀

词人奉表南归四十多年来,先是屡受主和派的诋毁和打压,被迫闲退,晚年被起用,又遭遇韩侂胄之流的排斥打击。北伐前期,韩侂胄将起用辛弃疾作为号召北伐的旗帜,之后"旋用旋罢",很快借故将耿直的辛弃疾罢职。本词作于北伐前夕,能看得出作者对于国家命运深深的担忧和豪壮沉郁的悲愤之情。

本词的上片,字里行间都在呼唤英雄的出现。无论是对于孙仲谋的寻觅,还是对于刘裕金戈铁马的回想,词人都在迫切地期待着英雄回归。但是这里的英雄,不仅仅是对于有杰出才能之人的崇拜。结合词的下片,我们更应体会到的是词人对于国家形势的细致思考,对于民心复归弱化的担忧,对于上战场杀敌的迫切愿望。一句"廉颇老矣,尚能饭否",我们能够感受到一位老臣的热泪盈眶。因此,他的确有英雄梦,这种英雄梦是期待自己能够驰骋疆场收复故土的英雄梦。这是一种超越了个体生命的英雄梦,而支撑他这种英雄梦的,恰恰是他对百姓的同情、对收复故土的期待、对国家深深的担忧。

【教学设计】

《永遇乐·京口北固亭怀古》教学设计见表1。

表1 《永遇乐·京口北固亭怀古》教学设计

教学目标	1. 聚焦多个典故使用,结合注释和背景介绍,理解词中用典在叙事、抒情、言志三个角度的意义和作用
	2. 品味字词,有感情地朗诵,从字里行间体味作者抗金救国、收复中原的热切愿望,理解作者将个人理想置于国家命运之上的大追求和大境界
教学重难点	1. 教学重点:结合注释和背景介绍,理解词中用典在叙事、抒情、言志三个角度的意义和作用,体悟作者的家国理想和人生境界。
	2. 教学难点:理解作者将丰富的情感贯穿在整首词中使之成为一条情感主线的写作方式,进而了解"典以言志"的作用
课时安排	1课时

（续表）

	教学环节	活动过程	设计意图
教学过程	标题导入释题解题	1. 登高怀古是古代文人的一种情怀，请思考词人登临的京口北固亭是一个怎样的地方 2. 结合注释和时代背景，初步理解词人为何登临京口北固亭会有如此深刻的感慨	通过释题解题，让学生了解京口北固亭的来源。它既是本词抒情的起点，也是"望中"的前提
	初读诗歌感性认知	1. 初步朗读文本，读准字音，读清断句 2. 说一说朗读的感受，明确解读的难点。提出核心问题：本词多处用典的意义何在	1. 朗读文本，读准"狼居胥""佛狸祠"等字音，同时明白"封狼居胥"的断句方式应为"封／狼居胥" 2. 引导学生思考词人为何多处用典，探究用典的意义
	聚焦典故三思其意（其一）	1. 朗读全词，请试着梳理一下这首词一共使用了几个典故，各用简单的一句话概括一下 2. 通过梳理五个典故，了解词人以典串联全篇的写作艺术，明确典故的作用之一——典以叙事	1. 让学生朗读全词，结合教材注释，将本词使用的典故梳理出来 2. "元嘉草草，封狼居胥，赢得仓皇北顾"一句采用了"典套典"的形式，是梳理难点，需要学生重点关注
	聚焦典故三思其意（其二）	1. 朗读圈画，分析词人在典故中寄予的情感，思考可以从哪些地方读出词人的情感 2. 通过五个典故的语言分析，理解词人的情感，明确典故的作用之二——典以抒情	1. 通过朗读圈画，逐步引导学生关注词人的表达方式，如对典故人物的称呼、动词的使用 2. 引导学生理解"典套典"的形式、典故和作者之间的关系，让学生体会典故的情感张力
	聚焦典故三思其意（其三）	1. 通过典故，我们感受到词人复杂的情感，但这些都是零碎的。词人通过这些典故的叠加，将零碎的情感贯穿到一首词里面，到底要表达什么 2. 通过思考，建构上片两个典故和下片三个典故之间的关系，梳理出情感主线，走进词人的情感世界，明确典故的作用之三——典以言志	词作的语言艺术魅力，不仅仅在于词语、片段，更在于由片段组成整体之后的魅力。该环节旨在引导学生从语言的理解层面逐步上升到思维和情感层面。这是理解本词的难点所在

（续表）

	教学环节	活动过程	设计意图
教学过程	再读诗歌 回味精神	1. 带着情感再次走近词人,在朗读中体会词人虽处于报国无门、壮志未酬、老来难为的状态,但仍然怀有赤子情怀 2. 以"辛弃疾和他的精神追求"为题,说一说这种精神的传承与发展	再次朗读,体会词人的精神境界,明白词人将个人追求融于国家之上、民族之上的高远追求,理解词人以情贯穿的豪情。引导学生理解这种高远的境界,说一说这种精神在时代中的传承与发展
	拓展延伸 布置作业	1. 我们通过学习了解了使用典故的三种作用,即典以叙事、典以抒情、典以言志。其实,在这首词中,典故的使用和景物的描写是浑然一体的,有着典以衬景的效果,请结合上片的内容加以分析 2. 辛弃疾和苏轼同为豪放派词人,他们的风格却不相同,请对比阅读《念奴娇·赤壁怀古》和《永遇乐·京口北固亭怀古》,分析比较其不同之处	本环节的设计旨在总结课堂内容,进一步分析典故和景物融为一体的效果,拓展课堂所学,引导学生对比苏轼的作品,进一步理解辛弃疾词作的特点

【课堂实录】

一、导入

读完本词,同学们在预习反馈中说得较多的一点就是这首词的典故太多了,理解起来有一定障碍。用典的确是本词的一大特色。据说辛弃疾曾经把这首词"遍问客,必使摘其疵",岳珂便率然对曰"新作微觉用事多耳",辛弃疾同意岳珂的看法,修改了很久,但"累月犹未竟",说明这些典故都是辛弃疾精心选取且不生流弊的。我们尝试聚焦本词的用典,来品析其意蕴,探究词人的用意。

二、梳理典故,了解典以叙事

问题:词中一共使用了几个典故?请加以概括。

一是孙仲谋建功立业。孙仲谋就是孙权,三国时期稳固了父兄的江东基业,建安十三年(208年),与刘备联手大败曹操,后来又取得夷陵之战等战争的胜利,建立并稳定了吴国政权。

二是刘裕战功赫赫。南朝宋武帝刘裕在京口起事，晚年推翻东晋做了皇帝，并先后两次率领东晋军队北伐，收复洛阳、长安等地。"金戈铁马，气吞万里如虎"写出了刘裕北伐时锐不可当的气势。

三是刘义隆仓皇失败。"封狼居胥"指的是霍去病建立的赫赫战功。元嘉是宋文帝刘义隆的年号，刘义隆草率出兵，结果却只能在"败逃中回头北望"。因此，此处采用了"典套典"的形式，语义是"刘义隆草率出兵，本想取得赫赫战功，最终却失败了"。

四是佛狸祠神鸦社鼓。北魏太武帝拓跋焘反击刘宋，在长江北岸瓜步山上建立行宫，这个行宫下，一片祭祀供奉的繁盛景象。

五是老将廉颇尚能饭否。廉颇老了，赵王来问他能否吃得下饭。老将廉颇的经历不禁让人唏嘘、同情。

总结：经过努力，大家把这五个典故都找出来了。其中，同学们有疑惑的是第三个典故，它采用了"典套典"的形式，大家要清楚其具体指向。从所使用的比例来看，典故几乎组成了整首词的脉络，构成了整首词的内容。从所使用的具体形式来看，有细节描写，有场面描写，还有语言描写，丰富的描写形式让整首词叙事非常清晰，有可读性。这体现了典故的第一种作用和意义——典以叙事。

三、分析典故，理解典以抒情

问题1：这五个典故分别表达了词人怎样的情感？你是从哪些地方读出来的？

1. 我们从对历史人物的称呼、动词的使用和一个"总"字的副词使用，读出来了作者对于英雄的钦佩，以及对于英雄逝去的一份无奈和伤感。写历史是为了说现实，所以从中我们能读到词人对于英雄不存的伤感、对于英雄的呼唤。

2. 对刘裕的描写，也体现了词人对于英雄的呼唤！这里的场面描写非常具有感染力，"想当年，金戈铁马，气吞万里如虎"，气势恢宏。

3. "刘义隆仓皇北顾"这个典故写出了刘义隆草率出军，却带来了非常狼狈的结局，与"封狼居胥"的成功形成了巨大的反差，一个"赢"字写出了作者强烈的反讽、批判。1203年，主战派首领韩侂胄掌朝，起用一批坚决抗金的老臣，闲居多年的辛弃疾被任命为绍兴知府兼浙东安抚使。辛弃疾是南渡后坚决主张北伐恢复的代表人物，对韩决心北伐积极响应，但反对韩急躁冒进的伐金主张。作者在此处表达了对于韩侂胄草率出兵的深深忧虑。

4. "可堪回首，佛狸祠下，一片神鸦社鼓"，这里颇有些"以乐景衬哀情"的味道。祭祀的地方一片繁盛，祭祀的却是鲜卑人，百姓已经习惯了异族的统领。这是一件多么悲哀的事情啊！以乐衬哀，一片祥和之下，寄托的是作者内心深深的悲哀。结合时代背景，词人特别担心，时间长了，南宋的百姓会慢慢习惯金人的统治，所以，他在悲哀之余，更有担忧。

5. 词人对于廉颇这位老将寄予了深深的同情,对于挑拨离间的小人表达了不可遏制的愤慨之情。一个典故结束全篇,言有尽而意无穷。此处词人以廉颇自比,自己积极备战,不去逢迎权贵,抗敌复国的耿耿忠心和军事才能不被重视。如果再结合那句"凭谁问",我们更能感受到词人"吾今老矣"的悲叹和有志难伸、报国无门的愤慨。

问题2:为何词人两次写了对于英雄的呼唤?是否重复了?

孙仲谋是继承祖上基业并站稳脚跟,在三方争霸中占据一席之地。而刘裕是从寻常巷陌中走出来的平民英雄,并且两次带病北伐,从出身和行动上来说,更加难能可贵。两处呼唤英雄,更能看出词人对于英雄回归的期待,对于当下时无英雄、萎靡怯懦的深深忧叹。

总结:我们可以关注典故中具体的词语使用,如称呼使用、副词使用、动词使用等,体会词人丰富、复杂的情感;还可以关注典故内部之间、典故与词人之间、典故与现实之间的关系,体味其所形成的张力。由此,我们体会了典故的第二种作用和意义——典以抒情。

四、整体理解,感悟典以言志

问题:通过典故,我们感受到词人复杂的情感,但这都是零碎的。词人通过这些典故的叠加,将零碎的情感贯穿到一首词里面,到底要表达什么?大家可以通过图示的方式建构一个情感逻辑链。

答案1:如果说上片的两个典故是重复中有递进,表达了词人对于古代英雄的倾慕,对于当下英雄不再的遗憾,那么下片三个典故之间的关系可以理解为并列式关系。要想实现复兴大业,要做好几件事情:(1)不要盲目出兵,要精心设计;(2)要真正拥有民心,否则百姓也会慢慢遗忘屈辱的历史;(3)要明白老臣的赤子之心,起用有经验的大将,见图1。

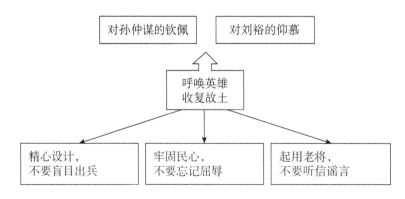

图 1 情感逻辑链 1

答案 2：下片三个典故之间的关系可以理解为承接式关系。盲目出兵，准备不足，最后"赢得仓皇北顾"，这实在是一种耻辱。"我们"要尽快实现复兴大业，否则百姓慢慢就会接受金国的统治。这叫"我"这样的老将怎么能接受呢？"我"能怎么办呢？"我"很想上战场杀敌报国，却没有任何被起用的机会啊！因此，"我"多么期待英雄出现，拯救国家和百姓。情感逻辑链见图 2。

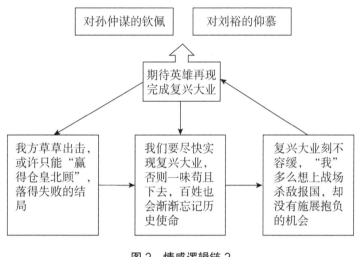

图 2　情感逻辑链 2

总结：大家的理解都有道理。最难能可贵的是，大家能够将全篇的情感串联起来，形成一条线。当明白了下片中词人收复故土的赤子情怀后，我们就能明白上片中词人对于英雄的呼唤。这样的英雄将个人命运维系于国家命运之中，将个人抱负施展于民族命运之中，其人生是炽热的、闪光的。而空有一腔报国之志的词人，只能在岁月中蹉跎。这样，我们就更加明白了那悲泣的英雄泪。在报国无门、壮志未酬、老来难为的艰难境遇中，难得的是词人仍然保持一片赤子之心！他很难，却依然对故土爱得那样深沉！这是典故的第三种作用和意义——典以言志。

【教学反思】

作为语文学科探索学科育人规律的尝试，本课聚焦典故的使用，通过分析语言形式和语词载体，引导学生逐步走进词人的阔大境界，走进语文的德育世界。词人用五个典故，委婉曲折地将内心各种复杂的情感展示出来，既有历史的厚度，又有情感的温度。五个典故构成一种张力，让人无限回味。在与历史或悲壮或凝重的对话中，读者与词人产生了情感上的共鸣。教学活动主要从四个层面展开。

一是关注用典语言，体会细致情感。语文的情感理解是渗透在字里行间的，语言是情感的载体。就本词而言，教师引导学生从用词选择和表达方式入手理解词作。比如，从对于英雄的不同称呼中可以看出来词人对孙权和刘裕不同的情感。在具体的典故理解中，教师引导学生关注动词的使用（如"赢"字充满的担忧之情、讽刺之意）和副词的使用（如"总"字体现出的历史规律以及词人心中无可奈何的哀伤）。通过这些具体的语言形式，教师逐步引领学生进入词人丰富的内心世界。

二是关注叙事形式，感受词作意蕴。典故是固定的，而记叙、描述这些典故时所使用的表达形式则是灵活的。叙事形式会影响词作的可读性。本词中，对于英雄的描绘有详有略，详略中的反复和差异，体现出词人的价值倾向。下片中所使用的"赢得仓皇北顾"等细节描写、"一片神鸦社鼓"等场面描写、"凭谁问"等语言描写都丰富了词语的表达。词人以情铸典，以丰富的叙事形式开阔了词作的意境，有很强的艺术感染力。

三是建构典故逻辑，梳理情感主线。以往的课堂较少触及典故之间的逻辑。而这也恰好是理解的难点。五个典故之间究竟有着怎样的逻辑，下片的典故之间是并列式的关系还是递进式的关系，学生可谓是仁者见仁，智者见智。教师在教学过程中引领学生打破片段式、模式化的理解，建构起全篇的逻辑，在上片与下片之间的互动式理解中走近词人，真正理解他超越个体的、以国家命运为上的英雄主义情怀。

四是跨越时空界限，实现古今对话。课堂最后，以"辛弃疾和他的精神追求"为题，让学生说出这种精神的传承与发展。词人以国家命运为上的英雄主义情怀，以天下为己任的大境界，是一位臣民的赤子情怀，是炽烈地热爱故土和百姓的担当。这样的一份勇气和担当，古今皆有之。古有陆游"僵卧孤村不自哀，尚思为国戍轮台"的满腔爱国志，有岳飞"靖康耻，犹未雪；臣子恨，何时灭"的满腔豪情。在当下，有钟南山以八十多岁高龄依然前往武汉重灾区的担当，有张桂梅虽身患多种疾病却仍然全心全意为教育服务的情怀，这样一种跨越时空界限的古今对话，让学生走近并理解了词人。

【专家点评】

语文育人应该发挥其语言文字的价值与优势，在品味语言、赏析词句中实现过程育人，在情感品味、对话共鸣中实现情感育人，通过过程育人、情感育人，最终走向价值观的引领和塑造。这应该是语文育人的"应为"和"可为"之处。

语文学习最忌讳的就是贴标签。所谓标签式的理解，是指学生、文本、作者、教师之间都有一堵墙。学生无法走进文字、走近作者，而教师也无法引导学生走进文本，只是站在远远的位置，告知学生文章的主旨，这种生硬的育人方式是无意义的。

贾老师的这节课就是不断去除标签的过程。贾老师引导学生通过对典故的理解和分析层层递进，既让学生实现了语文学科知识的理解，明白了典故的作用和意义，又让学生在对语言的品析和思考中，逐步走进爱国词人辛弃疾的精神世界。尤其是典故逻辑的再建构，对学生的思维训练很有挑战性。这样的授课过程，在学生、文本、词人之间建立起一条清晰的桥梁，以水乳交融的形式实现了语文德育的过程。具体而言，如下三方面值得借鉴。

一是深入挖掘文本的德育载体，聚焦一点进行深入探究。教师先对文本进行了德育内容的选择和确定。文本的解读有多个角度，如何从纷繁复杂的角度中，选取最契合的德育实施点，是需要深思熟虑的。贾老师立足本词的突出特色（多个典故的使用）来开展教学。典故是具有丰富的历史意蕴的，贾老师引导学生走进典故，了解词作内容，理解典以叙事的意义。接着，贾老师具体分析典故中的字词，引导学生关注典故内部的对比张力、典故和词人之间的关系，从而让学生理解词人在不同典故中所寄予的不同情感，理解典以抒情的意义。最后，贾老师从典故之间的逻辑关系入手，让学生理解典以言志的意义。贾老师聚焦典故的使用，引导学生由浅入深，层层挖掘，深入探究。

二是建构典故之间的逻辑关系，从点状分析走向整体理解。如果说前面对于典故的聚焦是有效切入点的话，那么建构五个典故之间的逻辑关系则成为本堂课的实施亮点和教学难点。这些零散的情感汇聚成了怎样的情感主线呢？贾老师让学生通过画逻辑图的形式，梳理上片中对于英雄的期待和下片中三个方向迥异的典故之间的关系。无论是并列式的理解，还是递进式的理解，学生都能自圆其说，这体现了一种开放式的多元理解的可能，其主要意义便在于打破点状，走向整体。词人对于时局愈加担忧，那么对于英雄的呼唤便愈加迫切，理解了这一点，学生便能理解词人超越个体、以国家命运为上的英雄情怀。

三是课后作业有效拓展延伸，在深度与广度上再次丰富课堂。课堂的主体是围绕典故展开，引导学生理解典故的意义和作用，而课堂后面的作业布置，更能体现出教师的思考。课后第一题是引导学生分析上片，关注典以衬景的作用。这个作业和课堂教学实现了延展性与互补性的统一。从关注角度来说，依然是聚焦典故，但其具体要求聚焦的是典故和景物之间的关系。本词典故与景物浑然天成、融为一体，历史人物随着景物浮沉出现，叙事、写景、抒情、言志完美融合。课后第二题是比较分析，在横向上对比本词与苏轼的《念奴娇·赤壁怀古》的不同之处，这种比较走向的是探究。两个作业在深度与广度上都丰富了课堂内容，实现了有效拓展。

贾老师的这节课聚焦一个点，逐层分析，引导学生形成了由浅入深的认知结构。学生通过本节课的学习，既掌握了典故的使用以及词人的情感与境界，也掌握了词（尤其是包含有较多典故的词）的鉴赏方法，可以触类旁通。

（上海市闵行区教育学院　王林）

岳阳楼高，望不断，几多情
——《登岳阳楼》课堂教学实录

上海市七宝中学　汤云珊

教学视频 |《登岳阳楼》

【文本德育解读】

创作《登岳阳楼》时，诗人处境艰难，凄苦不堪，年老体衰，靠药物维持生命。768年，诗人离开夔州出三峡，来到岳阳。登上神往已久的岳阳楼，凭轩远眺，面对烟波浩渺、壮阔无垠的洞庭湖，诗人发出由衷的礼赞，继而想到自己晚年漂泊无定，国家多灾多难，又不免感慨万千，于是在岳阳写下《登岳阳楼》。

《登岳阳楼》在体裁上是一首五言律诗，首联、颔联和颈联都对仗，对仗艺术运用得十分高妙自如。

此诗在题材上为登楼抒怀之作。首联"昔闻洞庭水，今上岳阳楼"，"昔闻"和"今上"之间跨越了诗人的少年和晚年、大唐王朝的盛世和没落，这看似寻常的四个字中包含着人生的际遇离合、国家的多灾多难。

颔联"吴楚东南坼，乾坤日夜浮"，"坼"字有动态感，仿佛湖水在延伸，大地被切割开；"浮"字也有动态感，仿佛整个苍穹是被湖水托住的一个半球，而万物的运动，都是湖水荡动的结果。诗人写洞庭水，境界宏阔。自然之景中也寄寓着诗人对祖国疆土的一份感情（这么辽远的疆土，此时哪些地方是安定的，哪些地方是战乱着的），天地都在动荡之中，诗人进一步联想到自己的颠沛流离和整个国家的动荡不安。

颈联"亲朋无一字，老病有孤舟"，"亲朋无一字"写出了诗人的孤苦，但主要是音信断绝，自己不了解整个国家的情况。这让念念不忘君王、国家、百姓的诗人有一种被社会忘记的孤独感，他在精神上无疑是很痛苦的。诗人一生都在饥寒交迫之中，他的身体很快就衰老了，因为战乱流落他乡，此时老病的诗人所有的希望就在这一条"孤舟"上了，只有它，可以载着他回到家乡。

尾联 "戎马关山北，凭轩涕泗流"，自从安史之乱后，战争一直没有停息，一直到诗人临死前，他依旧为国家和民族的命运而担心、痛哭流涕。

《普通高中语文课程标准》（2017 年版 2020 年修订）提出四种核心素养，即语言建构与运用、思维发展与提升、审美鉴赏与创造、文化传承与理解。其中，语言建构与运用是语文学科核心素养的基础，在语文课程中，其他三种核心素养都是以语言建构与运用为基础，并在学生个体言语经验发展过程中得以实现的。因此，在教学中，教师要注重引导学生关注律诗在格律严谨、用字精练等方面的特点，领略诗歌含蓄凝练的语言特点以及杜甫诗作沉郁顿挫的风格，留意诗人困顿的处境，感受他痛切的心情，理解他心怀天下的胸怀，进而领会中国古代文人 "先天下之忧而忧，后天下之乐而乐" 的济世情怀。教师要有效落实高中语文课程标准 "通过学习运用祖国语言文字，体会中华文化的博大精深、源远流长，体会中华文化的核心思想理念和人文精神，增强文化自信，理解、认同、热爱中华文化，继承、弘扬中华优秀传统文化和革命文化" 的要求。

【教学设计】

《登岳阳楼》教学设计见表 1。

表 1 《登岳阳楼》教学设计

教学目标	1. 通过对比鉴赏，品味诗歌含蓄凝练的语言特点和杜甫诗作沉郁顿挫的风格 2. 通过反复诵读涵咏，感受杜甫个人命运和国家发展的紧密交融，体会诗人忧国忧民的情思
教学重难点	1. 教学重点：体会诗人忧国忧民的情思 2. 教学难点：品味诗歌含蓄凝练的语言特点和杜甫诗作沉郁顿挫的风格
课时安排	1 课时
教学准备	1. 预习、朗诵《登岳阳楼》 2. 采用 "批注式阅读" 的方式，至少批注三处

（续表）

	教学环节	活动过程	设计意图
教学过程	导入	1. 师生齐读《闻官军收河南河北》，教师简要讲解 2. "即从巴峡穿巫峡，便下襄阳向洛阳"，"成都—重庆—巴峡—巫峡—襄阳—洛阳"是杜甫想象中的归乡路线。后来，他果然从四川出发了，可是没有回到长安就病死在旅途中。在 57 岁的那一年，杜甫坐船来到湖南的岳阳，登上岳阳城的城楼，写下了《登岳阳楼》这首诗	从杜甫写下此诗时的人生经历切入，营造感伤的氛围，奠定学习此诗的基调，增强诗歌教学的德育感染力
	整体感知把握格律	1. 听示范朗读，注意字音和节奏 2. 分析诗歌押韵和对仗的特点	整体把握全诗，让学生对这首诗的字音字义和体裁特点有所了解。杜甫律诗向来以严谨整饬著名，加深学生对杜甫诗作的理解
	初识意象置身诗境	从诗歌形式转到诗歌内容 1. 这首诗主要描写了哪些景物，这些景物分别带给你怎样的感受 洞庭水、岳阳楼——辽阔雄伟 吴楚、乾坤——开阔博大 孤舟——孤单漂泊 2. 结合视频描述诗歌的画面	分析意象是学习诗歌的重要方法，再结合视频描述诗歌的画面，既增加了诗意，又可以帮助学生弄懂释义，为诗歌的深入学习做好准备
	缘景明情炼字品析 1	首联：昔闻洞庭水，今上岳阳楼 比较下面两种观点，说出你的看法 1. 清人仇兆鳌认为，"'昔闻''今上'，喜初登也" 2. 学者傅庚生认为，"这开头两句，是沉郁之感，不是喜悦之情"	不同观点的碰撞，可以产生不同的思维火花。让学生通过比较、思考形成自己的观点和看法，有利于提升其思维水平。同时，这种方式能够加深学生对诗人情感的理解

（续表）

	教学环节	活动过程	设计意图
教学过程	缘景明情 炼字品析 2	颔联：吴楚东南坼，乾坤日夜浮 1. 从写实和象征的角度赏析这两句诗 2. 拓展、比较《送无可上人》《锦瑟》《哀江头》的写实和象征艺术	诗句景中含情，教师在教学中需要帮助学生透过诗人的用笔去体会诗人深沉的情绪。写实和象征这个角度可以让学生有意识地去思考诗句所传达出的对于国家、民族的情感。通过其他几首诗歌来加深学生对于诗歌象征艺术的认识
	直抒胸臆 凸显主题 1	颈联：亲朋无一字，老病有孤舟 拓展：《奉赠韦左丞丈二十二韵》《江畔独步寻花（其二）》《清明二首（其二）》，对比杜甫年轻时的政治抱负和现在的身体状况，感受诗句所传达的诗人的情感	通过文本联动、群文阅读帮助学生了解诗人的身体状况、人生状态，从而增强学生对于诗人的共情，达到德育的效果
	直抒胸臆 凸显主题 2	尾联：戎马关山北，凭轩涕泗流 补充时事背景，分析情感，收束全诗	补充时事背景，让学生对整个时代大环境有更为深入的了解，也使学生对身处那个动荡时代里的杜甫有更深入的理解，从而增强德育的效果
	总结全诗	1. 总结学习方法 2. 总结学习内容 3. 结语：杜甫被称作"诗圣"，他的诗歌始终体现着对国家和人民的关怀，因为这份关怀出自他的天性，所以他的胸襟比一般人博大，诗歌内容也更为厚重、沉郁。我们通过这首诗了解了杜甫的诗歌，也了解了如赤子般的杜甫	总结方法，触类旁通，关注学习经历，凸显祖国语言和古典文化的魅力，激励学生主动去探索和追求
	布置作业	阅读《陪裴使君登岳阳楼》，交流阅读感受	拓展与教材有关的材料，使学生进一步理解文本，并提高阅读鉴赏能力，增强对诗人情感的理解

【课堂实录】

（以下仅呈现了部分课堂实录）

师：同学们，请找出全诗最能流露诗人情感的句子。

生1：凭轩涕泗流。

师：你找得非常准确。请你详细说一说这句诗的意思。

生1：诗人倚靠着窗栏涕泪交流。

师：好一个涕泪交流。诗人痛哭流涕、悲恸至此的原因是什么呢？

生1：尾联写"戎马关山北"，北部边境地区战争不断，当时吐蕃正侵扰陇右、关中一带，杜甫倚靠在岳阳楼的窗栏边，向外看到祖国大好河山的时候，想到北方还有这么多战乱、外族的侵略没有平定，内心对国家、民族充满担忧。

生2：经过安史之乱，唐朝元气大伤，此时外族入侵北方，战火连天，朝廷内忧外患，百姓生活困顿。

生3：诗人此时又老又病，眼看着国破人亡，却无能为力。

生4：亲戚朋友没有一字来信。诗人不知道他们是否还在人世。无论是自己、亲友还是国家、民族，都处于风雨飘摇之中，诗人感到深沉的悲哀，犹如漂流在大海中的一叶孤帆。

师：刚才同学们各抒己见，说得非常精彩。杜甫一生都在饥寒交迫之中，我们可以从杜甫的诗中看到他得过很多疾病。由《江畔独步寻花（其二）》"稠花乱蕊畏江滨，行步欹危实怕春"可以看出，杜甫在成都时腿脚就不甚好。由《清明二首（其二）》"右臂偏枯半耳聋"可以看出，杜甫一只胳膊不能动，一个耳朵聋了。由《返照》"衰年病肺唯高枕"可以看出，到了晚年，杜甫肺部的病情加重，气喘吁吁、咳嗽不已，需要枕高一点的枕头才能睡觉。杜甫年轻时的理想是"致君尧舜上，再使风俗淳"（《奉赠韦左丞丈二十二韵》)，但是到了晚年，他的志愿似乎并没有达成。杜甫历经这么多挫折困苦，但他对国家民族的关心始终没有磨灭。颈联和尾联是对诗人"凭轩涕泗流"的原因解释。现在，我们一起来看一看前两联的内容。

生5：首联写诗人登上岳阳楼，颔联写诗人登楼之后看到的景象。

师：对于"昔闻洞庭水，今上岳阳楼"，人们有两种重要观点。清人仇兆鳌认为，"'昔闻''今上'，喜初登也"。学者傅庚生认为，"这开头两句，是沉郁之感，不是喜悦之情"。请说一说你们的看法。

生6：老师，洞庭水和岳阳楼之间有什么关系？

师：有没有哪位同学可以解答这个问题？

生7：地理课代表知道。

（全班笑）

师：学科之间是相通的。

生8：老师，岳阳楼和洞庭湖是不是挨着？

师：你说得没错。你是怎么知道的？

生8：《临洞庭湖》中写道，"气蒸云梦泽，波撼岳阳城"。我是从这里想到的。

师：联系自己以往所学，进行有效迁移，是一种很棒的学习方法。洞庭水是指洞庭湖的水，洞庭湖在中国的文学作品中多次被提及，如"袅袅兮秋风，洞庭波兮木叶下"，岳阳楼就在洞庭湖的边岸上。好，让我们回到刚才的问题。有哪位同学能来说一说？

生9：我认为诗句表达了沉郁之情。"昔闻"是指诗人年少时听说，而"今上"已是诗人晚年，"昔闻"和"今上"之间，诗人的命运、国家的态势都发生了巨大的变化，诗人此刻站在岳阳楼上，内心一定是无比沉重、凄苦的。

生10：我也认为诗句表达了沉郁之情。杜甫一个人孤独地登上岳阳楼，想着国破家亡的现实情况，怎么可能是喜悦的呢？

生11：是啊，这又不像现在的旅游打卡，完全是带着开心、愉悦的心情。

生12：这首诗后面表达的题旨也是悲苦的，沉郁之情贯穿全诗。

师：大家说得很有道理，也很全面。但老师还是想问一问，有没有支持另一种看法的同学？

生13：我觉得诗句表达了喜悦之情。诗人早就听说过洞庭水和岳阳楼，今天终于见到了洞庭水，登上了岳阳楼。这让人有一种期待已久、终于实现的感觉。

师：你解释得很好啊。

生14：老师，我觉得诗句中既有喜悦之情，也有沉郁之情。这里的确是杜甫一直想来的地方，洞庭湖和岳阳楼非常有名，杜甫在书籍中应该见过对它们的描写。如今能够登临岳阳楼，对于杜甫来说，不能不称之为一件幸事。游山玩水，在自然景色中寄托自己的情怀，几乎是古往今来大多数中国文人的重要爱好。但是，杜甫此时是拖着病体，怀着壮志未酬、漂泊天涯、国破家亡等感触，登上了岳阳楼。因此，我觉得杜甫有一点高兴，但更主要的是沉郁。两种情感都有。

师：你能从两方面去考虑，不错。有时候，人的心情不见得是单一的，不然怎么有"悲喜交加"这样的成语呢？另外，你还有一点说得很好，那就是包括杜甫在内的中国文人对于祖国山水的钟爱。一个对国家、民族有感情的人，对于国家的历史文物、地理山川也会有一种特别亲切的感情。事实上，只有了解了本民族的历史和地理，人才能对国家有一种感情，才能知道国家的过去是什么样子的，未来应该怎样做才能更好。你们看，中国的古人来到一个地方，就会想起在那里发生过什么事情，从而产生很多的感悟。如果他们对此一无所知,那洞庭湖的水、岳阳城的楼也不过是一些景色和建筑物罢了。现在,我们来看一看杜甫登上岳阳楼看到了什么。谁能说一说"吴楚东南坼,乾坤日夜浮"的意思?

生15:洞庭湖把吴地和楚地分开,日月星辰昼夜都漂浮在洞庭湖上。这是在写洞庭湖的壮观。

师:诗句中应该有想象和夸张的成分,肉眼是看不了这么远的。文学创作既有写实的一面,也有象征的一面。杜甫善于写实,但他的写实却常常带有象征的意味。谁再来说一说?

生16:我觉得"浮"给人一种不一样的感觉。"乾坤日夜浮",让人感觉动荡不安。

师:是的。在"乾坤日夜浮"的浩荡无涯中,杜甫有了一种不一样的感受——他想到了自己的颠沛流离和整个国家的动荡不安。

【教学反思】

语文学科作为一门基础学科,对于培养学生的思想道德品质、提高学生的综合素质具有十分重要的意义。在千年交替之际,语文教育界进行过一场真理大讨论,语文课程标准把语文课程的性质确定为"工具性和人文性的统一"。《普通高中语文课程标准》(2017年版2020年修订)中把这一性质明确为四种核心素养,即语言建构与运用、思维发展与提升、审美鉴赏与创造、文化传承与理解。这四种核心素养既包含对语言文字学习的要求,也包含对立德树人的追求。语文学科的立德树人,就是在一篇篇经典文本的浸润中,让学生触摸古往今来热爱国家、热爱人民、热爱生命的作者的脉搏。为了达到这样的目的,应该从以下几方面进行考虑。

一是文本的选择。杜甫是"诗圣",他的诗歌天然地具有德育教学的价值。《登岳阳楼》的写作背景、写作内容都与风雨飘零的时代背景相贴合,这个文本的教学在语文的基础上增强德育,是毫无违和感的。语文教育和德育紧密结合。

二是情境的设置。在教学过程中,教师要想方设法去创设情境,让学生走进诗人的世界。在教学的导入环节,用导入语让学生了解诗人的情况。在"初识意象,置身诗境"环节,则用音乐让学生走进诗作。这些情境的设置目的就是让学生有一种参与感、体验感,从而为德育张本。

三是重点的突出。《登岳阳楼》教学的重点可以有多种选择,在这节课中,重点突出了杜甫忧国忧民的思想。无论是叙述、描写还是抒情,每一联的落脚点都是在这一思想主题上。比如首联中,通过两种观点的对比,引导学生体会诗人登上岳阳楼时的忧情;颔联中,通过"浮"字的赏析,引导学生感受诗人对国家、民族的忧情;颈联中,通过对比诗人年轻时的境遇和现在的状况，引导学生体会诗人不能报效国家的忧情；最后，通过诗人目光所至的战乱之地，引导学生更直接地与诗人对话，走进诗人的内心。诗人的悲伤、忧愤、无奈都是源于对祖国、对民族深深的爱。在不断理解诗人情感的过程中，学生潜移默化地受到影响，从而产生对传统文化的认同感。德育也在语文课堂上产生、渗透。

【专家点评】

语文育人具有天然的优势，但是如何在语文教学中进行德育是当前需要探讨的问题。教师首先要考虑到语文教学的抓手，实际上就是"文本语言"。语文课和主题班会课不同，后者脱离文本语言，通过生活中的事件等组织活动，进而影响学生的认知。而语文课则依靠文本语言来进行，文本语言是语文教学的抓手，也是德育的抓手。

语文学科德育最忌讳的就是空谈主题和思想感情，因为这消解了语文的特质，学生无法得到真正有效的德育。这节课紧紧围绕杜甫诗作"含蓄凝练""沉郁顿挫"等语言特点和风格来展开课堂教学，与此同时，汤老师特别注重引导学生理解杜甫忧国忧民的思想感情，这是值得肯定的。这节课从两方面给我们启示。

一是文本联动，群文阅读。综合分析这节课的几个环节，汤老师通过文本比较的方式进行阅读，是一个显著的特点。《送无可上人》《锦瑟》《哀江头》等文本的补充极大地增加了课堂的文化含量。《登岳阳楼》无论是在小学、初中还是在高中都可以进行教学，但不同阶段的学生思维层次不同，理解能力也不同。在高中的课堂上，教师应该针对学生抽象思维和辩证思维进一步增强的特点展开教学，如果单纯讲一首五言律诗，其难度较小，不符合学生的最近发展区，很难满足学生对高中知识的期待。因此，汤老师采用了文本联动、群文阅读的方式进行文本之间的比较，不仅帮助学生更深入地理解了教材上的诗歌文本，还拓宽了学生的诗歌阅读视野，培养了学生的专题学习意识。

二是学生主体，时刻表达。这节课不是教师在唱独角戏，而是师生共振，你来我往，学生占据表达的主体地位。在对这首诗的首联进行分析时，有些学生认为杜甫传达的是"喜初登"的喜悦之情，有些学生则认为是沉郁之情，有的学生认为两方面的感情都有。在这些观点表达中，可以想象课堂上学生畅所欲言、各抒己见的状态。另外，学生主动提问洞庭湖和岳阳楼的关系时，汤老师没有即时给出答案，而是询问其他同学能否帮助解答。一个学生联想到孟浩然的《临洞庭湖》，从而解决了这个问题。由此可见，教师有意识地凸显学生的主体地位，鼓励同伴互助，让学生更多地参与和表达，而不是用自己的声音取代学生的声音。在此过程中，学生学会了互帮互助，也学会了独立思考、自由表达。

总体来说，本节课借助《登岳阳楼》这样的经典诗歌文本，充分发挥语文学科的育人优势，将德育融入语文教学，起到了浸润文本、感化生心的作用。在语文中培养德育，在德育中学习语文，二者相辅相成，相得益彰，教学目标达成，教学效果明显。

（上海交通大学附属中学　乐燎原）

岂曰无衣，与子同读
——《无衣》课堂教学实录

上海市控江中学　周佳俊

教学视频|《无衣》

【文本德育解读】

《普通高中语文课程标准》（2017年版2020年修订，以下简称《课标》）指出："语文课程应引导学生在真实的语言运用情境中，通过自主的语言实践活动，积累言语经验，把握祖国语言文字的特点和运用规律，加深对祖国语言文字的理解与热爱，培养运用祖国语言文字的能力；同时，发展思辨能力，提升思维品质，培育社会主义核心价值观，培养高尚的审美情趣，积累丰厚的文化底蕴，理解文化多样性。"这体现了语文课程的基本特点——工具性与人文性的统一。在教学中，我选取中国古代诗文这一媒介，挖掘其中的德育价值，引导学生传承中华优秀传统文化。

一、诗歌主题孕育爱国情怀

关于《无衣》的主题，旧说是反对好战。《毛诗序》云："《无衣》，刺用兵也。秦人刺其君好攻战，亟用兵而不与民同欲焉。"清人陈奂《传疏》云："此亦刺（秦）康公诗也。"唐人孔颖达《毛诗正义》也认为"是其（秦康公）好攻战也"。但从作品来看，并无反战内容。后世学者普遍不认同这一主题阐释，兹不赘述。

值得一提的是，秦哀公赋《无衣》事，见于《左传·定公四年》。公元前506年，吴国用伍子胥计攻破楚国，申包胥到秦国求救，在秦庭痛哭七日夜，终使秦国发兵救楚。《左传》云："申包胥如秦乞师……立，依于庭墙而哭，日夜不绝声，勺饮不入口七日。秦哀公为之赋《无衣》，九顿首而坐，秦师乃出。"唐人杜预注："《诗·秦风》，取其王于兴师，修我戈矛，与子同仇（与子偕作）（与子偕行）。"今人杨伯峻注："据《诗序》及杜注，《无衣》乃秦早有此诗，秦哀公赋之以表示将出师耳。若以《传》隐三年'卫人所为赋《硕人》

也'、文六年'国人哀之，为之赋《黄鸟》文法例之'，似《无衣》乃秦哀公专为救楚而作。详阮芝生《杜注拾遗》。"若按上文所引，《无衣》的主题是讽刺秦康公，姑且不论《无衣》是否为刺康公而作，但都说明秦康公时已有《无衣》之诗。康公是秦穆公之子，康公以后经共公、桓公、景公至哀公已达五世，计70余年，可知《无衣》一直在秦国流传，而秦哀公在答应为申包胥出师时就很自然地赋《无衣》了。

从《无衣》中还可以看到秦人勇于战斗的尚武精神，这也足以说明《无衣》不是为"刺用兵"而作。南宋朱熹便认为《无衣》一诗是体现秦人战斗勇气的，他在《诗集传》《无衣》诗题下说："秦人之俗，大抵尚气概，先勇力，忘生轻死，故其见于诗如此。"

今人余冠英在《诗经选》中说："这诗是士兵相语口吻，当是军中的歌谣。史书说秦俗尚武，这诗反映出战士友爱和慷慨从军的精神。"这一说法比较通行，也与统编高中语文教材选择性必修上册中"古诗词诵读"所选《无衣》诗下的题解说法一致。题解说："诗歌既表现了慷慨赴敌、同仇敌忾的豪情，也表现了战士之间深厚的情谊。"

《课标》指出："普通高中语文课程，必须以习近平新时代中国特色社会主义思想为指导，坚持立德树人，弘扬民族精神，融入社会主义核心价值观教育，培养热爱中华文明、热爱祖国、热爱人民、热爱中国共产党的深厚感情，以及热爱美好生活和奋发向上的人生态度，使学生逐步形成自己的思想、行为准则，增强为中华民族伟大复兴而努力的历史使命感和社会责任感。"《无衣》虽然是一首古老的诗歌，但它所蕴含的深厚的爱国情怀仍是新时代思想的重要元素。学生通过学习《无衣》，深切感受到的是中华民族自古以来的众志成城、大我情怀。这种深厚感情会潜移默化地帮助学生在思想行为上增强文化自信心和使命感、责任感。

二、艺术手法提炼英雄气概

《课标》是这样为语文学科的核心素养下定义的："学生在积极的语言实践活动中积累与构建起来，并在真实的语言运用情境中表现出来的语言能力及其品质；是学生在语文学习中获得的语言知识与语言能力，思维方法与思维品质，情感、态度与价值观的综合体现。"以此对照《无衣》来看，诗中富有真实的语言运用情境，通过富有感情的反复诵读，加之启发式探究学习的辅助，学生可以欣赏《无衣》的艺术手法，进而感受《无衣》的主题情感。

如前文所述，秦人尚武好勇，反映在《无衣》中则以气概胜。诵读《无衣》，我们不禁为诗中火一般燃烧的激情所感染，那种慷慨激昂的英雄主义气概令人心驰神往。吴闿生在《诗义会通》中评《无衣》为"英壮迈往，非唐人出塞诸诗所及"。之所以具有这样的艺术效果，首先是因为每章开头都采用了问答式的句法。清人陈继揆在《读诗臆补》中说："开口便有吞吐六国之气，其笔锋凌厉，亦正如岳将军直捣黄龙。"一句"岂曰无衣"，既像自责，又似反问，体现了不可遏止的愤怒与愤慨，仿佛在秦人复仇的心灵上点了一把火，于是无数战士同声响应，"与子同袍""与子同泽""与子同裳"。其次是因为语言富有强烈的动作性，"修我戈矛""修我矛戟""修我甲兵"使人想到战士们在磨刀擦枪、舞戈挥戟的热烈场面。这样的艺术手法使这首诗歌既可以歌，又可以舞，极富情境感。

《无衣》共三章，采用了重章叠句的表现手法。虽然每章句数、字数相等，但结构的相同并不意味着简单、机械地重复，其内容是递进、发展的。如第一章结句"与子同仇"，是情绪方面的，说的是我们有共同的敌人。第二章结句"与子偕作"，"作"字是起的意思，这才是行动的开始。第三章结句"与子偕行"，行即往，表明诗中的战士们将奔赴前线共同杀敌。这种重叠复沓的形式固然受到乐曲的限制，但与舞蹈的节奏起落和回环往复也是紧密结合的，而构成诗中主旋律的则是一种战斗的激情，激情的起伏跌宕自然形成乐曲的节奏与舞蹈动作，正所谓"长言之不足，故嗟叹之。嗟叹之不足，故不知手之舞之足之蹈之也"（《礼记·乐记》）。

《课标》进一步指出："通过审美体验、评价等活动形成正确的审美意识、健康向上的审美情趣与鉴赏品位，并在此过程中逐步掌握表现美、创造美的方法。"一堂《无衣》的诗歌赏析课，就是一次围绕英雄气概的审美体验。学生在体验中逐步形成符合新时代精神的审美意识、健康积极的审美趣味与品位，更进一步，运用体验所得的审美方法去表现、创造日常生活中的美。

三、情境创设挖掘无私品质

根据《课标》学习任务群 8 "中华传统文化经典研习"的要求与阐释，在引导学生阅读中华传统文化经典作品的大情境中，落实积累文言阅读经验，培养民族审美趣味，增进对中华优秀传统文化的理解，提升对中华民族文化的认同感、自豪感，增强文化自信，更好地继承和弘扬中华优秀传统文化等任务目标。

在教学中，教师一要重视诵读，诵读在培养学生的语感、增进学生对文本的理解上发挥着重要作用。二要引导学生借助注释、工具书独立研读文本。三要引导学生联系学过的古代作品，梳理常用的古诗文知识点，从而提高阅读古代作品的能力。四要组织学生开展交流和专题讨论，让学生就传统文化的历史价值、时代意义和局限等问题，用历史和现代的观念进行审视，表达自己的看法。五要引导学生在研读的过程中勤查资料，勤做笔记。如可以引导学生围绕所读作品，利用图书馆、互联网查阅相关注释、评点资料，加深对作品的理解；引导学生运用评点方法，记录自己的感受和见解，不断提高独立阅读能力。

根据《课标》要求，在《无衣》课堂上实践情境创设，一是在课前、课中、课后要求学生反复诵读作品；二是在课前布置预习作业，要求学生借助课后注释、《古代汉语词典》等独立阅读文本;三是组织学生在预习的基础上发现问题,利用课堂交流探讨问题,比如,这节课的主问题是"《无衣》抒发了怎样的情感,是怎样抒发的",可以组织学生结合文献,深入研讨并重新审视传统文化的历史价值、时代意义和局限等;四是布置课后作业,比如,"假设你是秦国的一名普通士兵,你有一次给家人写信的机会,你会怎样书写自己的军旅生活与感受"。

　　情境的创设使师生沉浸在《无衣》的时空交错中,既有回到历史现场的真实感,又有现代视角的思考,最终落实了《课标》中对于中华传统文化经典研习的任务要求。

【教学设计】

《无衣》教学设计见表1。

表1 《无衣》教学设计

教学目标	1. 体会本诗重章叠句的表现手法对抒情的作用 2. 感受本诗慷慨豪迈的艺术风格 3. 联系现实,挖掘并理解当代英雄的崇高精神品质		
教学重难点	1. 教学重点:体会本诗重章叠句的表现手法对抒情的作用,感受本诗慷慨豪迈的艺术风格 2. 教学难点:联系现实,挖掘并理解当代英雄的崇高精神品质		
课时安排	1 课时		
教学过程	教学环节	活动过程	设计意图
	以诵读导入,提出主问题	1. 要求学生富有感情地朗读本诗,交流对于本诗主题的看法 2. 呈现古人对本诗主题的不同看法,提出这节课的主问题 (1)古人的看法 ①《毛诗序》指出,"《无衣》,刺用兵也,秦人刺其君好攻战";陈奂《诗毛氏传疏》指出,"此亦刺康公诗也" ② 班固《汉书·赵充国辛庆忌传赞》指出,"(秦地)民俗修习战备,高尚勇力,鞍马骑射。故秦诗曰:'王于兴师,修我甲兵,与子偕行。'其风声气俗自古而然,	1. 通过学生的朗读营造学习诗歌的氛围,既能使学生集中注意力,又能让学生迅速进入文本体验。邀请学生交流对诗歌主题的看法,不仅能作为朗读任务的检查,还能形成问题驱动的动因,有利于罗列问题,突出重点,着手解决 2. 由教师呈现以《毛诗序》和《汉书·赵充国辛庆忌传赞》为代表的两类关于诗歌题旨的看法,引发学生的共鸣,渲染探究型学

（续表）

	教学环节	活动过程	设计意图
教学过程		今之歌谣慷慨风流犹存焉"；朱熹《诗集传》指出，"秦人之俗，大抵尚气概，先勇力，忘生轻死，故其见于诗如此" （2）主问题 《无衣》抒发了怎样的情感，是怎样抒发的	习情境，有利于学生积极参与思考。在此基础上，提出本节课的主问题，将学生原先发散的思维重新聚焦于一点，用简洁的语言提醒学生学习之旅正式开始
	建议学生求同存异，感受本诗慷慨豪迈的艺术风格，探究本诗的抒情特征	1. 每章开头都采用了问答式的句法，一句"岂曰无衣"，既像自责，又似反问，体现了不可遏止的愤怒与愤慨，仿佛在秦人复仇的心灵上点了一把火，于是无数战士同声响应，"与子同袍""与子同泽""与子同裳" 2. 语言富有强烈的动作性，"修我戈矛""修我矛戟""修我甲兵"使人想到战士在磨刀擦枪、舞戈挥戟的热烈场面 3.《无衣》共三章，采用了重章叠句的表现手法。虽然每章句数、字数相等，但结构的相同并不意味着简单、机械地重复，其内容是递进、发展的	围绕主问题，引导学生从三个维度来思考：（1）章首问答的句式；（2）富有动感的语言；（3）重章叠句的手法。启发学生结合文本，选择不同的维度进行分析。在师生交互式问答中，针对文本细节展开深度阅读，使学生从无意识地品读到自觉地赏析，充分理解赏析诗歌的方法与路径，从而增加阅读体验的获得感
	总结主问题	我们更倾向于《无衣》这首诗是一首洋溢着爱国主义和英雄主义的战歌。英雄主义可以是个人的，但在这里更多的是一种协作。在大敌当前、兵临城下之际，诗中的战士们以大局为重，一听"王于兴师"，就一呼百诺，紧跟出发，团结友爱，协同作战，表现出崇高无私的品质和英雄气概	总结主问题可以使整堂课首尾贯通，增强学习过程的完整性。同时，提醒学生通过总结主问题检测学习目标是否达成。总结的内容基于学生的课堂生成，充分尊重学生的学习成果，有效激发了学生学习的主动性，有利于营造民主型学习氛围
	总结学习方法	诵读《无衣》，我们不禁为诗中火一般燃烧的激情所感染，那种慷慨激昂的英雄主义气概令人心驰神往。之所以具有这样的艺术效果，首先是因为每章开头都采用了问答式的句法，其次是因为语言富有强烈的动作性。此外，本诗还采用了重章叠句的表现手法	在总结主问题后，以总结学习方法的形式，帮助学生整理这节课上学习的方法与路径，体现了人文学科的工具性，易使学生具有获得感

（续表）

	教学环节	活动过程	设计意图
教学过程	联系现实	学习完《无衣》,我们可以联系现实,感受英雄气概	如果说之前几个环节的德育活动建立在文本、历史的基础上,那么,这个环节的德育活动则建立在新闻、现实的基础上。打破语文课的壁垒,让学生走进现实,结合鲜活生动的事例,把原本的抽象感、虚无感转化为具体感、充实感。这不是让学生脱离文本,而是让学生更好地理解文本,运用文本
	布置作业	假设你是秦国的一名普通士兵,你有一次给家人写信的机会,你会怎样书写自己的军旅生活与感受	这节课在空间上结束了,但在时间上可以延续。让学生结合这节课中的学习体会、感情积淀,从作业的维度实践理论知识,既可以让学生巩固所学,又可以让学生在语言的运用中创造新的价值,这符合《课标》的要求

【课堂实录】

师:同学们,今天我们一起来学习《无衣》。请大家有感情地朗读一下这首诗。(学生朗读)关于这首诗歌的主题,历来是有不同观点的。《毛诗序》指出,"《无衣》,刺用兵也,秦人刺其君好攻战"。从这首诗中,你能不能读出这种讽刺的意味呢?"此亦刺康公诗也"说得更准确了,是讽刺秦康公的。我们再来看,班固在一篇论赞中援引了《无衣》这首诗,说"其风声气俗自古而然,今之歌谣慷慨风流犹存焉"。这里提到了一种尚武、刚强的民风。朱熹《诗集传》指出,"秦人之俗,大抵尚气概,先勇力,忘生轻死,故其见于诗如此"。这节课中,大家可以围绕两个问题来深入思考一下。一是《无衣》抒发了怎样的情感,二是怎样抒发的。我们可以先思考第二个问题。请大家看讲义,《无衣》这首诗中的哪些词语、哪些句子、哪些手法,让你觉得作者这样写是别有用心的,是为了表达他的某种情感。我们先来看表现手法。有没有同学愿意谈一谈?

生1:它采用了重章叠句的表现手法,重复了很多遍"岂曰无衣",而且,"与子同袍""与子同泽""与子同裳"都是类似的话,增强了语气。

师:你发现了重章叠句的表现手法,认为作者通过重复来加强语气。有没有同学愿

（续表）

意更深入地去品味？比如说，"岂曰无衣"，诗中说了三遍，仅仅是为了加强语气吗？还有没有别的什么意味呢？

生 2：可以从两个地方着眼。一个是对于"岂曰无衣"的回答不同。从"同袍"到"同泽"再到"同裳"，战士们的关系是越来越密切的。因为课后注释中提到，"袍"是"长袍"，是外衣；而"泽"是贴身穿的衣服。我感觉，这里体现出来战士们的情感更加亲密了。

师：就是由外而内的，从这个细节可以看得出战士们的同袍之情。请你继续分析。

生 2：另一个是作者在"王于兴师"后分别提到"戈矛""矛戟""甲兵"，这三者分别对应的情感是"同仇""偕作""偕行"，我认为这里也有一种递进的情绪。"同仇"是指战士们的情感有相似之处，然后才能引发"偕作"，正是因为有相似的情感，战士们才会共同行动。最后是"偕行"，我认为"行"比"作"更进一步，"作"可能是指某一次的行动，而"行"是指战士们以后都要一起走下去，一起行动下去。

师："偕作"是什么意思？

生 2："偕作"是指一同起来。

师：你看，刚才你没有说清楚。"偕作"是指一同起来，"偕行"是指一同出征。这两个动作确实有先后关系，"同仇"则说明战士们还没有付诸行动。从想（达成了共识）到一同起来，再到一同出征，它们之间的确有递进关系。你注意到了重章叠句中的不同。它们并不是简单的重复。有没有同学能够揣摩一下"岂曰无衣"这个问句蕴含的深刻感情？

生 3：我觉得这三句采用了反复的表现手法，三句话都是设问，作者好像是在问同伴"怎么能说没有衣服呢"，又好像是在自答，"我们当然有衣服，你可以和我共享，下一刻我们就可以出征了"。

师：前一刻，战士们是没有衣服的，是凭着一腔孤勇在那里作战的。但是，通过"岂曰无衣"这个问句，作者显现出，战士们不是在孤军奋战，而是有一个共同的目标。哪句话说明战士们有一个共同的目标？

生齐答：王于兴师。

师：老师来总结一下。我们更倾向于《无衣》这首诗是一首洋溢着爱国主义和英雄主义的战歌。英雄主义可以是个人的，但在这里更多的是一种协作。在大敌当前、兵临城下之际，诗中的战士们以大局为重，一听"王于兴师"，就一呼百诺，紧跟出发，团结友爱，协同作战，表现出崇高无私的品质和英雄气概。下面，让我们再来读一遍这首诗。（学生齐读）同学们，你们一定还记得 2020 年 6 月发生在中印边境加勒万河谷的冲突事件吧？

（学生点头，教师讲述事件经过和结果，具体内容略）

师：让我们来读一下英雄留给我们的文字。这是他们给我们留下的宝贵精神财富。

（呈现相关内容）

对峙时干部站前头，战士站后头；吃饭时战士不打满，干部不端碗；野营时战士睡里头，干部睡风口。

——祁发宝所在团不成文的"规定"

面对人数远远多于我方的外军，我们不仅没有任何一个人退缩，还顶着石头攻击，将他们赶了出去。

——陈祥榕对一次战斗的记录

奶奶，这么长时间里我最牵挂的就是您，孙子这些年一直想好好让您享福，可是我却一直不在家……爸妈，儿子不孝，可能没法给你们养老送终了。如果有来生，我一定还给你们当儿子，好好报答你们。

——王焯冉执行任务前写下了这封家信

我们就是祖国的界碑，脚下的每一寸土地，都是祖国的领土。

——摘自肖思远的战地日记

党把自己放在什么岗位上，就要在什么岗位上建功立业。

——在一本书中，陈红军特意标注了这句话

师：同学们，让我们再次放声朗诵《无衣》，来缅怀英雄！（学生朗诵）最后，我们这堂课的作业是，请大家思考"假设你是秦国的一名普通士兵，你有一次给家人写信的机会，你会怎样书写自己的军旅生活与感受"。

【教学反思】

一、品读诗歌，赏析手法，感受英雄气概

《无衣》这节课的教学设计是建立在反复诵读的逻辑基础上的。学生只有认真投入地诵读经典诗歌，才有可能展开分析、赏析、评价、研讨等学习活动。整堂课中采用了齐读、散读、默读、放声诵读等形式，使学生沉浸其中，为情境创设蓄势。通过反复诵读，学生容易品读出本诗艺术手法的内涵与妙用。在感性诵读与理性赏析的双重作用下，学生更有感触，也更容易走进文本。

主问题的设计使学习目标鲜明显豁，将每一个教学环节都统摄到主问题之下，产生了逻辑链完整清晰、文本手法与内容相一致的教学效果；最后，以总结的形式收束整节课的逻辑链，在内容与方法两个维度上闭合教学主体环节，使学生有获得感。

二、创设情境，深度阅读，挖掘德育价值

关于《无衣》这节课的情境创设，这里只阐释一个维度，即作业维度。在课堂上，学生就《无衣》主题进行了研讨，但对于反战厌战与同仇敌忾这两种情感理解不到位。我设计了模拟战士们写家信的作业，让学生充分展现自己的困惑与情感、态度。写家信时学生需要假想自己是秦国的一名普通士兵，假想自己的身份与处境，假想自己的思想与情感，自主创设一个古今相通的情境，从而落实并反思课上所得，有效地将学习由课堂延伸至课外，由文本延展到生活。

三、联系古今，缅怀英雄，培植爱国精神

《无衣》这节课的教学设计立足赏析诗歌文本，纵向挖掘德育价值，让学生通过与现实冲突事件中牺牲英雄遗留文字的比较阅读，缅怀英烈，深受感染。虽然《无衣》的文本解读也很充分、深刻，对学生而言，却总有一种距离感，学生觉得诗中的爱国精神很抽象；而在比较阅读的过程中，学生心灵受到震撼，很多学生在阅读过程中潸然泪下。这既达成了挖掘德育价值、培植爱国精神的教学目标，也在学科教学的基础上，构建起德育铸魂的课标精神，即"立德树人"。

【专家点评】

周佳俊老师这节课的教学设计把"学科育人""立德树人"作为根本目标。这节课根据教学内容选择教学方法，根据学科知识的发生发展过程和学生学习本学科知识的规律设计教学过程。周老师很重视诵读在古诗文教学过程中的作用，让学生变换形式进行诵读，充分发挥了学生的主动性、积极性，激发了学生的学习兴趣。在教学主体环节，周老师通过构建主问题、问题链等一以贯之的逻辑策略，引导学生独立思考、主动探究、合作交流，使学生切实学好学科知识，提高学科学习能力。更重要的是，这节课能立足语文学科学习，充分挖掘爱国主义精神的德育价值。联系现实，触类旁通，一以贯之，使人深受感染。此外，周老师还努力创设情境，开展了深度阅读的实践活动。周老师精心设计的作业，使师生共同沉浸在《无衣》的时空交错中，既有回到历史现场的真实感，又有现代视角的思考。周老师让学生充分感受情境，促进学生有效学习。总而言之，周老师的这节课不仅令人印象深刻，也让人饶有收获。

（上海市闵行区教育学院　王林）

听夙愿难酬之愤，悟赤胆忠贞之情
——《书愤》课堂教学实录

上海市朱家角中学 薛梦婷

教学视频 |《书愤》

【文本德育解读】

《书愤》一诗是著名爱国诗人陆游的代表作品，诗歌写于 1186 年，作者闲居家乡山阴之时，此时的诗人已经 62 岁，被罢官达六年之久。想到国土破碎，中原失落，"报国欲死无战场""书生无地效孤忠"，作者在满腔悲愤中写下了这首诗。这首诗既有对青壮年时期的壮志和战斗场景的回顾，又有对眼前衰鬓先斑的现实描摹，还有对英雄诸葛亮的赞叹和倾慕，字里行间倾泻着作者的爱国深情，表现出作者复杂的内心世界。本诗的德育教学价值主要体现在以下几方面。

一、诗歌的语言艺术

本诗是陆游七言律诗中的代表作品，全篇扣住一个"愤"字抒发诗人壮志难酬的悲愤、时不我待的郁愤、终生遗憾的激愤、小人当道的怒愤。作者用娴熟的艺术手法将复杂的内心情感在诗中展现得淋漓尽致，让人读来倍感唏嘘也倍受振奋。从诗歌的表现手法来看，有三点值得关注。一是诗中处处对比，凸显作者夙愿难酬的无奈和悲愤。如用早年金戈铁马的生活与如今的被迫赋闲、年事已高进行对比，凸显爱国壮志的一脉相承，也更彰显出平生不得志、壮志难酬的郁愤。尾联赞叹千古难有与诸葛亮比肩者，暗含着对南宋主和派的不满和讽刺。二是恰到好处的用典，丰富了诗歌的内容，也增强了诗歌的情感表达力度。如"塞上长城"，作者用名将檀道济的典故来自比，突出了自己的豪情与自信，但檀道济的结局也暗含了作者的自嘲。尾联赞叹诸葛亮是"真名世"，千古以来没有可与其比肩者，追慕先贤表明自己的爱国热情至死不已。作者渴慕诸葛亮的功绩，背后暗含了不得明主任用、难以施展抱负的悲哀，同时也贬斥了朝野上下主降的小人。三是通过名词列锦、意象组合勾勒出回忆中气壮山河的战争画面，表达了作者对往日金戈铁马生活的眷恋，暗藏了对世事艰难的感慨。这首诗情感沉郁，气韵浑厚，对仗工整又不事雕琢，意境开阔，雄放豪迈，具有陆游爱国诗的典型风格。

在教学中，教师可以采用"读懂愤—读出如何写愤"的教学流程，引导学生深刻体会作者如何将情感与技巧完美融合，让学生在体会作者满腔悲愤之情的同时领悟到作者高超纯熟的诗歌艺术。教师也可以调动学生已有的阅读经验，通过以诗解诗、比较阅读的方式帮助学生在比较中理解文本的独特艺术价值。同时还要注重对诗歌的反复诵读，因声求气是传统古诗词教学中很好的方法，只有在反复诵读中，学生才能对情感和技法有更深的体悟。

统编版教材中古诗词诵读单元没有统一的人文主题，教材中提供了详细的注释和解读，学生可以借助这些资源自主学习。教师在教学时要关注本单元所归属的任务群要求。本单元属于"中华传统文化经典研习"任务群，任务群指出，"要引导学生通过阅读中华传统文化经典作品，积累文言阅读经验，培养民族审美趣味，增进对中华优秀传统文化的理解，提升对中华民族文化的认同感、自豪感，增强文化自信，更好地继承和弘扬中华优秀传统文化"。因此，在教学中，教师要将古诗词中所蕴含的传统文化内涵落实到位，从文字到文本技巧、情感再到民族精神，带领学生深入感悟传统文化，培育学生的爱国热情。

二、诗人的拳拳爱国之情

陆游生长于风雨飘摇的南宋时期，很早就立下了"上马击狂胡，下马草军书"的壮志。他屡次因为主力抗金而遭罢职，但他的爱国情怀终生不渝，时刻盼望着能有杀敌保国、收复中原的机会，到临终前仍然不忘叮嘱儿孙"王师北定中原日，家祭无忘告乃翁"。然而软弱的南宋朝廷并不能了却陆游的夙愿，他的一生都在壮志满怀渴望上阵杀敌收复失地但不能如愿的悲愁中度过，这些悲哀愁苦都化成了他的诗句，他呕心沥血写就的诗歌是他拳拳爱国之情最好的表达。陆游一生勤于创作，诗歌内容极为丰富，其中较为重要的就是爱国主题的诗歌。民族矛盾始终是南宋社会最受人关注的问题，南宋的半数河山都在异族的统治之下。陆游的爱国诗中有沦陷区人民对王师的期待，有对统治者不顾国家大局、苟且偷安的批判，有对朝廷里小人当道的愤懑，也有自抒报国壮志和忧国深思的悲愤，《书愤》就是其中的代表作品。在这首诗中，诗人一心报国但壮志难酬，空度岁月，诗人个人的遭遇也是民族命运的缩影。陆游的诗歌将爱国主题的创作高扬到了前无古人的高度，这不仅贯穿了他长达60年的创作生涯，还融入了他整个生命。剖析陆游的爱国诗时，教师可以引导学生通过知人论世、以诗解诗的方式深刻体会陆游的拳拳爱国之情，体会陆游高度的社会责任感和崇高的人生选择，进一步增强学生对民族文化的认同感和归属感，激发学生的爱国热情，引导学生立高远之志，做高尚之人。

【教学设计】

《书愤》教学设计见表1。

表 1 《书愤》教学设计

教学目标	1. 了解诗人的生平及本诗的创作背景，理解诗歌中"愤"的具体内涵 2. 把握诗歌的创作技巧，感受陆游爱国诗的典型风格 3. 理解诗人的爱国主义情怀，思考自己作为新时代青年的社会责任		
教学重难点	1. 教学重点：理解诗歌中"愤"的具体内涵 2. 教学难点：学会赏析诗人创作中使用的艺术手法及其效果		
课时安排	1 课时		
教学过程	教学环节	活动过程	设计意图
	知人论世 走进诗人	情境导入：位于浙江绍兴沈园内的陆游纪念馆拟举办以"弘扬爱国主义精神"为主题的系列活动，请你参与本次活动的组织与设计 活动一：展板设计，请帮助纪念馆设计一个展板，介绍陆游的生平及作品 1. 爱国志士："位卑未敢忘忧国"，因受秦桧排挤而仕途不畅，因主张抗金而屡遭贬谪，一生渴望上阵杀敌收复失地，但真正投身军旅只有 8 个月的时间。晚年被诏修史，后长期蛰居，报国壮志一生未能实现 2. 痴情才子："伤心桥下春波绿"，与青梅竹马的表妹唐婉本有美满甜蜜的婚姻，但因为母亲的反对，陆游被迫与唐婉离婚。后唐婉改嫁，陆游将思念与痛苦化为诗句，在诗歌中怀念旧人 3. 勤勉文人："诗家三昧忽见前"，他一生笔耕不辍，诗歌内容极其丰富。陆游性格豪放，写诗追求雄浑豪健，诗风既接近杜甫的沉郁悲凉，又有李白的飘逸豪放，讲究对仗工整，用典自然，引领了南宋诗坛的风气	通过情境导入，给予学生真实的语文学习情境，激发学生学习的主动性和积极性，体现新课标所提倡的自主、合作、探究性学习方式。展板设计这一活动能够帮助学生更全面地了解陆游的生平，让学生对陆游多重身份的特点有更深入的理解，从而为后面赏析诗歌做好必要的知识积累

（续表）

	教学环节	活动过程	设计意图
教学过程	理解诗意，剖析"愤"的具体内涵以及作者如何写"愤"	活动二：纪念馆在公众号上征集针对陆游诗歌《书愤》的短评，请你与同学一起参与本次活动 1. 诗歌短评可以写哪些内容 2.《书愤》中"愤"的具体内涵是什么 3. 作者如何抒发自己的"愤"，用了哪些写作手法 4. 尾联中，作者为何用诸葛亮的典故抒发自己的志向，还有哪些古诗词也选用了诸葛亮的典故，它们与本诗有什么不同点 5. 评价同学所写的短评 6. 诗人"愤"的根源是什么	学生在必修上册第三单元的写作任务中学习过文学短评，本课在进行《书愤》赏析时，利用写文学短评的方式让学生温故而知新，调动学生的学习经验，让他们自主探究学习本诗。这一环节中，教师通过几个问题的设计引导学生对"愤"的具体内涵以及作者如何写"愤"进行深入的思考。同时，教师还勾连课内外，组织学生对诸葛亮典故的使用进行专题研究，引导学生进一步理解诗人在选用典故时的用心
	对比阅读辨析差异	小明在参与纪念馆的活动时找到了陆游所写的两首爱国主题的诗，但他发现这两首诗在主题上与《书愤》略有不同，请大家一起探讨其中的差异及原因 1.《秋夜将晓出篱门迎凉有感二首（其二）》 三万里河东入海，五千仞岳上摩天。 遗民泪尽胡尘里，南望王师又一年。 2.《关山月》 和戎诏下十五年，将军不战空临边。 朱门沉沉按歌舞，厩马肥死弓断弦。 戍楼刁斗催落月，三十从军今白发。 笛里谁知壮士心，沙头空照征人骨。 中原干戈古亦闻，岂有逆胡传子孙！ 遗民忍死望恢复，几处今宵垂泪痕。	通过三首诗歌的对比阅读，帮助学生进一步发现陆游爱国诗歌主题上的细微差异，让学生感受陆游创作上的复杂多变以及选取角度的独特，引导学生学会在相同中找差异的思维方式，体会陆游爱国主题诗歌的艺术魅力

（续表）

	教学环节	活动过程	设计意图
教学过程	时空对话	活动三：为了契合"弘扬爱国主义精神"主题，纪念馆将在公众平台征集青年学子对陆游的看法，请你以"我看陆游的男儿本色"为主题，写一则感想，抒发自己对于陆游爱国主义精神的感受 示例："亘古男儿一放翁"是梁启超对陆游的赞美，在我心中陆游是真正的男儿，无论命运给他怎样的风霜，无论时代和统治者怎样辜负他的苦心，他的爱国之火始终熊熊燃烧。居庙堂之高，他积极献策，处江湖之远，他"尚思为国戍轮台"，生命垂危，他也不忘嘱咐子孙"王师北定中原日，家祭无忘告乃翁"。他在诗中像杜鹃一样声声哀鸣，表达着对国家的忠贞和收复失地的夙愿，虽然他的夙愿终生未了，但几千年后的我们读着他的诗歌不会忘记他的嘱托，中华民族之所以生生不息、代代向荣正是因为每一代都有着像陆游一样的赤子，我辈青年应奋发图强，卫我中华，强我中华	这一环节的设计旨在引导学生思考陆游的爱国主义精神与我们现代生活的关系，在剖析陆游诗歌的同时将这种赤胆忠心传递给新时代的青年学子，鼓励他们牢记先辈嘱托，积极投身于中华民族的伟大复兴征程中
	布置作业	1. 除了陆游外，你还喜欢哪位爱国诗人或词人，请选择他的一首作品，运用课上学习的方法，写一则诗歌短评 2. 背诵《书愤》	巩固学习内容，迁移课堂习得的方法，通过作业设计帮助学生进行充分内化与吸收

【课堂实录】

师：刚才我们展示了几位同学所写的短评，请同学们想一想诗歌短评可以从哪些角度来写，几则短评中你最喜欢哪一则，说一说理由。

生1：我认为诗歌短评可以从诗歌的内容分析、主旨分析、手法分析等角度去写，在这几则短评中我最喜欢《我读陆游之"愤"》这一篇。因为这一篇短评的写作者结合陆游的生平经历还有本诗的创作背景，对"愤"的内涵进行了详细的分析，读出了陆游在诗歌中抒发的壮志难酬的郁愤、报国无门的激愤、年华空老的愁愤、无人赏识的悲愤。他既关注到了诗歌的内容又关注到了诗人的经历，这启示我知人论世的方法在阅读诗歌的时候是非常重要的。

师：非常好，这则短评是从诗歌的情感分析角度来谈的，你发现了写作者的亮点是充分结合陆游的生平来理解诗歌内容，这也是我们在阅读诗歌时常提到的知人论世的方法。还有哪位同学想来谈一谈看法？

生2：我比较喜欢《为何是诸葛亮》这则短评。这则短评从本诗的尾联"出师一表真名世，千载谁堪伯仲间"的用典角度切入，探讨了陆游为什么在这首诗使用诸葛亮的典故。这个问题我之前也思考过。

师：你是怎么想的？

生2：我一开始想的是，《出师表》和诸葛亮的事迹是古往今来都很为人称道的，诸葛亮"鞠躬尽瘁，死而后已"的表白也历来为人称道，这与陆游"位卑未敢忘忧国""夜阑卧听风吹雨，铁马冰河入梦来"的忠贞爱国之情相吻合，所以陆游使用了诸葛亮的典故。

师：读了短评之后，你有了哪些新的看法？

生2：读了短评之后，我发现《出师表》是诸葛亮即将北伐前给君主上的一篇表文，在原文中有"今南方已定，兵甲已足，当奖率三军，北定中原，庶竭驽钝，攘除奸凶，兴复汉室，还于旧都。此臣所以报先帝而忠陛下之职分也"的表述，其中"北定中原"这样的话题对于陆游来说是非常敏感的；诸葛亮得到赏识重用，能够出师北伐，而陆游一生最渴望的就是北定中原。他曾多次在诗中表达对北伐的渴望，比如"遗民泪尽胡尘里，南望王师又一年""王师北定中原日，家祭无忘告乃翁"，所以他内心应当是对诸葛亮非常羡慕和敬佩的。诸葛亮对他来说就像是精神上的指明灯，诸葛亮能够在战场浴血奋战，而他只能在山阴老家暗自神伤。陆游把自己和诸葛亮进行了对比，更凸显出自己无人赏识、朝廷不作为的悲痛。

师：老师也很喜欢这则短评，它的切入口很小，探究很深入。这启示我们在写诗歌短评时要善于发现小的切入点，从小处着眼，往更深处探索。诸葛亮与陆游之间有相似又有不同，陆游选用诸葛亮之典应该是寄意遥深的。我们不妨再进一步思考，古往今来使用诸葛亮相关典故的诗词非常多，不同作者使用时用意是否有不同？请大家来说一说。

生3：我记得杜甫写诗也很喜欢用诸葛亮的典故，比如《蜀相》，"丞相祠堂何处寻，锦官城外柏森森。映阶碧草自春色，隔叶黄鹂空好音。三顾频烦天下计，两朝开济老臣心。出师未捷身先死，长使英雄泪满襟"。我觉得《蜀相》所抒发的感情与《书愤》不同，杜甫在诗中更多表达的是对诸葛亮出师未捷而身先死的遗憾与惋惜，而陆游表达的是对诸葛亮的羡慕与敬佩。

师：你说得很完整，同学们要注意，在阅读诗歌时要关注作者的用典，不仅要清楚作者用了什么典故,还要分析作者为什么要用这个典故,探寻作者情感与所用典故的联系,也可以对用典进行专题研究。还有谁来谈一谈?

生4:老师,我想毛遂自荐一下,我写的这篇短评《多面陆游》,是从陆游诗的主题多元性角度来写的。我是这样考虑的,《书愤》这首诗写得雄壮豪阔,很让人振奋,陆游这一主题的作品很多,如《十一月四日风雨大作》《关山月》《诉衷情》等,但我还读过陆游其他风格的诗词,如写乡村风光和闲适生活的《临安春雨初霁》《游山西村》,写婚姻爱情的《钗头凤》《沈园》。相比他的爱国诗,我感觉这些诗更能打动我,因此我从意象手法等角度进行了对比分析,希望大家能了解一个多面的陆游。

师:非常感谢你的分享,你为我们找到了一个新的视角,在短评中也可以写作者的创作风格和主题,更全面地了解作者的创作。陆游存诗有9000多首,虽然大部分诗歌与爱国主题相关,但也有很多其他主题的诗歌,这些诗歌写得非常精美,感兴趣的同学可以在课外进行研读。说到陆游爱国主题的诗歌,《书愤》的内容大家已经比较了解了,请大家看一看《秋夜将晓出篱门迎凉有感二首(其二)》《关山月》这两首诗在主题上与《书愤》有什么不同。

生5:我认为《秋夜将晓出篱门迎凉有感二首(其二)》主要从北方遗民渴望回归的角度表达诗人渴望收复中原的志向,表达了对遗民的同情、对政府软弱不作为的批判。《关山月》全诗分三个层次,分别选取同一月夜下三种人物的不同境遇和态度,一边是豪门贵宅中的文武官员,莺歌燕舞,不思复国;一边是戍边将士,百无聊赖,报国无门;一边是中原遗民,忍辱含垢,泪眼模糊,盼望统一。这三个场景构成了三幅对比鲜明的图画,痛斥了南宋朝廷文恬武嬉、不恤国难的态度,表现了爱国将士报国无门的苦闷以及中原百姓渴望回归的愿望,体现了诗人忧国忧民、渴望统一的爱国情怀。与这两首诗相比,《书愤》还多了一些诗人对自己身世的悲叹,诗人的壮志未酬和年华空老等在前面两首诗中并没有涉及。

师:你说得非常具体、准确,评论家也认为《书愤》是陆游自抒报国壮志和忧国深思最有代表性的作品。我们在阅读时不要泛化阅读,同一诗人即使在同一主题的创作中也会有很多细微的差别。刚才,同学们对短评的点评都很到位。通过本课的学习,我们听夙愿难酬之愤,悟赤胆忠贞之情,诗人的深深悲愤将我们的爱国热情点燃了。陆游在临死之际写下了绝笔诗《示儿》,而他的子孙也没有辜负他的期望,陆游玄孙陆天骐在宋元最后一战崖山战役中拼死血战,宁死不降,最后跳海壮烈殉国,曾孙陆传义在崖山战役失败后,绝食而亡。面对国破山河碎,陆游的其他子孙选择隐居山林,不做元朝的任何官职。由此看来,这是家书,也是家训。陆游一生践行他的爱国主张,这也启示我们爱国是人世间最深沉、最长久的情感。我们要学习古代优秀作品,学习其中蕴含的爱国主义精神。让我们在优秀作品中感受传统文化,从中汲取力量,砥砺前行。

【教学反思】

语文课程是一门学习祖国语言文字运用的综合性、实践性课程，工具性和人文性的统一是语文课程的基本特点。在语文教学中，语言文字的教学是最基础、最重要的一环，但语文课程最终指向的是"立德树人"的教育总目标。因此，在学科教学时，教师要充分发挥学科德育的作用，将语言建构与运用、思维发展与提升、审美鉴赏与创造、文化传承与理解四大学科核心素养的培育与坚定文化自信、弘扬社会主义核心价值观、树立积极向上的人生理想等结合在一起，最终达到"语文的德育"和"德育的语文"水乳交融的目的。本次教学主要从四个层面展开。

一是深入了解作者，知人论世。阅读古代诗歌的方法中，知人论世是非常重要的一种方法。因此，教师在教学中要适时为学生提供一定的资源，帮助学生深入了解作者的生平经历。同时，诗人的创作也不是千篇一律的，诗人的社会身份决定着他创作中的多元性，教师在介绍诗人时可以适时打破学生对于诗人的刻板印象，引导学生深入、全面地了解诗人，为以后的阅读打下良好的基础。如这节课上，学生在了解诗人的同时被他身上的赤胆忠心所感动，德育的目的在潜移默化中达成了。

二是关注形式与内容的融合，形神兼顾。在进行文学文本教学时，教师要思路清晰，在教学中做到重点突出。无论是什么样的文本，最终都要解决三大问题，即作者写了什么、作者是如何写的、作者为何这样写。这三个问题指向文本内容、文本形式、创作意图三个维度，教学设计要紧紧扣住这三个维度展开。在本课中，学生通过创作文学短评来回答这三个问题，教师在指导学生写短评时引导学生对这三个问题进行深入研讨，通过问题链的设计引导学生的探究逐步走向深入。优秀的文学文本一定是形式与内容高度融合的，作者采用的创作方法与其表达的情感和主题是相契合的。学生在分析内容时必然会关注手法，教师可以通过相似文本的比较等方式帮助学生发现文本的独特艺术价值。

三是巧妙创设情境，任务驱动。在本课中，教师有意识地创设了学习情境，让学生在具体情境中自主探究学习。《普通高中语文课程标准》（2017 年版 2020 年修订）中提出语文教学要"以具体情境为载体，真实、富有意义的语文实践活动情境是学生语文学科核心素养形成、发展和表现的载体"。本课的教学情境设计为"参与陆游纪念馆爱国主题宣传活动"，在这个情境中，教师根据教学环节设计不同的学习任务，让学生参与到活动中，充分发挥自身的主观能动性。完成任务时，学生会主动调用已有的学习经验，搜寻自己需要的学习资源，最终形成文字等成果。整个学习过程中，学生始终是主体，教师在其中发挥引导帮助的作用。值得反思的是，教师在设计情境任务时要注意任务与文本的关系，不能设计与文本距离过远的任务，同时任务要围绕语文的阅读与鉴赏、表达与交流、梳理与探究活动，不能游离于语文学科之外，失去了学科的主体性。教师还要关注学科德育的作用，设计学科与德育融合任务，让学生在完成学习任务时自然而然获得品德滋养与塑造。比如本课的最后一个活动是让学生写一写对陆游男儿本色的看法，学生在撰写的时候会进一步提炼陆游的爱国主义精神并注意联系自己的生活，这一过程中既有学科能力的发展又有道德品质的提升。

四是注重比较阅读，触类旁通。高中语文的学习对学生提出了更高的要求，新课标学业质量中指出，"能够比较概括多个文本的信息，发现其内容、观点、情感、材料组织与使用等方面的异同，尝试提出需要深入探究的问题"。根据学业质量的要求，教师在教学时要注意比较阅读的活动设计，让学生在比较中掌握理解文本独特性的方法，进一步建立联系的思维方式，在学习中融会贯通，最终做到举一反三，触类旁通。

【专家点评】

学科德育是我们在教学中一直强调的理念，每门学科都具有一定的德育价值，语文学科的德育价值更是不言而喻。从学科性质来看，语文课程是一门学习祖国语言文字运用的综合性、实践性课程。工具性和人文性的统一是语文课程的基本特点。语言文字形成文本，文本蕴含着丰富的文化价值，文化指向了对世界观、人生观、价值观的影响，因此，语文学科在德育层面具有不可替代的作用。语文德育的实质是通过语言文字的学习达到德育的目的，所以万万不可脱离语文学科基础空谈德育。语文德育分为两方面。一是内容育人，就是用语文学习的内容进行品德教育。教材中精选的文本是古今中外的优秀文学作品，这些作品富含文学价值和文化价值，学生在阅读鉴赏这类作品时会潜移默化地被作品的主题和价值观影响，从而塑造自己的道德品质。二是过程德育，这发生在教师教学和学生学习的过程中，教师是文本、作者与学生之间的桥梁，帮助学生更好地读懂作品，理解作者的内心世界，帮助学生与文本、作者产生共鸣。这个过程中，教师加以指引，用问题引导学生思考，用资料帮助学生理解，用评点促进学生提高，让学生一步步走近作品和作家，形成自己的方法和路径。

薛老师这节课通过情境设计，问题引导设计一步步带领学生走近诗人，走进诗歌。在这个过程中，教师不是简单直白地告知学生答案，而是引导学生在情境中寻找方法解决问题，在学生有困难和疑问时提供适时的指导。教学过程克制而高效，内容详尽且思路清晰。具体而言，薛老师在以下几方面的做法是值得肯定的。

一是巧设情境。在教学中，薛老师巧妙创设了"参与陆游纪念馆主题宣传活动"的学习情境，引导学生完成三个学习任务。设计诗人介绍展板、写《书愤》诗歌短评、参与"我看陆游的男儿本色"的留言这三个任务环环相扣，指向教学过程中的"知人论世—文本解读—爱国精神的现代意义"，从诗人到文本再到文化，一步步将学科德育推向深处。"创设综合性的学习情境，开展自主、合作、探究学习"是《普通高中语文课程标准》（2017年版2020年修订）对教师教学提出的建议。课程标准指出，"应关注学生学习方式的转变，做好学生语文学习活动的设计、引导和组织，注重学习的效果"。薛老师设计的情境符合生活实际又贴合文本，彰显了学科特色，同时贴近学生的兴趣点，能够激发学生参与的兴趣，也符合高中生想要彰显个性、渴望独立的心理特点。学生在学习活动中对诗人、诗歌有了充分的理解，也能够对家国责任有更深的体悟。

二是对比阅读。高中语文学习建立在义务教育语文学习的基础上，对于学生的语文素养提出了更高的要求。课程标准指出，"学生需要在自主的语言实践活动中，积累言语经验，把握祖国语言文字的特点和运用规律，加深对祖国语言文字的理解与热爱，培养运用祖国语言文字的能力，同时发展思辨能力，提升思维品质，培育社会主义核心价值观，培养高尚的审美趣味，积累丰厚的文化底蕴，理解文化多样性"。由此看来，学生的学习内容要相应地增加和扩充，教师要引导学生在对比阅读中确立文本的独特价值，在群文阅读里寻找相似与不同。薛老师在教学过程中两次使用了对比阅读。其一，在诸葛亮的典故处，通过其他诗歌中诸葛亮典故的使用与本诗对比，使学生明确了陆游用典的目的。其二，将陆游其他爱国主题的诗歌与本诗进行比较，改变学生贴标签式的思维方式，帮助学生进一步思考同一主题下作者不同的写作角度带来的艺术效果。这种比较与联系的思维能够帮助学生拓宽思维层次，拓展阅读宽度。

三是充分表达。语文课是表达与交流的时空场域，在课堂中学生是学习的主体，教师在学生学习过程中充当着引导者、倾听者、帮助者的角色，教师在教学设计中应充分激发学生表达与交流的欲望，提供一定的支架帮助学生更有条理地进行表达输出。整节课中，薛老师通过情境任务设计、子活动设计、问题链设计等形式，推进学生的思维一步步走向深化，并引导学生通过讨论、展示、回答问题、书写文本等方式进行充分的表达。在学生的表达中既有理性的梳理又有感性的输出，薛老师通过精心的教学设计为学生提供了表达的空间，激发了学生的表达欲望，使德育目标在学生主动学习的过程中达成。

本节课通过《书愤》这一经典作品的教学，将德育目标潜移默化地渗透在教学环节中，学生在学习过程中从走近诗人到走入文本再到走向文化，在语文知识与能力等方面都得到了滋养和提升。学生在感受古诗词语言魅力的同时也感受着诗人的人格魅力，加深了对传统文化的认同感以及对国家的自豪感，这对学生的全面发展和终身发展都是有利的。

（上海市嘉定区教育学院　沈国全）

以天下为己任，承士人之担当
——《谏太宗十思疏》课堂教学实录

上海市松江区教育学院　童明辉

教学视频 |《谏太宗十思疏》

【文本德育解读】

　　本单元文章从不同角度展现了古代优秀士人面对国家和社会的问题时，以史为鉴，积极思考而发出的理性的声音。倾听这些理性的声音，可以激发学生勇担责任、坚守道义的精神，培养学生关注现实、深入思考的意识，也可以让学生从中学习解决现实问题的思维方式。学生只有结合对作者的认识和对特定时代的了解，才能体会作者所抒发的感受、所传达的认识的独特性，也才能真正认识作品的文学价值和思想意义。

　　本单元的第一组课文围绕国家治理，选取了魏征的《谏太宗十思疏》和王安石的《答司马谏议书》。魏征和王安石均为名臣，一位以直言敢谏知名，一位以锐意革新著称，堪称古代士人的楷模。在他们身上，我们能够感受到中华民族世代传承的胸怀家国天下、勇于担当责任的文化精神和优良品格。封建社会的政治中，君臣关系是最重要的关系，因而在古代的政治观念中，最注重君道和臣道。《谏太宗十思疏》讲的是君道，《答司马谏议书》论的则是臣道。前者是诤臣对贤君的劝谏，后者则是名臣之间的辩难交锋。本课的德育教学价值主要体现在两方面。

一、文本的劝谏艺术

　　在魏征的《谏太宗十思疏》里，讽谏的艺术非常有特色。魏征的讽谏艺术体现在两方面。一是体现在写作的构思上。这篇奏疏在结构上可以分为三个部分。在第一个部分里，作者运用形象的比喻和哲理式的说明，引出劝谏的意图——君主必须"居安思危，戒奢以俭"。在第二个部分里，作者结合具体史实，在正反论证的基础上，引出对唐太宗的告诫——"载舟覆舟所宜"，从而指出潜在的危险。在第三个部分里，作者顺理成章地提及自己的"十思"。明确劝谏的目的，才能使唐太宗认真地阅读魏征的奏疏，从而知晓自己所作所为中潜在的危险，进而听从魏征的告诫；听从魏征的告诫，才能使唐太宗仔细地分析奏章中所提到的"十思"。对这样的构思还可以进行更为简练的概括，即"人君当思—人君为何要思—人君思什么"，魏征环环相扣，使自己的劝谏体现出艺术性。二是体现在骈散结合的语言艺术上。从语言的层面来看，骈文的语言华丽，散文的语言自然流畅。两种不同语言的有机结合，既能彰显奏疏的庄严，读起来也朗朗上口。

本设计紧紧围绕理性的声音展开，引导学生通过个性化朗读（选读、问读、诵读）、情境式诵读、配图诵读等多种方式的诵读，深度理解文章内涵。学生通过诵读理解了中华经典文化的内涵及现实意义后，便能更好地拓宽文化视野，增强文化自信，亲近中华经典，弘扬中华文化中"责任担当"的人文精神。

二、良臣的民本思想

魏征在历史上以不做忠臣做良臣著称，他坚持民本和法制思想，一心为国为民。他得到了从君主到众多百姓的支持和鼓励。

唐太宗问魏征，历史上的人君，为什么有的人明智，有的人昏庸，魏征指出"兼听则明，偏听则暗"，劝谏唐太宗在治理天下的时候要多听取别人的意见，不要被手下人的言谈所蒙蔽，唯有上通下达，才能在国家的治理中做到圣明之道。这一事件充分展现出魏征直率的性格和心济天下的胸怀。魏征能体会下层民众的难处和不易，在受到君主重用的时候，他千方百计地为民众考虑。他制定的一系列的惠民政策，得到了百姓的大力支持。百姓就好比是水，能载舟亦能覆舟，正是这种对百姓的一腔热情和满怀体恤，让魏征赢得了百姓的支持。魏征是一个耿直的人。对句式的选择能反映一个人的个性，如使用反问句，会给人咄咄逼人的感觉；使用整句，会给人以气势宏大的感觉，并让人有不容置疑之感。句式决定语气，语气能够体现个性。教师在教学中要帮助学生理解中国古代文人"为天地立心，为生民请命，为往圣继绝学，为万世开太平"的济世情怀。

【教学设计】

《谏太宗十思疏》教学设计见表1。

表1 《谏太宗十思疏》教学设计

教学目标	1. 积累汉语言知识，品味奏疏语言骈散结合、整齐错落、设喻排比的特点 2. 通过朗读感受作品体现的古代文人的责任担当，把握作品的主要观点，理解其现实合理性

（续表）

教学重难点	1. 学习重点：了解奏疏语言形式的特点，感受作者忧国忧民的情怀，能通过朗读、交流表达自己的感悟 2. 学习难点：体会汉语言的魅力，鉴赏说理艺术，学会在辩证分析与合理推论的基础上进行理性判断				
课时安排	1课时				
教学过程	教学环节	活动过程		设计意图	
	创设情境 自主学习	一、做最美朗读者，倾听理性声音 每个学生选择本单元中的一篇文章或一段文字配音朗读，在小组里展示。学生自主设计朗诵评价表，在班级里开展"最美朗读者"诵读争霸赛 活动一 1. 借助《古代汉语常用字典》，通读本单元的四篇文章和课下注释，疏通文义，用卡片积累的方式将重要的实词、文言现象、文化常识等积累下来。在阅读中圈画难点、疑点，以旁批的形式写下自己对作品的理解、感悟、困惑 2. 在自读的基础上，从本单元中挑选一篇文章或一段文字配音朗读，为课堂的交流做好准备（这一学习活动可在课前完成） 活动二 学生根据自己对作品的旁批，在小组内交流自己的理解、感悟、困惑。认真聆听小组内其他同学的交流，做好记录（记录在下面的表格内）；并根据同学朗读、交流的内容写下自己的感悟。在完成各自的交流任务之后，在小组内展开讨论，提炼出与所交流内容有关的"责任与担当"，梳理出有共性的阅读困惑 <div align="center">小组讨论记录表</div>		本单元所选的文言文采用比喻、排比和对比等表现手法，说理透彻，音韵铿锵，气势充沛，是很好的诵读范本，朗读的过程本身就是理解、鉴赏的过程。当然，文言文的学习离不开积累。文言并重，是文言文学习之道。学生借助个体在阅读经验、感受力和思考角度上的差异，可以拓展阅读思路、丰富阅读感受	

所交流的作品或片段	同学的感悟	我的感悟	责任与担当	我们的困惑

（续表）

教学环节	活动过程	设计意图
	活动三 学生利用图书馆或网络查找相关资料，了解本单元作品的文体知识和写作背景，做好笔记。相关资料包括：（1）疏、书、赋、论的文体知识资料；（2）作者的相关资料，如作者的生平等；（3）有关作品的时代背景资料 （这一学习活动可在课后完成）	

| 教学过程 | 聚焦观点
把握思路 | 二、梳理论证思路，学会理性表达
活动一
阅读《谏太宗十思疏》，请学生在疏通文义的基础上，梳理文章脉络，绘制思维导图，厘清文章论证思路和论证方法

《谏太宗十思疏》以"思"为线索，以"固本思源"这一生动形象的比喻为起点，按照"应当思—为何思—怎样思"的思路，围绕"思国之安者，必积其德义"的主旨，规劝唐太宗"居安思危，戒奢以俭"，在政治、用人、生活上提出建议 | 在理解关键概念后，通过文本的深入阅读与语境的具体辨析，明确作者的立场观点与情感态度。要想明确作者的观点，首先要知晓作者观点背后的意图。可以引导学生分析文章的来源和写作结构，帮助学生理解作者的写作意图，分析相关思想内容在当下社会的意义 |

（续表）

教学环节		活动过程			设计意图

活动二
从言说背景、言说对象、言说形式的选择等角度谈一谈作者为什么采用这样的写作思路，并从交际目的达成的角度分析其效果

教学过程	理解言说思路与任务情境要素的逻辑关联		一级指标	二级指标	具体描述	评定等级	借助学习单和小组合作，引导学生阅读文本，完成相关任务，进一步理解和感受文本
			任务情境要素	写作语境 写作身份 写作对象 写作目的 交流话题	任务成果详细地分析了《谏太宗十思疏》的写作思路，对于语境这一要素利用得较为充分，但是对于核心话题"为什么采用这样的写作思路"说明不够充分，只是从写作对象角度稍有提及，文章的写作也未考虑发言的情境，较为生硬	多点结构	
			过程能力要素	1. 过程知识的迁移 2. 思维知识的迁移 3. 写作策略的运用	任务成果采用并列方式展开，体现了学生具有一定的逻辑思维与行文策略迁移能力，使读者能清晰理解文章的写作思路，产生了一定的效果	关联结构	
			语篇结果要素	文体规范 语言运用 基本概念 写作原理	任务成果聚焦写作思路的梳理，但并未明确说明，中心基本明确。分段基本正确，层次基本清楚，无明显过渡，但是行文基本贯通，材料支撑具体但不丰富，分析过程完备但不够深入。语句通顺，用词准确，能正确使用语言技巧，无错别字与标点错误，但发言稿文体不规范，字数未达到要求	—	

（续表）

	教学环节	活动过程	设计意图
教学过程		明确劝谏的目的，才能使唐太宗认真地阅读魏征的奏疏，从而知晓自己所作所为中潜在的危险，进而听从魏征的告诫；听从魏征的告诫，才能使唐太宗仔细地分析奏章中所提到的"十思"。对这样的构思还可以进行更为简练的概括，即"人君当思—人君为何要思—人君思什么"，从而使其环环相扣，体现出劝谏的艺术性	
	明确主题回顾经历	1. 梳理内容，交流奏疏的主题 2. 回顾经历，凸显德育价值	总结方法，触类旁通，关注学习经历，凸显祖国语言和古典文化的魅力，激励学生主动去探索和追求
	布置作业学以致用	1. 国家兴盛之际，居安思危，大胆谏言，防微杜渐；国事艰难之际，多方运筹，寻求济世安民之道。写一篇短论表达对《谏太宗十思疏》批判性的思考 2. 面向全班学生，写一份"新时代青年人的可为与有为"演讲比赛活动倡议书，呼吁学生分小组分享自己的观点	辩证地看待作者的观点，分析不同文本的说理角度和论证方式，推敲论述过程中理由与论据的关联，思考它们是如何服务主旨的。善于提出问题，不懈质疑。反省自身的问题，对异见保持宽容的态度

【课堂实录】

师：有人说，这篇文章"非魏公不敢为此言，非太宗亦不敢纳而用之。千古君臣，令人神往"。如果你是唐太宗，看完这一奏疏后，感想如何呢？你会对哪些语言有感触？请朗读然后分析。

生1：我关注到了"居安思危，戒奢以俭"。作者用这两个成语具体阐释上文的"积其德义"，同时统领下文。

生2："不念居安思危，戒奢以俭"直截了当，情感指向明确，体现了魏征直言劝谏的语体风格。

师：请大家带上衬字完整读一遍句子。（学生齐读）谁来说一说自己的阅读感受？

生3："不念居安思危，戒奢以俭"中，"不念"二字要重读，读完要稍微停顿一下，再把"居安思危，戒奢以俭"作为一个整体读出来，要读得低沉而有力，把魏征"批龙鳞""逆圣听"的果敢态度读出来。

师：你说得很好。"戒奢以俭"中的"以"字作何解释？

生4：从对仗的角度来看，它应该作为动词"行""做"来讲。孔子说"视其所以，观其所由，察其所安。人焉廋哉！人焉廋哉"，其中的"以"字与这里的"以"字应该是一个意思。

师：不错。请大家一起读一下这组句子。（教师出示"见可欲则思知足以自戒……罚所及则思无因怒而滥刑"，学生朗读）谁来分析一下？

生5：前八句属于"3+7"类型，后两句则属于"3+8"类型。

师：你读得很仔细。我们试着把后两句修改成"3+7"类型，分别删掉"谬"字和"滥"字，请大家读一下删减后的句子。（学生读"恩所加则思无因喜以赏，罚所及则思无因怒而刑"）你们有何感想？

生6：删减后的句子与前八句的样式一样，但我感觉好像少了一点儿什么。

师：少了什么？

生6：魏征提出这最后"二思"，目的是旗帜鲜明地反对唐太宗"谬赏"与"滥刑"；若删掉"谬"字和"滥"字，规劝的意味就淡了，劝谏的力度就小了。

师：看来不能删掉"谬"字和"滥"字。前面一连用了8个"3+7"类型的句子，形成了较强的冲击语势，后面变为"3+8"类型的句子，形成对上文的挽结，使得这"十思"语句既有冲击力，又有语言形体稳固的态势，显示了魏征的精心构思。

生7：我们读的时候要重读"谬"字和"滥"字，读出魏征大胆劝谏的无畏精神。

师：好。请大家酝酿好情感，齐读后两句。

（学生读"恩所加则思无因喜以谬赏，罚所及则思无因怒而滥刑"）

……

生8："惧满溢则思江海下百川"中用了一个比喻，用"江海下百川"这个比喻委婉劝谏唐太宗要有江海容纳众水的度量。

师：这个句子后面的"7"和其他句子中的"7"好像有所不同。

生8：其他句子中的"7"用了"则思……以（而）……"句式，而这个句子后面的"7"没有用这种句式。

师：谁能把这个句子改造成一样的句式？

生9：惧满溢则思虚怀以自警。

师：好，你把"惧满溢则思江海下百川"改造成"惧满溢则思虚怀以自警"，请再来读一下"十思"的句段,感受一下。

生9:我感觉"虚怀"和下文的"则思虚心以纳下"有重合,"自警"和上文的"自戒""自牧"有重合,不如用"则思江海下百川",原句气象宏大,用在君王身上,很是恰当。

生10:我感受到魏征精忠为国的拳拳之心。他提出了十大问题和十大纠正措施。

生11:我感受到魏征劝谏的非凡胆识。

生12:我感受到魏征明察秋毫的敏锐。唐太宗已不是原来的唐太宗了,魏征察觉到君王有走向骄奢淫逸的迹象。

生13:我感受到魏征直言劝谏的精准性,此时已是"贞观之治"后期,唐太宗放松了对自我的要求,开始大兴土木,到处搜刮珍奇,多次巡游狩猎,听不进净臣的劝谏,忘了以民为本和隋炀帝败亡的教训,这"十思"可谓字字戮心。

【教学反思】

一、唤醒语言经验,体验具体情境

本文是魏征于贞观十一年时写给唐太宗的奏章。唐太宗登基之初,励精图治,政策比较正确,国内出现了百姓富足、社会安定、国力渐强的场景。《谏太宗十思疏》属于"因声求气"板块。这个板块的学习,必须以读为重点,以读为主线,以读为主要手段。"书读百遍,其义自见",这是古人总结的读书方法,也是我们学习文言文的基本方法。在课堂中,我引导学生反复诵读,让学生自己体会课文中文言句式的特点,读出气韵,读出这篇文章骈散结合的语言魅力和魏征忠心耿耿、犯颜直谏的精神品质。本文句句坦诚,字字惊心,是对唐太宗的忠诚告诫,既体现了魏征对这些问题的深思熟虑,也表现了这位杰出谏臣的胆识和智谋。学生在诵读时,整体上能体现出魏征据理力争、不怕触怒皇帝的直谏品格。全段以整句为主,间以散句。读整句时节奏要有所变化。散句的穿插,增强了全段的语势、节奏、变化。

二、构建问题链,披文入情

《谏太宗十思疏》中所提的十条建议感情真挚、言辞恳切、内容中肯,文章本身具有严密的逻辑性。我引导学生细读文本,质疑问难,构建问题链,探索解读语言的思考路径,探究语言中蕴含的作者的观点。我尝试让学生以小组合作的方式探寻文章的思路。奏疏一开始就借助生动的比喻,用类比推理的方式正面提出全文的中心论点"臣闻求木之长者,必固其根本;欲流之远者,必浚其泉源;思国之安者,必积其德义"。"求""欲""思"是三个同义词,都有"向往"的意思。"求木之长""欲流之远""思国之安"都是人们强烈的愿望，而要实现这些愿望，就必须有所行动。就这一点而言，三者是共通的，同属一类。而"求木之长者，必固其根本；欲流之远者，必浚其泉源"，这是人人皆知的道理，由此推断出"思国之安者，必积其德义"，就显得顺理成章，令人信服。接着，奏疏进一步从反面类推"源不深而望流之远，根不固而求木之长，德不厚而思国之理，臣虽下愚，知其不可，而况于明哲乎"。这一反向类推，绝不是对前一个类推的简单重复，而是内容的递进与深化。在教学的过程中，教师应引导学生分解问题，进行具体的思考，培养学生的问题意识，激发学生的好奇心和探究欲。

三、创设语言实践，习文悟理

本单元以"倾听理性的声音"为核心，要求学生梳理、比较、辨析、发现、概括本单元各文本内容观点、现实针对性、说理形式等方面的异同，探究古代士人身上胸怀家国天下、勇于担当责任的文化精神和优良品格，同时要求学生运用批判性阅读理解与批判的元素对相关文本内容及形式提出质疑反驳或补充解释，找出相关证据材料支持自己的观点并加以阐释，进行思辨表达。我引导学生积极讨论《谏太宗十思疏》中的观点。本文起笔由一般进入具体，层层递进，环环相扣。一个是心系国安、谦逊纳谏的明君，一个是犯颜正谏、勇于担当的良臣；君臣肝胆相照，谱写了封建社会罕见的纳谏佳话，也高扬了治国理政的古典理性精神。其中，"载舟覆舟"所喻民心向背之于国家安危的千钧之重，尤其发人深省。然而，文章设喻过多，虽鲜活贴切，却也有损说理力度。所谓"承天景命"之说固然虚妄，而天下安治基于"积德义"之论也似高估道德之重，与"经济基础决定论"相悖。在教学过程中，我引导学生存疑。对于学生在语言实践中提出的问题，教师不必一一解决，应让学生带着问题走出课堂，指导学生带着问题走进课外阅读、投身社会实践，思考人生、认识社会，培养学生的文化眼光和理性精神。

【专家点评】

从《谏太宗十思疏》中，我们可以听到一代名臣魏征有感于守成之难的铮铮劝谏之声，"有善始者实繁，能克终者盖寡"，为国理政既要善始又应善终，掌握治国权力的人需要克制自己的欲望，有忧患的意识，要"居安思危，戒奢以俭"……这些声音高扬了治国理政的古典理性精神。

童老师的这节课，以朗读为抓手，让学生明白学习文言文要因声求气，在此基础上仔细理会，方能融会贯通。因声求气，不是一味死读、硬读，不是变换花样的"秀"读，不是脱离文本体例的一般通读，而是通过有目的的诵读，来引领学生实现文体辨析，并依据文体特点开展各有侧重意图的精读与品读，这样才能引领学生走向文本的情感深处。童老师的课有两方面的特点值得关注。

一是理性表达。整节课以任务为主导，推动学生自主学习思考，通过小组讨论、同桌交流、师生探讨等形式鼓励学生表达，使学生在表达中一步步加深认识，走近作者。表达具有主体性，在表达过程中，学生对自己的感受、思考进行了充分的内化和优化。本单元的文学作品从不同角度展现了古代士人面对国家和社会的问题时，以史为鉴，积极思考而发出的理性的声音。每一篇作品的创作背景各异，说理方法各具独特性。学生需要回到文本中真实的历史现场，体味古代士人面对现实问题时体现出的智慧和品质，在通读本单元作品的基础上，进一步梳理作者的观点、写作背景、写作意图、说理方法等，感悟古代士人胸怀天下、勇于担当的文化精神和优良品格，交流、分享自己的心得体会，与作者产生心灵共振。

二是读写融合。为了使学生的学习经历更加完整丰富，本课设计了预习单、课堂操作单和作业单，这不仅着眼于语文学习的有效性，也凸显了德育的过程性。学生的认识和体悟要通过文字记录、书写下来，才能真正转化为自己的观点和看法。这样的安排使德育评价有了痕迹和抓手，相关成果更加容易固化。理性的声音需要理性的表达，为了传递出理性的声音，体现出理性的思维方式，教师需要组织情境任务下的真实的语言实践活动，充分发挥学生的主体性，来最大化地提升学生理性表达的思辨写作素养。写作任务中讨论观点、撰写演讲稿、形成评价量表、评选最佳演讲稿、反思修改等环节充分体现教师对学生学习经历的关注，凸显了学生学习的主体性。

童老师这节课借助《谏太宗十思疏》这样的经典作品，将德育价值无痕渗透进每个教学环节中，达成了德智共融、潜滋暗长的目的，进一步强化了学生的文化自信、语言自信，也引导学生关注作者的观点主张在特定时代的现实意义以及跨越时代的经典意义。

（上海市闵行区教育学院　王林）

融德于情表忠志，以情唤德显孝心
——《陈情表》课堂教学实录

上海市川沙中学　郭仁超　上海市七宝中学　张硕

教学视频 | 《陈情表》

【文本德育解读】

《陈情表》亦名《陈情事表》，出自《华阳国志·后贤志》，是西晋文学家李密上奏给晋武帝的表文。司马氏集团通过阴谋和屠杀建立了西晋政权，为了巩固统治，提出以"孝"治理天下。李密至孝，与祖母相依为命，写此奏章，陈述自己不能奉诏的原因，提出终养祖母的要求。文中所写，皆是真情实意。为了唤起晋武帝的怜悯心，作者不是直陈其事，而是凄切婉转地表明心意，围绕着"情""孝"二字反复陈述。《陈情表》感情浓郁深厚、凄恻婉转、真切自然，读后令人无比同情。同时，文章简洁流畅，语言生动形象，适切地表现了复杂矛盾的思想感情，富有感染力。此外，句法间用骈散，用词错落多变。因此，这篇既有感人的情义，又有论辩色彩的作品，不仅在当时使晋武帝折服，而且在后世广为传诵，被誉为中国古代以至诚感人的抒情散文的典范。具体来说，《陈情表》的德育教学价值主要体现在三方面。

一、严密的说理逻辑

《陈情表》全篇抓住一个"孝"字做文章。曹氏篡汉、司马氏篡魏，最高统治者的如此作为影响了社会风气，忠君思想在人们的头脑中淡薄了，而孝亲思想在社会上仍有广泛的影响和基础。鉴于这种情况，新建的西晋王朝想利用"孝"来号召天下，笼络人心。李密正是抓住晋武帝"以孝治天下"，把"孝"作为全文立论的重要依据，一个"孝"字贯穿全篇，它好像纵横交错的网线，将全文"织"得既细致精密，又十分自然。

事父为孝，事君为忠。李密供养祖母是孝，但不听从君主的诏令，不出来做官，就是不忠。作者对这个问题的解决十分巧妙，从年龄上来说，李密"尽节于陛下之日长，报养刘之日短"，况且鸟类尚有反哺之情，水到渠成地提出了先尽孝后尽忠的要求。另外，李密曾为旧朝大臣，现在屡召不应，难免让晋朝统治者产生怀疑。是贪恋旧朝，要"忠臣不事二君"的坚贞操守，还是对"圣朝"有所疑虑，无论哪种想法得到证实，都可能给李密带来杀身之祸。李密通过对比来析理，旧朝时，"本图宦达，不矜名节"，新朝时，"过蒙拔擢，宠命优渥"。对比中，表明了李密的立场，流露了李密的感恩之心，更消除了晋朝统治者心中的郁结。

二、动人的语言表达

一是质朴恳切的言辞。从整体风格来看，本文的语言简洁流畅，叙事婉转亲切，描绘生动形象，情感真切动人。刘勰曾指出，表这种文体"恳恻者辞为心使，浮侈者情为文使"。《陈情表》的语言属于质朴恳切一类，不堆砌辞藻，不刻意修饰，不滥用典故，说实话，抒真情，自然感人至深。林云铭曾指出，《陈情表》"不事雕饰，唯见天真烂漫"。这篇文章的高明之处，就在于以意为先，词不害意，雕而不饰，大巧若拙。

二是骈散结合的形式。《陈情表》的语言特点是骈散结合，以散句为主，间以骈句但不过度使用，可谓善作散行然不废骈语。在骈句的使用上，本文很有讲究。有时在简洁紧凑的散句叙事之后，以骈句描绘具体情境，强化表达效果；有时则用骈句直接抒情说理。总体而言，作者善于利用整齐对偶的骈句来表达重要的内容，以吸引晋朝统治者的注意，起到感动和说服的效果。如"日薄西山，气息奄奄，人命危浅，朝不虑夕"把祖母危在旦夕、自己不忍废离的深情表达得淋漓尽致。德育教学，就是要在"情"上做足功夫，让学生在联系李密自身不幸的基础上，体会文章的语言特点，真正有所感悟。

三、真诚感人的"孝情"

本文中，情与理是交融的，二者也是不可分割的。无理有情，整篇文章就会像一个满怀悲痛者的哭诉；有理无情，整篇文章就会像站在低处者无声的呐喊，有理却无力。要知道，寓情于理是这篇文章重要的写作特点，但到最后，要尝试回过头来审视情与理。李密对祖母"孝情"的真诚是辞召被同意最为关键的一点，如果说前面的"理"是"有招"的，那么真诚的"孝情"则是"无招"的，"无招"胜"有招"，我们必须要看到这一点。当抛却了臣子和皇帝的身份后，两个活生生的"人"互相感动、共情，这种力量是巨大的。李密对祖母的孝心是真诚的，孝行是实际的。李密的孝不是大办寿宴，也不是死后大办丧事，不是争面子，也不是喊口号，而是很真实、很具体，正是他的真诚打动了晋武帝。对养育过自己的亲人，能够知恩图报，不惜冒死辞召，晋武帝能够同意，我想也是对李密人格的肯定。因此，发自内心的"孝情"是李密人格的体现，是德育教学的重要抓手。

"孝"字在《辞海》中的解释为"古代的道德规范。儒家指养亲、尊亲"。儒家谈及修身，就是要提高自己的品德修养，而"养亲、尊亲"则是基本的品德修养。因此，真诚体会"孝"也是修身的体现，这对学生来说无疑是具有价值的。另外，我们要看到"孝"在当代社会同样具有价值，儒家思想传统讲求"修身，齐家，治国，平天下"，对"孝"的真诚体会是修身的第一步，学生可以由此出发，参与建设和谐、美好的社会。

【教学设计】

《陈情表》教学设计见表1。

表 1 《陈情表》教学设计

教学目标	1. 理解本文中"情"的多重内涵 2. 在反复诵读中体悟作者以情动人的陈情艺术，体会作者寓情于理、理中含情的写作特色 3. 理解"孝"这一传统美德，继承和发扬优良的孝风传统		
教学重难点	1. 教学重点：剖析"情"的含义，在反复诵读中体会作者字里行间蕴含的真切情感 2. 教学难点：体会作者寓情于理、理中含情的写作特色		
课时安排	2 课时		
教学过程	教学环节	活动过程	设计意图
	标题导入 整体把握	1. 表是古代臣下呈给帝王的一种文书。本文中，陈情的对象是谁 2. 粗读课文，分析李密向晋武帝陈了什么情，"情"的内涵可能有哪些	通过释题解题，让学生了解"表"的特点，并借助略读的方法，初步感知文章的主体内容
	初读文本 感性认知	1. 初步朗读文本，关注句式，把握朗读节奏 2. 说一说朗读感受，体会文章语言形式特点，并尝试分析采用这样的语言形式，对于"情"的表达有什么好处	1. 朗读文本，在诵读中关注文章语言形式特点 2. 引导学生思考文章语言形式与情感之间的关系
	细读文本 明晰意图	1. 提供背景资料，引导学生思考李密不愿出仕是否仅仅出于对祖母"孝"的考量 2. 联系并梳理古代士人辞官的理由，明确李密突出"孝情"在向晋武帝辞官中的意图	基于时代背景客观分析李密表"悲情"的意图，并理解晋武帝同意李密辞官的政治考量

（续表）

	教学环节	活动过程	设计意图
教学过程	再读文本体会情感	1. 再读"悲情"段落，分析"读《陈情表》不下泪者，其人必不孝"这句话背后的情感逻辑 2. 晋武帝是否仅仅出于政治的考量而同意李密辞官呢	通过再次朗读，感受李密情感之真，晋武帝虽是皇帝，但也是具体的人，从共情的角度出发，体会"孝"作为人的生命本能所具有的巨大力量
	联系现实明确意义	1. 联系历代统治者尊崇儒家"孝悌"背后的政治考量，思考裹挟了李密辞官意图的"孝"是否会降低"孝"的纯粹 2. 思考当代中学生应该如何正确认识"孝"，体会"孝"在构建和谐的自我以及和谐的社会中的巨大作用	理解"孝"作为一种纯粹的本能情感在构建和谐自我（修身）中的重要作用，并能理解从"孝"出发，构建和谐（大同）社会的逻辑
	作业设计	儒家强调"修身，齐家，治国，平天下"，尝试写一篇小论文，明确"修身"到"平天下"整个过程的逻辑关系	本作业设计是课堂的延伸与深化，旨在引导学生思考"孝情"对个人、社会、国家的重大意义

【课堂实录】

师：通过前面两节课的学习，同学们已经掌握了《陈情表》的文章内容和相关的文言知识，今天这节课，我们继续围绕《陈情表》进行探讨。表是古代臣下呈给帝王的一种文书。本文陈情恳切，言辞婉转，情理兼备，诚挚感人。请同学们想一想作者是如何表达出来这种情感的。我们先看本文的标题。有几个问题需要同学们结合标题和前面上课的内容来思考，请大家先讨论一下。

（教师出示问题，学生讨论）

师：好，这几个问题比较简单，我们先找几位同学起来回答，如果他们需要帮助的话，其他同学可以援助。本文中，陈情的对象是谁？

生 1：晋武帝。

师：谁向晋武帝陈情？

生 2：李密。

师：很好。请大家粗读课文并思考"李密向晋武帝陈了哪些情"，可以分别用两个字来概括。

（学生默读课文，小组讨论）

师：我们请第一组的代表来说一下。

生3：我们小组认为李密陈的主要是"悲情"。

师：你们小组为什么这么认为？

生3：第一段中已经交代得比较清楚了。"臣以险衅，夙遭闵凶……未曾废离"让我们感觉李密有点惨。

师：你们是怎么感受到李密的"惨"的？

生3：第一段中几乎将李密所有的不幸都呈现出来了，他很小的时候父亲去世，母亲改嫁，只能与祖母相依为命，长大后他也是比较孤单的。

师：你关注到了第一段的内容，"臣以险衅，夙遭闵凶"，这八个字落笔酸楚，奠定了文章悲凉的感情基调。我们可以想象一下"当作者回忆身世，写下这段文字的时候，他内心涌动着的是怎样的辛酸悲凄之情"。

生4：极度悲痛。

师：是的，李密好像在说，"我真的太不幸了"。针对如此"悲情"的内容，李密是通过怎样的语言形式表达出来的？请大家大声朗读第一段，感受一下它的语言特点，注意朗读的节奏。（学生齐读）谁来说一说？

生5：第一段中有很多整齐的句式，以四字句为主。

师：你可以举例说明吗？整齐的句式有何表达效果？

生5：比如，"臣少多疾病，九岁不行，零丁孤苦，至于成立。既无伯叔，终鲜兄弟，门衰祚薄，晚有儿息"，从中可以看出李密少时有疾病，长大后孤苦，很晚才有子嗣。整齐的句式可以增强情感的表达力度，这几句话营造出了一种悲苦的氛围。

师：很好，整齐的句式可以增强情感的表达力度。这些句式与李密的不幸遭遇相结合，产生了感人至深的效果。本段的语言还有什么特点？

生6：语言比较浅显，比如，"生孩六月，慈父见背；行年四岁，舅夺母志""臣少多疾病，九岁不行，零丁孤苦，至于成立"，这些句子中都没有使用典故或者华丽的辞藻。

师：这种浅显的语言体现出李密内在情感的质朴恳切。李密与皇帝坦诚相待，言辞中不堆砌辞藻，不刻意修饰，不滥用典故，说实话，抒真情，自然感人至深。与大批徒具文采、缺少实质内容的表文相比，林云铭说《陈情表》"不事雕饰，唯见天真烂漫"是有道理的。我们请第二组的代表来分享。

生7：我们小组讨论下来，认为李密在这篇文章中除了陈"悲情"，还表达了"忠情"和"难情"，"难情"就是为难之情。

师：你们是怎么看出来的呢？

生7：从"伏惟圣朝以孝治天下，凡在故老，犹蒙矜育，况臣孤苦，特为尤甚。且臣少仕伪朝，历职郎署，本图宦达，不矜名节。今臣亡国贱俘，至微至陋，过蒙拔擢，宠命优渥,岂敢盘桓,有所希冀"中可以看出来,李密还是很想给晋武帝做官的。但是自己的祖母"日薄西山,气息奄奄,人命危浅,朝不虑夕",所以他处于尽忠与尽孝的矛盾之中,感到无奈和为难。

师:那么,他最终还是选择了——

生7:尽孝。

师:请大家设身处地地想一想,晋武帝让李密尽忠,李密处于两难的境地,你选择尽孝就能尽孝了?

生8:李密在这一段开头就说"圣朝以孝治天下",这是给晋武帝戴了一顶高帽子,这样,他侍奉自己的祖母就有了理论依据,使得终养祖母既合情又合理。

师:你看到了这一段中理的部分,所以,《陈情表》中不仅写了李密与祖母"更相为命"的情感,还写了晋武帝"以孝治天下"的治国之理。这一段中还有哪些内容能打消皇帝的疑虑?

(学生沉默)

师:"且臣少仕伪朝,历职郎署,本图宦达,不矜名节"这句话可以从文中删掉吗?李密这不是在贬低自己的名节吗?

生9:这可能与当时的背景有关。

师:你分析得很有道理。我们一起来了解一下晋朝建国的历史,以及晋武帝提出"以孝治天下"的意图。

(呈现相关资料)

魏元帝景元四年(263年),司马昭灭蜀汉。咸熙二年(265年),司马昭之子司马炎逼曹奂禅位,当了皇帝,定国号晋,改元泰始。泰始三年(267年),晋武帝采取怀柔政策,征召蜀汉旧臣李密为太子洗马,请他出来做官。此举一来是当时政局未稳,东吴尚据江左,为了减少灭吴的阻力,晋武帝笼络西蜀贤达,以显示新朝的宽容和仁慈。二来是司马氏集团取代曹魏是通过一系列阴谋权术实现的,先以武力,后以禅让,提出忠君没有社会基础,便推出"以孝治天下"的纲领。李密当时以孝闻名于世,顺应了统治者孝治的策略,才屡被征召。

生10:老师,面对通过这种方式夺得皇位的晋武帝,李密是不想去做官的吧?

师:其实,李密有他自己的考量,我们来看一看当时的局势分析。

(呈现相关资料)

李密原是蜀汉后主刘禅的郎官,蜀汉灭亡后失去了仕途,便在家供养祖母刘氏。晋朝刚刚建立,李密对晋武帝还不甚了解,出于历史上的教训,盲目在新朝做官祸福难料,他不可能没有后顾之忧。作为亡国之臣,李密深恐晋武帝怀疑自己怀念旧朝以矜名节,招致大逆不道的罪名,引来杀身之祸。于是,李密以祖母年老多病无人奉养,辞不赴命,并饱含血泪地向晋武帝呈上了这篇《陈情表》。

生11:李密和皇帝都有自己的意图,这就像是在政治博弈!我有一种被欺骗的感觉。

师:你为什么感觉被欺骗了?

生11:我之前朗读这篇表的时候,更多感受的是其中蕴含的情感,这样分析下来,这种情感夹杂了政治考量和个人的意图,变得不纯粹了。

师:裹挟了李密辞官意图的"孝"是否会降低"孝"的纯粹?大家可以小组讨论。

生12:这要看情感是不是虚假的,我们认为,要看李密对祖母的情感是否为真。如果情感是真的,那么这种纯粹是不会被改变的。

生13:我们认为"会",就像裹挟了权力、金钱的爱情,让人很难分辨出它是否纯粹。

师:同学们表达了两种观点。我们先看课件,这是我修改后的文本,如果李密将这个文本呈上去,他能否说服晋武帝?请大家读一读。

(呈现相关资料)

逮奉圣朝,沐浴清化。前太守臣逵察臣孝廉,后刺史臣荣举臣秀才。臣以供养无主,辞不赴命。诏书特下,拜臣郎中,寻蒙国恩,除臣洗马。猥以微贱,当侍东宫,非臣陨首所能上报。臣具以表闻,辞不就职。诏书切峻,责臣逋慢;郡县逼迫,催臣上道;州司临门,急于星火。臣欲奉诏奔驰,则刘病日笃;欲苟顺私情,则告诉不许:臣之进退,实为狼狈。

伏惟圣朝以孝治天下,凡在故老,犹蒙矜育,况臣孤苦,特为尤甚。且臣少仕伪朝,历职郎署,本图宦达,不矜名节。今臣亡国贱俘,至微至陋,过蒙拔擢,宠命优渥,岂敢盘桓,有所希冀。

臣密今年四十有四,祖母今年九十有六,是臣尽节于陛下之日长,报养刘之日短也。乌鸟私情,愿乞终养。臣之辛苦,非独蜀之人士及二州牧伯所见明知,皇天后土实所共鉴。愿陛下矜悯愚诚,听臣微志,庶刘侥幸,保卒余年。臣生当陨首,死当结草。臣不胜犬马怖惧之情,谨拜表以闻。

生14:我觉得修改后的文本中少了很多"情"的表达,似乎更像是在找借口。

师:你发现修改后的文本中少了很多"情"的表达。少了"情"的《陈情表》,让人读起来觉得这些"理"就像是一个个借口,干瘪,生硬。这是因为"情"在文中的作用不是哭诉,更像是朗诵时的配乐,没有配乐的诗朗诵当然会显得生硬。寓情于理、情理交融是这篇文章重要的写作特色。

生15:我们认为,李密如果对祖母没有真挚的情感,是很难打动晋武帝的。

师:你发现了"孝情"的力量。有人认为,"读《陈情表》不下泪者,其人必不孝"。我们要看到,晋武帝虽是皇帝,但他首先也是一个人,面对如此动情的文本,也会"下泪"。我们甚至可以说，没有真诚的"孝情"，李密辞召一定会失败的。晋武帝看到了李密对其祖母的情义深重，更看到了李密善良、懂得感恩的人格魅力。"孝"也体现了一个人的人格。

生16：如果从这个角度去思考，"孝"对于当今社会来说也很有意义，是关乎人格的。

师：你发现了"孝"的现实意义。《辞海》中对"孝"字的解释是"养亲、尊亲"，如果能够这样，你便成了一个更好的人。那么，你也会真诚对待他人，尊敬他人，与他人为善。这对于社会来说，是有巨大的作用的。我们经常说"百善孝为先"，"孝"体现了一个人的基本素养，将这种情感推己及人，也是构建"孝老爱亲"和谐社会的重要一环。

【教学反思】

《普通高中语文课程标准》（2017年版2020年修订）中指出，"普通高中语文课程，必须以习近平新时代中国特色社会主义思想为指导，树立立德树人，弘扬民族精神"。从中可以看出，语文学科与德育密不可分。本教学活动旨在培育学生语文学科核心素养的基础上落实德育目标，实现语文教学的德育化渗透。因此，教学活动主要从以下几方面展开。

一是集中探讨陈情话题，明晰陈情内容。本课的教学是绕不开"情"字的，"情"包括悲情、忠情、难情。因此，教师要让学生整体把握文章，对三种情感有初步的感知。但悲情相较忠情、难情，侧重点不同，前者侧重于情感表露，后者侧重于内容呈现。分析悲情时，还应考虑到文章的语言特点对"悲情"的表达是有促进作用的。忠情与难情则要侧重从"理"的角度去理解，比如，李密提及自己"少仕伪朝，历职郎署，本图宦达，不矜名节"，目的就是要打消晋武帝的疑虑，表明自己愿意做官，只是"祖母今年九十有六，是臣尽节于陛下之日长，报养刘之日短也"，再加上之前"圣朝以孝治天下"的高帽子，这个"理"是具有说服力的。

二是采用多种方式体会情感，感受"情"之悲切。"悲情"一词能给人情感洪流的冲击感，我抓住"悲情"设计教学，引导学生体会文章传递的情辞恳切、婉转凄恻的感情。"悲情"之"悲"首先体现在内容上，李密少时父死母嫁，孤苦多病，而现在祖母年迈，卧床不起，这些不幸的遭遇极易引起共情。其次，"悲"的情感表达还体现在语言特点上，文章以四言为主，强化了抒情氛围，并且语言质朴，不重雕琢，更能体现其"情"之恳切。明"悲情"是教学内容与目标；感知"狼狈"之状，体察凄苦之情，是教学路径与过程。的确，这个感性的话题在教学中发挥了主问题的作用，牵引、辐射教学的效果是明显的。学生感受到了密布在字里行间的感情浓云，继而挖掘李密为辞召而陈情的言说艺术。

三是理解"孝"的现实意义,凸显德育引导。忠孝是中华民族的传统美德。重提忠孝,有其现实意义。"孝"不是虚假做作,而是真实的情感表达。李密能够辞召,归根结底是因为"孝情"动人的力量。因此,在最后,我将《陈情表》中有关"情"的表达删去,让学生判断"晋武帝会不会接受李密辞召的决定",很多学生表示不会。他们认识到,晋武帝不仅仅是出于政治考量,而是真正被李密的祖孙情打动。情与理的结合,使得这篇千古传诵的表文具有了独特性。同时,"孝"也是人格的体现,"孝"是感恩与回报,秉持"孝"的理念,学生才会与人为善,才会团结互助,成为有温度的人,这也是构建和谐社会的重要目标。历朝历代强调"孝悌"这种最为淳朴的情感,也是看到了"修身"与"治国""平天下"之间的逻辑关联,关于这一点,我们也要让学生有所思考,有所领悟。

【专家点评】

高中语文课程标准中,对于语文学科有立德树人的目标要求,但教师要时刻警惕,不能抛弃语文的特质,仅求德育目标。教师要把握好"这一篇""这一类"文章的特点,并结合这样的特点,采用合适的教学形式,达成教学目标。

《陈情表》核心在于"情",对于其"情"的体会是教学的重点。但教师要注意把握"情"与"理"之间的关系,两者是相辅相成、缺一不可的,缺少了"理"的逻辑,"情"的表达可能会成为滥情的哭诉;如果没有"情"的感人至深的效果,"理"也会变得干瘪,毫无生气。这堂课紧紧抓住"情"与"理",让学生真真切切地感受到李密的悲情、忠情、难情。通过学习,学生真正理解了"情"与"理"交融产生的强大说服力。

一是以情感人,营造情感教学氛围。一堂以"情"为教学重点的课,如果都是理性的思考反而会显得不伦不类。这堂课中,情感教学氛围的营造较为成功,教师利用亲情之共情,让学生去想象、感受李密写下"臣以险衅,夙遭闵凶"时的心酸悲凄。同时,能够让学生多次朗诵课文,感受文章的节奏,品读文章的语言,从文章的语言特点出发,发现文章多用四字骈句,读起来具有较强的节奏感,有利于情感氛围的营造。另外,语言也较为浅显,没有华丽的辞藻,这是李密言辞质朴恳切的体现。骈句的形式、质朴恳切的言辞,配合"夙遭闵凶"悲情的内容,能够让学生真切地体会到李密与祖母之间相依为命的感情。

二是披情入理,建立理性思维过程。情中含理,既有感人至深的情感力量,又有缜密的逻辑力量。这堂课中,教师关注到的"理"有三:(1)"母、孙二人,更相为命",而如今祖母老迈,需要侍奉汤药,不可废离,并能给晋武帝戴上"以孝治天下"这顶高帽子,自然辞召也就顺理成章;(2)李密提及自己"少仕伪朝,历职郎署,本图宦达,不矜名节",表明自己愿意做官,此次辞召并不是为了保全自己忠于一朝的名节;(3)尽忠与尽孝的两难处境，但是"祖母今年九十有六，是臣尽节于陛下之日长，报养刘之日短也"，解决的办法是先尽孝后尽忠，这又是合理的。细看下来，教师能够将这几层"理"娓娓道来，让学生理解《陈情表》"情"背后具有缜密的说理逻辑。

三是以情体德，联结"孝"与"情"。祖母对李密恩情越厚，李密对祖母孝情就越浓，这种浓厚的情感是德育的开始。德育不是说理，德育应是润物细无声的。润物要无声，就要通过"情"来体现。这堂课中，教师让学生感受到晋武帝被说服，李密的"孝情"是重要推动力。教师让学生认识到"孝"是一个人的人格体现，"孝"的内核是感恩，是知恩图报。同时，"孝"是可以生发的，具有感恩美好品质的人，也会与人为善，共同营造团结互助的社会风气，这深层的内核是"修身，齐家，治国，平天下"的儒家思想，这样的思考是有深度的。教师从"孝"出发，探索"孝情"在当今社会中的重要价值，不仅看到其对于个人的价值，实现德育探索，还能看到其对社会、国家的重要作用，无疑对我们是有启发的。

本节课抓住了这篇课文的特质，将情感体会过程与德育过程相结合，营造情感教学氛围，建立可行性支架。在整个过程中，学生既能够关注语言形式，体会作者的情感表达，又能够梳理清楚文章的说理逻辑，真正达成了学习目标。

（上海市闵行区教育学院　王林）

感浩然之气，萌仁义之德，担时代之任
——《人皆有不忍人之心》课堂教学实录

上海市七宝中学　周琦

教学视频｜《人皆有不忍人之心》

【文本德育解读】

　　孟子的文章有着鲜明而浓厚的德育因素，在语文课堂上，德育目标需要通过语文的方式来达成。初中教材里收录了孟子的部分文章，学生对孟子的文章和思想有一定的了解，包括其"儒家学者"的身份、"舍生取义"的信念、"民贵君轻"的主张等。但初中教材没有给学生提供梳理、探究孟子学说的契机，这一方面是因为初中生的学识素养还很难支持他们去开展比较精深的探究，另一方面是因为中考对课内文言的考查重心在基础，学生的认知比较碎片化，以识记类为多。因此，在高中阶段让学生完成对孟子论辩语言的品读和对儒家学术思想的辨析，感受其刚正浩然之气，传承儒家仁义德行，担当起时代重任，是高中语文教师必须承担的德育任务。

　　《人皆有不忍人之心》出自《孟子·公孙丑章句上》第六章。他所提出的"人皆有不忍人之心"的观点产生了巨大的影响，在这一观点基础上提出的"仁义礼智"，成为中国古代哲学中"性善论"的理论基础和支柱。本文的德育教学价值主要体现在四方面。

一、传承中又富有突破性的立论
　　《人皆有不忍人之心》这篇文章的理解难度不大，学生基本能够读懂，但读懂不代表能够理解接受。教师只有立足儒家思想传承与发展的进程，更加全面、深刻、辩证地阐释这篇文章所蕴含的思想，学生才能真正明白孟子思想的伟大之处，德育才不会是空洞的说教，而是学术性的延展。

　　"孔曰成仁，孟曰取义"，在儒家传统中，孔孟总是形影相随。作为儒家的代表人物，"至圣"孔子和"亚圣"孟子的思想、学说联系紧密，相辅相成，因而常被合称为"孔孟之道"。"孔孟之道"是儒家思想文化的精华，对中国悠久的历史文化产生了深远的影响。从某种意义上说，"孔孟之道"是学生了解中国传统文化的重要窗口。

孔子思想中的"仁"是一种较高的道德准则，或者说是一种理想人格。在《论语》中，"仁"出现了100多次，这说明"仁"在孔子思想中的地位极高。

孟子认为"仁义礼智"都是人性之固有，这些道德价值先天地植根于人心之中。人的道德行动都是由"四心"（或者说是"四端"）等先天的道德情感所驱动的，因此，他理直气壮地把那些没有恻隐、羞恶、是非之心的人视作"非人"，也理直气壮地强调"以不忍人之心行不忍人之政，治天下可运之掌上"。他带给了所有人这样一个信息：人皆可为尧舜。也就是说，尧舜之道并不如想象中的那么复杂，只要坚持去扩充仁义礼智"四端"，那么每个人都可以成为圣贤。显然，孟子的这一思想打破了孔子对于圣人的神秘化和崇高化，即所谓"圣人，与我同类者"。这可以视为孟子对孔子圣人观的巨大超越，它也在很大程度上促进了儒学的开拓和创新。

在学习中，学生提取观点的意识不弱，但是对观点的认识存在不足，毕竟"四端""四心"都是比较抽象的概念，学生的思维容易停留在文章字面意思的解读上。教师可以引导学生对孔孟思想中关于"仁"的观点进行比较。这些观点并不难找，初中阶段教材中的内容，高中整本书阅读《乡土中国》里费孝通先生提到的内容，都可以作为素材。让学生在熟悉的材料中比较归纳，更容易使学生的思维从感性转向理性，不仅有助于提升学生的认知水平，也有助于增强学生对儒家文化的亲近感与归属感。

二、严谨而不失侧重的论证结构

本文的论证过程非常严谨。文章的观点是"人皆有不忍人之心"，"不忍人"是指"怜爱别人"，孟子通过这一情境构想来显示人皆有恻隐之心。他首先提出"人皆有不忍人之心"，这既是文章的观点，又是他论述的前提。接着，他用演绎推理，推导出"先王有不忍人之心"，进一步以之为条件，推导出一旦"以不忍人之心行不忍人之政，治天下可运之掌上"。整个推导干脆利落，省却了所有人本体以外的情况，只论"心"。

孟子进而以"孺子入井"的事例，证明了"不忍人之心"是人所固有的，是人的本能反应。接着，他从反面论述没有"四心"的就不是人，并用比喻论证的手法，深入浅出地阐述"四端"是每个人与生俱来的，富有成长性。因此，否认自己有"四端"的，就是在伤害自己；否认君王有"四端"的，就是在伤害君王。然后，孟子用火由开始燃烧到成为熊熊大火，泉水由开始流出到汇集成江河，来比喻把"仁义礼智"的发端扩大充实开来的气象。最后，他以一组正反对比"苟能充之，足以保四海；苟不充之，不足以事父母"论证保有"四端"的意义，"保四海"既呼应了开头"治天下可运之掌上"，也体现了孟子"仁政"的政治理想。

但学生在学习本文的时候，也很容易指出孟子的论述不够严谨：恻隐与不忍人的含义比较相近，以生活现象为例也是有一定的说服力的，但文中对"人皆有羞恶、辞让、是非之心"并未提供类似的经验情境或逻辑论证，直接推导出来依据不足。

对于学生在阅读中产生的问题，教师如果不能给予充分尊重和合理解答，学生就会对整篇文章乃至孟子整个思想体系产生怀疑，动摇德育的基石。教师要引起足够重视并尽可能提供解读路径。让学生探究答案的过程本身就是推动学生理性思维进阶的过程，这也是一次很好的德育契机，如果学生能够找寻到依据，也就意味着学生解开了孟子的心灵密码。

我们可以从孟子的思想理论中找寻依据。孟子继承和发展了孔子的儒家思想。儒家思想的精髓是"仁"，孔子有"性相近也，习相远也"的论述。孟子继承与发扬了孔子的学说，提出"水信无分于东西，无分于上下乎？人性之善也，犹水之就下也。人无有不善，水无有不下"。孟子认为，"人性向善"是自然而然的，就像水往低处流一样，人本身都具有求善的能力。

我们可以从孟子思想的研究者的观点里获得启发。朱熹说："羞恶、恭敬、是非之心，皆自仁中出。"这就是朱子秉持的孟子"仁包四德"说。根据他的观点，我们可以这样理解：就情感的产生而言，恻隐是羞恶的必要条件。就主次关系而言，恻隐为主，羞恶等为次，恻隐贯通后三者。孟子的作品几乎都在论述"仁义礼智"，因而在这篇文章里，即使后三者只是一带而过，甚至"礼""智"可以说是完全没有涉及，也并不影响他的论述。

我们可以从词义本身来推断。羞恶是指对自身与他人的不善感到羞耻、憎恶。人之所以会有所"感"，根本原因还是人自身有着恻隐的因子。或因恻隐而反思悔过，或因恻隐而挺身制恶，恻隐之下的羞愧反思与憎恶反抗才是儒家对待恶，以及所有道德负面现象的完整态度。这样的逻辑推导也适用于"辞让"和"是非"。

孟子的论述可以用"顺势而为"来形容，在他看来，读者可以直接从恻隐之心推导出羞恶、辞让、是非之心；证明了恻隐之心，也就同时阐明了羞恶之心等。可见，孟子的论述，在逻辑上并不是断层，因为他本就不是平均用力，而是重在"仁"，这与儒家思想是一致的。

教师在教学中要注意，学生产生问题是值得鼓励的，即使是圣贤之人，文章、思想亦有可推敲、讨论之处。学生在"发问质疑—查找资料—找到依据—交流释疑"的过程中，或许探寻的角度和解释并不完全一致，但这都能够帮助他们读懂孟子观点背后的核心逻辑，进而让他们接受孟子的主张。

三、理性中充满激情的语言张力

孟子善辩，他的论辩逻辑严密，层次井然，文字中充满着理性的光芒。与此同时，他雄辞善辩和气势磅礴的风格在诸子百家中又是独树一帜的。本文虽短小精悍，但同样饱含孟子高超的论辩技巧和高尚的情怀。

孟子用生活中的例子让读者感同身受。如他用"孺子入井"的事例来证明"不忍人之心"是人所固有的，更容易引起读者的共情，也为下文引出"四端"及仁政做了铺垫。他将"四端"喻为四体，又将"四端"的发展喻为水流汇聚与火苗燃烧。这些生活化的现象，让读者鲜明感受到"四端"与自己同在，"四端"发展为"四德"，该有多壮美，富有视觉效果和感染人的力量。孟子进行比喻论证的语言，既鲜明生动，又言简意赅，看似信手拈来，却是轻快灵巧，浅近贴切。

与此同时，孟子的语言又体现出犀利善辩、独具特色的词锋。他多用排比增强语势，表达出强烈的感情。如"非所以内交于孺子之父母也，非所以要誉于乡党朋友也，非恶其声而然也"中，孟子用一连串的否定，强调了这么做不是为了"利"，而是因为内心有"不忍人之心"。整齐的语言下是细致的思考，孟子的文章以细密的整句形式展开严密的逻辑推断，富有感染力和韵律美。

孟子的文章中，短句运用也很普遍。如"由是观之，无恻隐之心，非人也……无是非之心，非人也"，用紧凑的短句表达出来明确的判断，更有了锋芒毕露的力量感和毋庸置疑的感染力，大大增强了文章的说服力。因而有人说"大抵孟文以闳肆胜"，孟子的语言有如长江大河，浪头一个接着一个，造成浑浩流转、滔滔不绝的壮观，给人以畅快淋漓之感，"若决江河，沛然莫之能御也"。

书读百遍，其义自见。教师在教学中要引导学生以多种朗读形式精读、细读文章，比较语句间轻重缓急的转换，感受多样的句式承载的不同情感，体会作者蕴含在文字中的饱满而炽热的论辩的激情。

四、世衰道微下的大义情怀

孔子生于春秋末期。周朝的封建制度已不能维持，但是还没有完全败坏。即使有战争，也是贵族式的。战争本身，还不足以造成社会的全面性动荡。孔子对当时的情形还没有完全失望。所以他提倡"克己复礼"，认为过去的社会秩序仍可恢复。

孟子处于战国中期。战国七雄进行了长期的大厮杀。他在书中指出："世衰道微，邪说暴行有作，臣弑其君者有之，子弑其父者有之……"这些都是历史的真实写照。

另外，战国中期，各国新兴封建势力先后进行变法，游士阶层崛起，众说横生，辩论成风。《史记·孟子荀卿列传》虽是儒家代表人物孟子和荀卿的合传，实际上记载了荀孟生活时期出现的战国阴阳、道、法、名、墨各家的代表人物十二人。纵横之世"尚利"而非"尚德"。难怪孟子感慨"圣王不作……杨朱墨翟之言盈天下，天下之言，不归杨即归墨"。

因此，孟子的文章会带有一种斗争性，他叹息着说"予岂好辩哉？予不得已也"，后又坚定地说"我亦欲正人心，息邪说，距诐行，放淫辞，以承三圣者"。这是孟子说理的内驱力，他不停地与人辩论，每每让对手"顾左右而言他"，支持他获胜的不仅仅是巧妙的譬喻，更在于他有着必须说理成功的意识。他焦虑，忧心。他在论述中之所以撤除了外界一切不可控的因子，用斩钉截铁、毋庸置疑的语言尽力地呼喊，是希望唤醒君王乃至每个人内心的恻隐与仁善，是希望重振儒家之学。他的声声呼喊里，包含着充塞于天地的浩然正气与仁政爱民的社会责任感。

知人论世，方能以意逆志。相较初中生，高中生有着更强的信息检索、整理、推断能力，也有着更强的探索问题、解决问题的欲望，教师只需要指明查找的方向，学生的完成度还是很有保障的。在教学中，教师可以引导学生查找孟子的生平资料与时代背景。在对当时政治、经济、文化等领域的状况有初步了解后，学生才能真正懂得孟子学说是充满着大义情怀的，他论述时气势磅礴的语言形式与其坚定有力的观点是适配的，他论述时循循善诱的语态与其内心经世济民之心是适配的。其德其气，因时代而孕育，因文字而彰显。

【教学设计】

《人皆有不忍人之心》教学设计见表1。

表1 《人皆有不忍人之心》教学设计

教学目标	1. 了解孟子的时代背景与其思想学说的关系 2. 梳理文脉，把握文章的论证过程和语言特色 3. 比较孔孟思想，理解孟子"仁义"的核心 4. 认识孟子思想对当今社会的价值
教学重难点	1. 教学重点：梳理文脉，把握文章的论证过程和语言特色；比较孔孟思想，理解孟子"仁义"的核心 2. 教学难点：比较孔孟思想，理解孟子"仁义"的核心
课时安排	1课时

（续表）

	教学环节	活动过程	设计意图
教学过程	回顾孟子其人，出示课堂任务	1. 回顾学过的孟子的文章，让学生结合所学课文谈一谈对孟子的认识 2. 出示核心任务，明确学习方向 核心任务：品读文章，探究孟子文章中的气韵	通过对所学篇目的回忆，唤起学生对孟子的熟悉感，激发学生的学习兴趣。以曹丕的"文以气为主"穿针引线，帮助学生聚焦"文气"与"人气"的核心任务
	理清文章脉络，感受论辩之道	1. 朗读课文，疏通文字 2. 学生交流思维导图，把握文章脉络 3. 结合苏洵对孟子文章的评价，小组讨论本文的论证手法及语言特点 4. 教师总结概括孟子的论辩之道	1. 语言是思想与情感的载体。感知文章中的气韵，离不开对文章内容的把握。本文阅读难度不高，课后注解也比较全面，通读全文和制作思维导图足以让学生了解文章内容和把握文章脉络。课堂直接交流，能帮助学生了解他人的思考路径，优化自我阅读方法，培养学生的自主学习能力 2. 以古人对孟子的评价引导学生有深度、系统地赏析课文的论证手法及语言特点，让学生用自我的具体感知验证他人的解读理论，形成"理论—实践—理论"的认知循环，提升学生的阅读水平 3. 教师总结，紧扣"气韵"，将散点状的学生分析拢到一起，直接点明学生赏析的薄弱点，以教师的点拨强化学生的学习能力
	明确核心逻辑，辨析孔孟之仁	1. 解决预习时学生提出的问题，明确孟子论述中的核心逻辑是"仁包'四端'" 2. 结合学过的《论语》《乡土中国》等内容，分析孔子学说中"仁"的内涵 3. 进一步辨析孟子对"仁"的思想的传承与发展 4. 交流总结"性善论"与本文思想的关联	借助学习单和小组合作，教师引导学生解决预习中提出的问题，帮助学生树立问题意识，增强预习的效用，明确孟子论述中的核心逻辑是"仁包'四端'"。结合《论语》《乡土中国》，进一步调动学生对孔子之"仁"的知识积累，让学生在比较辨析中更清晰、精准地理解儒家之道的传承与发展，加深学生对孟子"性善论"的认识

（续表）

	教学环节	活动过程	设计意图
教学过程	培养浩气之道，探寻浩气之源	1. 扩展阅读《我善养吾浩然之气》，畅谈如何"扩充'四端'" 2. 以意逆志，理解作者文风与时代背景的关系，感知作者文章气韵里的仁者情怀	通过迁移阅读《我善养吾浩然之气》，深入理解孟子"扩充'四端'"的主张和方法。还原孟子生活的时代背景，真切体会孟子文章富有力量感和斗争性的根本动因。引导学生学会以意逆志，将孟子的文章气韵与当时的社会状况紧密联系起来，从而对《人皆有不忍人之心》的文章气韵有更深刻的认识
	评价现实意义，明确德育主题	1. 结合张立文教授的话，探讨孟子思想在当代的意义 2. 教师对学生提出"当仁不让""义不容辞"的要求，凸显本课的德育价值	联系现实，立足当下，关注孟子思想对当今社会的意义。对学生明确提出德育要求，激励学生主动去探索和发现，也留给学生无尽的思考与回味
	布置作业学以致用	请写一篇关于孟子的读书心得，向学校文学社投稿（字数要求：500字左右）	创设写作情境，引导学生进一步思考圣贤经典与时代精神之间的关联，将课堂生成的感悟落笔为文，提高学生运用祖国语言文字的素养和传承文化经典的意识

【课堂实录】

师：在预习的时候，就有同学提出，孟子的论证逻辑不够严谨。你们觉得孟子的论证在哪里有缺漏呢？

生1：他只举了恻隐之心的例子，没有举羞恶之心、辞让之心、是非之心的例子。

师：我们可以来讨论一下"为什么孟子只提到了恻隐之心，后面并没有说到羞恶之心、辞让之心、是非之心，他的论证是不是有漏洞"。（学生讨论）我们来看朱熹的这段话，或许他能帮助我们理解孟子的逻辑。谁来说一说？

生2：恻隐之心是指哀痛、怜悯别人的不幸。孟子主张"仁者爱人"，这里其实就是在论证人应该要有"仁"的品质。朱熹说"……皆自仁中出"，所以，只要把它根源的逻辑给论证了，其他的会随之出来，不用再说。

师：非常好，谢谢。在朱熹看来，"仁"是"蒂子"（也就是那个"头"）。我们再看一看"羞恶之心"的注解——

生3：以自己的不善为羞耻。

师：什么为"恶"？

生4：憎恶他人的不善。

师："羞恶"就是以自身与他人的不善为羞，然后去憎恶他。一个人为什么会有这种"羞恶之心"呢？

生5：人很善良。

师：对，因为人的内心是仁善的，当看到那些不好的行为时，人会觉得这种行为不对。而正因为这种行为不对，可能接下去人便会施以援手，拍案而起，去更正自己的错误行为，此之为"义"。"仁"是一个抽象的概念，具体显现为"礼"。而"义"意味着人知道什么是对的、什么是不对的，也就是"是非之心"，或者说是"智"。因此，一"仁"确实能包"四德"。人心中有"仁"，必定会有义、有礼、有智。这是朱熹给我们的一个启示，也是孟子在文中没有去展开后面三者的一个重要原因。因为明白了"仁"的价值，明白了"恻隐之心"的价值，就足够了。因此，不是孟子的论述有漏洞，而是他本来就没有平均用力，而是把重心放在"仁"上，放在"恻隐之心"上。说到"仁"，第一个提出"仁"的人是孔子。孔子说的"仁"和孟子说的"仁"有什么差别？

生6：孔子说的"仁"是克己复礼，孟子说的"仁"是仁心。

生7：孟子说的仁心，就是在"我"自己的身上，而孔子所说的"仁"是"爱人"。

师：对。费孝通先生在《乡土中国》里说，孔子的"仁"概念太大了。什么叫"仁者爱人"，"仁者爱人"的标准是什么，它的程度是什么，都是比较抽象的。"仁"是儒家里的一个理想人格，是最高的道德境界，但是它比较远。但到了孟子这里，他说"仁"没有那么远，它就在每个人的心里。"仁"是人安身立命之所。"人性之善也，犹水之就下也"，这句话的意思是，人性和水性是一样的，水有水性，所以人也有这份人性、这份善性。"仁义礼智，非由外铄我也"，这个"铄"是渗入的意思。因此，一个人的美德，不在于外界对他的影响，更多的是内在自我的萌发和生长，"我固有之"。孟子是故提出"人皆可为尧舜"，因为人的内心都有这样的"四心""四端"，只要你呵护它，让它成长，你就能够把你先天的道德转化为后天的言行，最后形成你的这份仁心、仁德。我们来看一下《我善养吾浩然正气》，"四心""四端"的培养容不容易？

生8：虽然每个人都有"四心""四端"，但是我认为其培养并不容易。

师：为什么培养这样的"四心""四端"不容易？

生8：因为这种气"至大至刚"，而且要"配义于道"。用这种气时，我们需要"勿正，心勿忘，勿助长"。

师：也就是说，你每天都需要去滋养、培养自身的浩然之气，培养自身的"四心"，而不能——

生9：忘记它，违背它。

师：很好，谢谢。孟子在《我善养吾浩然正气》里指出，"浩然之气"的培养很难，你得用正直培养它，你得配上道与义，你得天天去积蓄这种道义，不能忘掉，不能停止，不能做揠苗助长的事情。"四心""四端"也是如此。孟子说人皆有"仁心"，把这种"仁心"培育好，即为"仁德"。对于君王来说，将会形成"仁政"。"仁政"就是孟子最高的政治理想。（板书：仁心、仁德、仁政）从孟子的文章中，我们总是能读到这样一种至大至刚之气，这种坚定，这种理直而气壮。为什么他的作品会有这样一种斗争性呢？

生10：孟子所在的时代是战国，和孔子所在的春秋时代有比较大的差别。世衰道微，当时列国纷争，大家已经不再讲那些从东周延续下来的礼节了。

师：所以呢？

生10：所以孟子可能就不会像孔子那样温文尔雅，而是呼吁"人皆有不忍人之心"了。

师：君王不讲究礼节，"臣弑君，子弑父"，不讲礼节，也就罢了，世衰道微的话，还会导致——

生10：民之憔悴。

师：民不聊生。我们来看这一段，在《史记》中，司马迁很真实地记录了战国时期的情况。秦国用商君来富国强兵，楚、魏用吴起来战胜强敌。齐威王、宣王重用田忌、孙子等人，征兵掠地。大家都在合纵连横，都在"以攻伐为贤"。"贤"是好的意思。只有孟子在说着三代之盛、三代之德。孟子曾经很无奈地说，"哪是我喜欢辩论啊，哪是我喜欢滔滔不绝啊，杨、墨等人当道，儒家之学已经衰败了。那些邪说欺骗百姓，堵塞仁义，我要'正人心'，我要'息邪说'，我要'距诐行'，我要'放淫辞'"。那么，孟子那样一种斩钉截铁、毋庸置疑的言辞背后，是什么？

生11：是他对时代衰败的焦虑，是他的责任与担当。

师：因此，我们读孟子之作，要读出他气韵背后的精神和道义来。那么，这延续了两千多年的道义、气韵，在今天是否还有传承的意义和价值呢？

生12：有。

师：有人说，21世纪人类将面临五大危机（呈现相关资料，略）。我们如何来解决这些危机呢？谁能来说一说？

生12：我认为应该以孟子倡导的"仁"为基础。

师：这五大危机有没有共同点？

生13：都与人有关。

师：这些与人有关的问题，最终该怎么解决？

生13：靠人来解决，人要改变本身。

师：人要改变本身的什么？

生 13：精神。

师：人要去挖掘内心的那份善，去唤醒那份善，去呵护那份善，去坚守那份善。也就是说，人要用"仁心""仁德"来解决这些问题。解决问题不是靠外界，而是靠——

生 14：人的内心。

师：人的内心。好。那么，我们能做些什么？

生 14：我们可以在自己的生活中多为他人着想。勿以善小而不为，勿以恶小而为之。

师：对，很好。多读圣贤之书，多思圣贤之理，然后，多行圣贤之道。老师想和大家分享两个成语。第一个成语是当仁不让。人要接受仁义。第二个成语是义不容辞。时代终将是我们的，所以每个人都有责任去坚守这份仁义，坚守这份担当时代大义的道义感。

【教学反思】

在新课程发展理念下，在语文课堂中关注学生道德品格的培养，渗透中华民族人文精神，是每位语文教师义不容辞的责任。

当下的学生头脑敏锐，思维活跃，乐于探索，有一种初生牛犊不怕虎的劲头。在互联网时代，他们的学习工具更为先进，查找资料的能力更强，接触事物的方式也更加多元。他们正处于三观形成的关键期，需要先进思想的引领，更需要传统文化的筑基。

《人皆有不忍人之心》是孟子的代表作之一。孟子的文章观点显豁，论述清晰严谨，语言简洁有力，富有气势。如果只把它作为一篇议论文去处理，围绕议论文的论点、论据进行分析，学生是读不出孟子的深意的。只有将它的思想内涵挖掘出来，才能让学生认识到文章背后作者的人格高度与思想格局，才能让学生理解优秀传统文化的价值。

在教学中，我以曹丕的"文以气为主"为抓手，引导学生认识"文气"，进而认识孟子之"气"。我借助苏洵的评价引导学生赏析文章语言，感受其蓬勃之力；以学生共同绘制思维导图为突破口，引导学生探寻孟子思想的核心；以知人论世的方式，还原真实可感的孟子形象，引导学生把握其思想的时代意义。

学习他人的评价，是学生阅读赏析的平台；绘制思维导图，是学生阅读探究的支架；了解时代背景，是学生走近作者的必要路径。

在实际的学习过程中，学生能够较好地完成预习任务；在课堂上，能够赏析出文章的语言特点，同时根据已有的阅读经验发现孟子逻辑上的缺漏，产生进一步探究的欲望。探寻孟子思想的核心虽有难度，但教师提供了更多的研究素材及前人的研究结论，激发了学生探究的兴趣。

学习古人之道，是为了今人有所借鉴，在完成课文教学之后，我引用了张立文教授的话，启发学生思考孟子的思想对我们应对当下五大危机的积极意义，让学生在交流中发现传统文化的时代价值，增强民族自信。

但课堂教学总是缺憾的艺术。学生对儒家思想的"仁""义"有熟悉感但同样有距离感。学生分析时有些放不开手脚，不太敢对先贤的思想做评价，大多就文本谈文本。高一的学生来学习这堂课，无论是思想的深度和视野的广度都还有差距，这也提醒了教师在备课时要关注学情，设计好教学的坡度。另外，孟子思想的现实意义留给学生思考与交流的时间不充分，略显仓促。

【专家点评】

在语文课堂上，立德树人应该既是显性目标又是隐性目标。显性目标是指，作为课堂教学目标之一，德育的主题必须明确表现出来；隐性目标是指，在教学过程中，德育要有教学过程的支撑和教学路径的引导，而非呆板地说教。

语文的德育与语文教学关联紧密，其核心离不开语言的学习。作为民族思想的载体，母语承载着民族的文化与思想，学生只有通过对文章内容和语言的鉴赏才能感知文字的意义和思想的价值，才能与作者产生思想情感上的共鸣，获得道德感及崇高美的熏陶。这节课在以下三方面给我们以启示。

一是正视学生疑问。开展德育的路径有千万条，符合文本特点和学生特点是第一条。先秦散文的论述，以形象化说理为主，逻辑性会有不够严谨的情况。文章所有的形式都是为内容服务的，从形式探究走向内容探究，非常自然也很巧妙。高中生有着自己独立的思想意识，不会唯师是从，如果学生在阅读中发现了问题，而教师能够带着他们一起来解决问题，这本身就是对他们能力和思维水平的极大肯定，能够鼓舞学生更专注于文章，实现与作品、作者的主动关联。这不仅是学生接受德育的重要基础，也是一切课堂成果生成的前提。

二是搭建释疑平台。学生有了疑问，必然要解决疑问。教师要给予路径的指引，而不能替学生思考与回答。这节课上，教师运用小组讨论、思维导图分享、前人评价启发等方式，促使学生阅读、比较、倾听。教师提供的释疑平台富有情境，有效激发了学生的学科思考。高中生非常在意同伴的意见，也愿意向同伴表达自己的看法。学生间通过思维的碰撞实现"文本—读者""作者—读者""读者—读者"多维度的情感共鸣，更能扩大和巩固语文学科过程育人的成果。

三是感知先哲情怀。对学生来说，作者的观点是显豁的，但作者本身是模糊的。学生容易带着"亚圣"的认知标签去品读课文。教师带领学生探寻时代背景，比较孔孟之道，便是在帮助学生从不同侧面精细感知有温度、有血肉的先哲情怀，从中汲取智慧和力量。以意逆志，感同身受，有了与作者情感的联系，学生才能理解孟子的伟大思想与精神。否则，德育还是会失于说教。

综上所述，这是一堂成功的学科德育实践课。教师引导学生学习《人皆有不忍人之心》这样经典的先秦散文作品，将先贤的"性善论""天赋道德"等理念通过各个教育环节传递到学生心里，以传统文化中"仁义"之道强化了学生的文化自信，启示学生发现人文之美，并让学生以此为立足点，试着去寻找解决当今问题的钥匙，既富有思辨性又具有时代性，德育目标水到而渠成。

（上海交通大学附属中学　乐燎原）

修史警世，对比明理

——《五代史伶官传序》课堂教学实录

华东师范大学第二附属中学闵行紫竹分校　陈雨露

教学视频 |《五代史伶官传序》

【文本德育解读】

　　《五代史伶官传序》既是欧阳修为《新五代史·伶官传》所写的序文，也是一篇劝谏君王的经典史论。欧阳修编订《新五代史》的目的就在于探究天下兴亡之道，洞察忠臣奸臣之别，以警示后人。其中的《伶官传》是欧阳修为五代时期的后唐庄宗宠幸的伶人敬新磨、景进、史彦琼、郭从谦等所写的合传。在二十四史中，为伶官设传是欧阳修的独创，欧阳修为伶人作传的目的是想借庄宗宠幸伶官导致身死国灭的历史教训，规劝当朝的统治者，告诫他们"忧劳可以兴国，逸豫可以亡身""夫祸患常积于忽微，而智勇多困于所溺"等历史经验，并强调了得失天下的重要因素和国家盛衰的道理主要在于人事，也就是主要取决于君王的所作所为、君王的主观努力。这篇文章展现了作为政治家、史学家、文学家的欧阳修所具有的远见卓识和忧国忧民的责任担当。因此，在教授此文时，应当注重它的德育目标与育人价值，在教学设计中增强课程的知识性、审美性、人文性，从而达到立德树人的目标。

一、文题一致，中心突出，详略有致

　　对于文章的中心论点，学生在初读时常常理解模糊，甚至会与文中其他几种观点和结论混淆起来。要想弄清楚这篇文章的中心论点，一定要明白欧阳修写这篇文章的目的。

　　首先，这是一篇序言，但它与普通的、介绍作者和作品大致内容的序言不同。这篇序言进一步评论了《伶官传》中的内容，表明了作者的观点和看法。其次，文章最后一句"夫祸患常积于忽微，而智勇多困于所溺，岂独伶人也哉"既是感叹也是反问，通过这种含蓄却又颇具启发意义的表达，作者旨在借古讽今、以史为鉴，直指当时朝政的弊端，希望有补于朝政。因此，无论是"忧劳可以兴国，逸豫可以亡身"的良苦用心，还是"夫祸患常积于忽微，而智勇多困于所溺"的警戒，以及"满招损，谦得益"的千古箴言，都是"人事"的具体体现。因此，作者在开篇所提出的"盛衰之理，虽曰天命，岂非人事哉"，正是以反问的语气开门见山地抛出文章的中心论点，铿锵有力，掷地有声。而紧接着，在第一自然段，作者开宗明义，告诉读者，全文就是要借探究庄宗兴亡的事例及其背后的原因，来阐明这一观点。

在论证这一观点时，作者对有关庄宗的、头绪繁多的史实进行了精心的选取和组织。通过课下注释，我们不难发现有关庄宗的大事年表：908 年，其父李克用亡故；913 年，派兵攻破幽州，俘获燕王刘仁恭及其族人；923 年，攻入开封，灭梁，建立后唐王朝；926 年，被伶人的乱箭射死，身死国灭。庄宗打江山耗时 15 年，15 年中强敌当前，灭仇兴国，一定充满各种艰辛磨难，再加上有《旧五代史》的翔实史料，因此，欧阳修可写的内容非常多。然而，欧阳修在第二自然段中对史料进行精选，围绕着"三矢"，写了庄宗在父亲临终时接受了代表父亲遗命的三矢，具体写了"赐矢、藏矢、请矢、负矢、纳矢、还矢"的经过。这个故事短小精悍，却非常形象生动、寓意深刻，极具感染力。通过这样聚焦细微之处的描写，作者实际上写出了"庄宗之所以得天下"，即开创国家的原因。紧接着，第三自然段写"方其系燕父子以组，函梁君臣之首，入于太庙，还矢先王，而告以成功，其意气之盛，可谓壮哉"，写其踌躇满志，国家兴旺发达，就显得一气呵成、水到渠成了。

如果文章按照这样的思路写下去，紧接着应当写其衰败之时的狼狈处境，以及探究"其所以失之者"，即国家灭亡的原因。然而，作者仅仅以"一夫夜呼，乱者四应，仓皇东出，未及见贼而士卒离散，君臣相顾，不知所归，至于誓天断发，泣下沾襟，何其衰也"，言简意赅地写出了庄宗仓皇东逃的急迫形势。至于导致此种情形的具体原因——宠幸伶官、荒淫误国等，作者只字未提。作者以选择设问句引起读者的反思与注意，重申了自己的观点"抑本其成败之迹，而皆自于人欤"，即成功与失败都是由于人在其中的所作所为。作者为什么没有在此文中提及庄宗宠幸伶官而导致灭亡的史实呢？

因为庄宗如何宠幸伶人，重用了哪些伶人，伶人如何误国等史料内容在《伶官传》中已经有详细的叙述了，此序文没有必要重复其内容。况且文章最后也提到了"数十伶人困之"的事实，这就揭示了伶人的乱政和国家衰亡之间的关联。此外，当时北宋朝廷的主要问题并不是宠幸伶官，欧阳修创作此文的目的是讽喻当朝，警示君王。为了达到这个目的，作者删繁就简，把写作重点和对象落在庄宗身上，史料选取的重点在对庄宗盛衰的描写与评论上，从而做到了突出中心，紧扣题意，阐明了"盛衰之理在于人事"的观点。这样的事例选取既精练又典型，针对性极强。

当然，也有学者质疑晋王以三矢临终托事的历史事实的可靠性。实际上，作为一篇史论文章，欧阳修以"世言"二字保证了一定的严谨性，这一论据有可能是坊间传闻、野史传说，但是在表达效果上，这一论据无疑为该文添彩不少。这一事例的描写细腻生动，富有画面感、戏剧性，因此具有很强的感染力，耐人寻味，对塑造人物和表达观点至关重要。这就让君王读来能感同身受，从而产生较好的劝谏效果。而将这些民间传闻写在序文而非正文中，也完美地践行了无征不信、有闻必录的史传写作原则。

因此，欧阳修对本文史料素材的处理，体现了详略得当的智慧策略，而这些作为论据紧紧围绕着本文所要表达的"盛衰之理在于人事"的观点，文题一致，中心突出，使得本文短小精悍，言简意赅，论述集中而富有条理，论证鲜明有力。

二、春秋笔法，言简义丰，暗含褒贬

孔子编订《春秋》，其中常于一字之中暗含褒贬，因此有"微言大义"的美誉。而春秋笔法也成为传承儒家思想来修史的传统知识分子的自觉追求。这篇序言的写作体现了这一特点。

其一，作者把庄宗15年血雨腥风、南征北战的庞杂历史凝练地描述为围绕着三矢的一系列动作。在第三自然段中，叙写庄宗的"得天下"，以一个威武雄壮的场面，用仇雠祭告父王，宣告大功达成。寥寥数笔，就使庄宗兴国灭敌的盛况和其盖世英雄的形象跃然纸上。而写其"失天下"也是通过"相顾""断发""泣下""沾襟"等动作和场面描写，把其落魄无奈、艰难窘迫的形象塑造得如在目前，与其志得意满之"盛"形成了强烈的反差，发人深省。这其中又包含了作者多少悲哀与不满啊！而由盛到衰的转折，突然而急剧，一发不可收，急转直下，不正是作者对其王朝短命、速亡的深沉思考与忧惧吗？

其二，"数十伶人困之""岂独伶人也哉"等语句中使用了"伶人"一词，隐隐流露出欧阳修的鄙夷与不屑。这显然是与使用"伶官"一词刻意区分的。"伶官"即伶人被封为朝廷命官。欧阳修使用"伶官"称谓，既体现了其修史中的实录精神，又让人看到庄宗对伶人的宠信到了近乎荒诞的地步。而在揭示盛衰之理的本文中，使用"伶人"的称谓，则隐含着欧阳修鲜明的道德价值判断。

其三，文中写晋王临终嘱托说"契丹与吾约为兄弟"，契丹是少数民族，与唐朝在边境上多有交锋。而通过课文注释，我们又能得知，晋王李克用是沙陀部人，是被唐朝皇帝赐姓国姓李的，因出兵帮助唐朝镇压黄巢起义，受封为晋王。这样看来，李克用既对内宣誓忠诚于李唐王朝，又对外勾结外敌，而历史上的李克用确实认贼作父、勾结契丹。这一句借助想象来写作的"契丹与吾约为兄弟"暗含了作者的讥讽与批评。这也从侧面体现了欧阳修修史的目的——彰明善恶，警示世人。或许正是带着这样的立场，欧阳修对晋王的称呼并不是后唐太祖，而是晋王。这可能也是对后唐王朝合法性质疑的一种暗示。毕竟庄宗建立后唐后，追谥父王李克用为武皇帝，庙号太祖，而文中所用的"晋王"称谓，是李唐王朝给予李克用的封号。

三、多种手法和表达方式并用，言近旨远，感人至深

《五代史伶官传序》虽是一篇史论，属于议论文体，以表达观点和说理为重心，但是全篇读来却有着强烈的情感力量，极富感染力。这或许是因为在文中的事理阐述之外，还有叙事、描写、抒情等表达方式，洋溢了一种浓郁的抒情气氛和鲜明的情感色彩。开篇的一句"呜呼"，一声嗟叹，表达了作者对历史兴替的苍凉悲怆的感慨，熔铸了作者深沉的忧患意识，体现了一代士人忧事虑时的济世情怀，营造了浓郁的抒情氛围。在"夫祸患常积于忽微，而智勇多困于所溺"中，"夫"是句首发语词，引发人们对于国家盛衰原因的思考，意蕴深刻，耐人寻味。

在第三自然段中，"可谓壮哉""何其衰也"两句感叹，对庄宗在创世之初的意气之盛进行慨叹，对他在平定四方之后宠信伶官，不理朝政，导致亡国的结局抒发哀叹，这其中隐含着对庄宗得天下时"忧劳"的肯定赞赏，对庄宗失天下时"逸豫"的否定叹惋，浓烈的感情溢于言表，语句富有节奏感和韵律感。整句和短句的使用，形成了如虹的文势，气势夺人，有力地论证了"盛衰之理在于人事"的观点，得出了"忧劳可以兴国，逸豫可以亡身"的启示，给当时的统治者敲响了警钟。在这样的行文中，作者将叙事、抒情、议论融为一体，文字和笔调时而高亢昂扬，时而低沉悲伤，情感的起伏激荡形成了跌宕抑扬之势。文章还使用了一系列细腻的动作描写，让人去体会庄宗前期的殚精竭虑、忍辱负重与后期的荒淫无度、沉迷于声色犬马，见微知著，引人深思。这其中鲜明的对比反差，让人感到行文大开大合，大起大落，同时笔墨酣畅，淋漓痛快，让人信服。

从行文的角度和立场来看，欧阳修在写作时应该是对庄宗由成功到失败的历程抱有极大的惋惜和同情的，他也是借此来语重心长地规劝当朝统治者要引以为戒。这或许也是为什么他在表达观点和立场时，用了大量的反问句、选择疑问句等。这样强烈的语气，不仅彰显了作者激愤的情感，也激发了阅读者的情感，以情感人，让人陷入沉思，从而增强了文章的说服力。如"盛衰之理，虽曰天命，岂非人事哉""岂得之难而失之易欤？抑本其成败之迹，而皆自于人欤"等。

此外，骈散结合、长短句相结合的句式特点也使得本文的语言波澜起伏。如："方其系燕父子以组，函梁君臣之首，入于太庙，还矢先王，而告以成功"写其矢志不渝，终得天下；"一夫夜呼，乱者四应……"写其仓皇东逃，士卒作鸟兽散。这样的语言表达一气呵成、铿锵有力，表现出得失天下的急剧变化，形成了一种排山倒海的气势，给读者以强大的情感冲击，体现出以情动人的特点。这也体现了欧阳修散文的显著特点，正如南宋

李涂在《文章精义》中对欧阳修文风的评价——"欧如澜",澜是起伏不平而富有层次变化的。这样的风格,在情感表达上也是抑扬饱满的,引人深思,感人至深。

四、借古讽今,直指当下,总结历史教训

《五代史伶官传序》中,作者以庄宗为写作的主要对象,把其得失天下的事例作为立论的依据。《伶官传》是为后唐的伶官立传的,这样的序文写作是否与原文的传记脱节了呢? 答案是否定的。《伶官传》虽是写伶官祸乱朝政,但伶官之所以能危害朝政,从根本上还是因为庄宗自身的所作所为。身为皇帝,庄宗不仅有戏子梦,"常身与俳优杂戏于庭",还宠信伶人到对其加官晋爵的地步,这就极其荒唐了。《伶官传》中还记录了他身死伶人之手的具体情形,庄宗的衰败是由伶官引起的,而责任却在于其自身。作者要让后代的君王引以为戒,避免重蹈覆辙。

庄宗本是一代豪杰,却被身份低微的数十伶人所困困,无法逃脱以至于遇害,可见,庄宗自身对此事意识不足,或许他自始至终都认为伶人不足为虑,平时宠溺之情不能控制,日积月累,铸成大错。正是认识到这一点,欧阳修在文章的最后以小见大,举一反三,引人深思,强调能使人逸豫亡身的不仅仅是溺爱伶人,如果小看"忽微",不能防微杜渐,也会导致身死国灭。"夫祸患常积于忽微,而智勇多困于所溺,岂独伶人也哉",使得全文境界大开,这是一个常论常新的话题,国家如此,家族如此,个人的成败得失也是如此。这就把君臣之道、处世之道、家国大事、日常修为、内政外交的决策等都囊括在其中了,启迪深远,将文章的意旨推进了一层。

当时北宋的君主虽未宠幸伶官,但所面临的内忧外患使得国家积贫积弱,边境少数民族不断侵犯,北宋王朝纳币输绢以求苟安。在内部,朋党相争,利益集团相互倾轧,土地兼并日益严重,老百姓困苦不堪,国家却冗官、冗兵、冗费。欧阳修写作此文的动因就是要告诫统治者"忧劳可以兴国,逸豫可以亡身",讽谏其要摒弃苟且享乐,励精图治。或许也正因为此,欧阳修的写作饱含情感,句句热忱,婉转曲折中隐含着深深的担忧。作者的拳拳赤子之心、爱国忧国之情溢于言表。

【教学设计】

《五代史伶官传序》教学设计见表1。

表1 《五代史伶官传序》教学设计

教学目标	1. 分析本文所采用的多种表达方式和对比论证的写作手法,深入理解本文所阐述的事理
	2. 领略欧阳修的文章风格,理解其对国家强烈的忧患意识与责任担当

（续表）

教学重难点	1. 教学重点：引导学生理解文中正反对比的论证方法，以及多种表达方式并用所产生的表达效果 2. 教学难点：领略欧阳修的文章风格，体悟其良苦用心和济世情怀。思考庄宗成败的教训给我们带来的启示		
课时安排	1 课时		
教学过程	教学环节	活动过程	设计意图
	导入	五代是指唐宋之间的五个封建王朝，即后梁、后唐、后晋、后汉、后周，是我国历史上极其动荡的一段历史时期。在这五十多年间，先后换过四姓十四君，战乱频繁，弑君篡位常有发生。后唐庄宗李存勖称帝后，迷恋伶人，"伶人由此用事"，最终国家叛乱纷起，他也被所宠信的伶官杀害。一百多年后，北宋文人欧阳修修撰史书《新五代史》，其中的《伶官传》通过为庄宗所宠信的伶人立传，来讲述伶人当权以致国家败亡的这段历史。今天，我们将要学习的这篇《五代史伶官传序》就是欧阳修为《新五代史·伶官传》所写的序文	以解题的方式导入，介绍《伶官传》和本文作为序言的基本知识，力求清晰明了
	明确论点梳理论据	思考"本文的中心论点是什么""为了证明中心论点，作者使用了哪些论据" 1. 中心论点是"盛衰之理，虽曰天命，岂非人事哉"，解释"人事"的含义。从文中"原庄宗之所以……可以知之矣"一句可知，本文通过后唐庄宗得失天下的历史事实来证明自己的观点 2. "原庄宗之所以得天下，与其所以失之者"是本文的行文脉络，具有高屋建瓴的作用，文章从这两个角度出发进行剖析。对比论证是议论性文本常用的方法	阅读论说性的文本，首先要明晰文本的结构层次，这个过程中必须要明确中心论点以及论证层次。就本文而言，观点和启发性的文字表述较多，学生初读时容易分不清楚何为中心论点，甚至会出现混淆的情况，因此，教师要注重引导学生

（续表）

教学环节		活动过程	设计意图
教学过程	聚焦文本理解文义	思考"庄宗能够兴国的原因是什么""导致其身死国灭的原因又是什么""文中哪些地方能体现出来" 对于庄宗兴国和灭亡的原因，作者在第三自然段揭示说"忧劳可以兴国，逸豫可以亡身"。庄宗的忧劳在文中的具体体现是围绕着"三矢"的一系列举动。作者生动细腻地刻画了庄宗对父亲的遗命念念不忘，重任在肩，强敌在前，毫不松懈，负矢前行，发愤图强。庄宗的"逸豫"在文中没有具体表现，只在"数十伶人困之""……而智勇多困于所溺，岂独伶人也哉"中有所暗示，是其宠信重用伶人，导致了荒淫误国。而这部分史实就在《伶官传》中，本文作为《伶官传》的序文，就是为了说明写作《伶官传》的意图，即揭示庄宗败政乱国的原因。这既写明了作传意图又避免了行文的重复，从而产生了引人深思的表达效果	全文想揭示的庄宗得失天下的原因是"忧劳可以兴国，逸豫可以亡身"，这样就紧扣了中心论点，人的所作所为决定了盛衰的不同结果。文中并没有直接写庄宗是如何"忧劳"和"逸豫"的。但围绕着"三矢"所进行的一系列动作描写，足见庄宗的谨慎克己、兢兢业业、励精图治，文章又辅之以对其盛衰的、喷薄而出的抒情语句，让人对其由盛而衰，从"忧劳"到"逸豫"有了深刻的体悟。这种使用多种表达方式组织、叙述论据的方法，尤其是其中生动细腻的描写，富有感染力，让人产生了丰富的联想，引人深思。这其中可能会遇到一个难点，就是学生对其逸豫亡身的具体原因缺乏直观认识，因为本文省略了这一点，教师可以适时地呈现《伶官传》中的节选文本供学生阅读，把文中省略的留白补充完整，让学生产生更深刻的理解。在这个过程中，为了增强学生的探究兴趣，可以出示庄宗的历史年表，他打天下的十余年的漫长艰辛与他的速亡短命形成了鲜明的对比

（续表）

	教学环节	活动过程	设计意图
教学过程	聚焦文本探究手法	思考"本文在写作中运用了哪些方面的对比""这种对比手法对阐述中心论点有何作用" 1. 作者用庄宗"得天下"又"失天下"的历史事实，进行正反对比论证，归纳出江山难得而易失，成败全取决于人事的道理 2. 作者写庄宗得天下时意气风发，所向披靡，感其"可谓壮哉"，与失天下时的"士卒离散……不知所归"的失魂落魄，叹其"何其衰也"，形成了鲜明的对比，让人感到盛与衰的形势急转直下，触目惊心。在盛衰成败兴亡的鲜明对比中，突出了中心论点 3. 作为论据的引文"满招损，谦得益"也是对比。紧接着，阐述这句引文，还是对比，"忧劳—逸豫""兴国—亡身"。后文，"举天下之豪杰"与"数十伶人困之"对比，"莫能与之争"与"身死国灭"对比，突出强调了"人事"的作用，更深入地论证了"成败由人"的中心论点	这里可以提醒学生关注，在论据的叙述中，文章详述了庄宗接受并执行父王遗命的做法，这个得天下的过程之所以写得比较详细，是为了突出得天下之不易，以及为此所付出的艰辛。还可以提醒学生注意，在写其衰落时，多用四字句，音节的短促急速，是与内容相得益彰的，表达了庄宗此时所处形势的紧张急迫。盛衰对比，一扬一抑，大起大落，对比越强烈，越能突出地表达中心论点
	深入研读理解事理	思考"本文的写作目的是什么""从课文中哪一句话可以看出来" "岂独伶人也哉"的意思是不独伶人，万事皆然。伶人地位卑微、作用渺小，却能够使庄宗迅速灭亡。欧阳修借伶官之祸来告诫北宋统治者要励精图治，"千里之堤，溃于蚁穴"，因此要防微杜渐，防患于未然，以保长治久安。以小见大，举一反三，这种教训上至君王，下至百姓，对于每个人都是常论常新的话题，具有永恒的价值	启发学生思考"人事的具体内容是什么"。文本第三自然段引入《尚书》中的警句"满招损，谦得益"作为论据，然后顺理成章地分析由庄宗的相关史实得出的道理"忧劳可以兴国，逸豫可以亡身"。第四自然段进一步警示，"夫祸患常积于忽微，而智勇多困于所溺……"，日常不注意这些细微小事，沉溺于自己所溺爱的事物，灾祸就会到来，这不仅仅表现在伶人这一件事上。至此，作者警示当朝统治者要力戒骄奢淫逸的目的也就达到了。而以上原文警句中所包含的做法都是"人事"的具体表现

（续表）

教学环节	活动过程	设计意图
教学 过程 布置作业	本文的语言抑扬顿挫、情感充沛，请结合具体语句分析这一特点 得天下——15 年——盛 ｜ 对比论证： 失天下——3 年——衰 ｜ 自于人事	引导学生思考本文说理的艺术。欧阳修为了劝谏当朝统治者，并没有生硬地说教，而是采用了更易于被君主接受的方式。布置这个作业，是为了引导学生从本文语言方面的特色入手，进一步体会作者的说理艺术。本文语言表达上具有显著的特色，即文笔酣畅，气势充沛，波澜起伏

【课堂实录】

师：第二自然段写了什么内容？

生 1：第二自然段写了晋王临终前给了儿子三支箭，儿子接受了三支箭并把它们收进祖庙。

师：围绕这三支箭，作者想写出怎样的内容？

生 1：作者想写出晋王希望儿子能为其报仇雪恨，灭掉三个仇敌。

师：庄宗是怎样对待这三支箭的？大家能从中读出庄宗怎样的态度和做法？

生 2：庄宗受之—藏之—祭告于庙—请之—盛之—负之—胜利归来后纳之。可见他对待箭是非常郑重、谨慎的。

生 3：对待箭的态度和做法就是对待父亲遗命的态度和做法，通过这一系列围绕着"箭"的细腻的动作描写，我们能感受到庄宗不忘世仇，重任在肩，志在灭仇。

师：通过这些描写，请大家想象"庄宗面对着强敌当前、国难未已的状况，是怎样做的"。

生 4：发愤努力，毫不松懈，兢兢业业，励精图治，以求兴国灭仇。

师：通过这样细腻的动作描写，大家是不是看到了一个英明的君主的形象？

生 5：是的，文章给我们留下了深刻的印象，也与后文庄宗的失天下形成了鲜明的对比。

师：请你具体说一说。

生 6：这一自然段的描写与第三自然段中"及仇雠已灭，天下已定，一夫夜呼，乱者四应，仓皇东出，未及见贼而士卒离散，君臣相顾，不知所归，至于誓天断发，泣下沾襟，何其衰也"的描写形成了鲜明的对比。

师：有没有同学有不同的看法？

生7：我觉得这一自然段重在写庄宗对待三矢的态度，不能与庄宗最后的失败逃难构成对比，写三矢是为了写他为建立国家所做的努力。

师：也就是庄宗得天下的——

生7：原因。

师：因此，与这部分构成对比的应该是——

生7：庄宗失天下的原因。

师：文中是怎样写庄宗失天下的原因的？

生8：文中没有写。

师：没错，大家觉得庄宗失天下的原因是什么呢？

（呈现相关资料）

《伶官传》的节选段落

1. 其战于胡柳也，嬖伶周匝为梁人所得。其后灭梁入汴，周匝谒于马前，庄宗得之喜甚，赐以金帛，劳其良苦。周匝对曰……

2. 郭门高者，名从谦，门高其优名也。虽以优进，而尝有军功，故以为从马直指挥使。从马直，盖亲军也。从谦以姓郭，拜崇韬为叔父……

（学生一边读选文一边评述）

生9：就是《伶官传》中所写的宠信伶人，导致伶官专权。

师：很明显，有关伶官误国乱政的史实，已经写在《伶官传》里了。这里不必再写，读者也能看透其意图，这样既避免了重复，又能引起读者深思。因此，同学们看到了，得天下与失天下的原因一言以蔽之是什么呢？

生10：君王的所作所为，君主的态度和做法。

师：也就是文中所说的"人事"。作者用庄宗的相关史实，总结他的历史教训，鲜明地论证了本文的观点。本文中使用较多的论证方式是什么呢？

生11：对比论证。

师：对，刚刚也有同学提到了对比，请同学们找一找"文本中有哪些地方构成了对比"。

生12：庄宗成功时"意气之盛，可谓壮哉"的情景与其失败时"士卒离散""泣下沾襟"的惨状对比，鲜明而强烈，突出了庄宗历史悲剧的根由，突出了"抑本其成败之迹，而皆自于人欤"。

师：大家看一看还有没有其他地方体现了对比？可以从文中的反义词组入手。

生13：文中的"盛"与"衰"，"天命"与"人事"，"得天下"与"失天下"，"难"与

"易","成"与"败","忧劳"与"逸豫","兴"与"亡",都用了对比。

师：很好，"满招损，谦得益"算不算是对比呢？

生 14：是的。

师：作者通过这样的对比，鲜明突出地揭示了庄宗成败、国家兴亡的原因，就有力地证明了中心论点。"《书》曰：'满招损，谦得益。'"这一句也是在用引用论证的方式，告诉读者不同的所作所为，产生的结果也是不同的。大家有没有注意，在写庄宗得天下的时候，作者用了大量的笔墨，而在写其失天下的时候，笔墨相对较少。作者为什么要这样处理材料呢？

生 15：为了突出庄宗建立天下的艰辛不易，历时长久。

师：太好了，我们看一看注释，计算一下庄宗从接受遗命到建立国家耗费了多长时间。

生 16：15 年。

师：庄宗失去天下用了多长时间？

生 17：3 年。

师：多么鲜明的对比！所以，连作者都忍不住感慨"岂得之难而失之易欤"。实际上，不是得天下不易失天下易，而是得到天下后的君主放松了对自己的要求，变得骄奢淫逸，沉湎于声色犬马，导致了身死国灭的下场。庄宗的历史故事和教训能给我们当代青年怎样的启示呢？

生 18：打倒我们的往往是我们身边的人和事，很多时候或许就是我们自己。

生 19：我们要谦虚谨慎，不能被暂时的成功冲昏了头脑，忘乎所以。

生 20：很多悲剧的发生，都是由小积大，由少变多，最后一发不可收拾，因此要防微杜渐，每日三省吾身，发现不良的苗头，立即改正。

师：同学们说得太好了。大家觉得欧阳修写这篇文章的目的是什么？

生 21：是为了借古讽今。

师：你是从哪里读出来的？

生 22：最后一句是"岂独伶人也哉"，也就是还有很多类似的因溺爱某件事物或某些人而导致国家危亡的情况。这是在提醒当朝统治者要时刻警醒，反思当下朝堂中有没有需要改进的地方，及时调整，才能保证国家的长治久安。

师：同学们说得太好了，通过今天的梳理，我们明白了，本文既是《伶官传》的序文，更是借庄宗宠信伶官的历史事实，解释国家的成败兴亡取决于君王的所作所为。君王忧虑辛劳能使国家兴盛，君王贪图安逸享乐就会使国家灭亡。这堂课中，我们发现作者在阐述这个道理时，借助了对比论证的方法，鲜明突出地阐明了中心论点。借这样的历史教训，欧阳修想要告诫北宋统治者，居安思危，自强兴国。像欧阳修这样负责任、有担当的儒家知识分子，他撰文的目的是提出治国的方略，匡扶昏聩的君王。或许正是因为这样的初衷，在阅读本文时，我们能感受到其中所蕴含的强烈而充沛的情感，有叹惋，有忧虑，又有拳拳的赤子之心和关切之情。或许有人说，这正契合了后人对欧阳修文章"欧如澜"的评价——欧阳修的散文像波澜一样雄浑有力，起伏跌宕。请同学们再结合本文的具体内容，分析本文的语言为什么会呈现出如此灵活多变、感情充沛的特点。

【教学反思】

在实际的教学中，学生对文章中心论点的理解往往比较模糊。从理性上，他们知道中心论点一般会开门见山地提出，但是因为本文说理性的语言较多，学生又会产生怀疑。因此，需要让学生真正理解文本所阐述的事理，梳理清楚多个观点之间的关系，才能解决这一难题。此外，本文是聚焦庄宗的得失天下来阐述事理的，那么，这篇文章作为《伶官传》的序文，它与《伶官传》又有什么关系，这也是学生在阅读时理解上容易产生混乱的地方。

本文有两个显著的写作特点。一是对比论证方法的使用，使得全文的中心论点表达得鲜明有力，引人深思。二是多种表达方式的使用，使得文章的写作生动真切，感人至深。如叙述晋王临终遗训，语言描写恳切真挚，透露出殷殷希望与谆谆教诲。围绕着三矢，一系列生动细腻的动作描写，塑造了庄宗毫不松懈、发愤图强的人物形象，也让人不禁去体会、感受、思考他最终得天下的原因。还有一些直接抒情的语句，渲染了浓郁的抒情氛围。多种表达方式的使用使得文章写得恳切真挚，让人印象深刻，富有感染力。

本课的教学就是基于以上对文本重难点的分析而进行的。当然，在授课的过程中，我还比较注重引导学生去思考文本的思想内涵和德育价值。因为，本文所阐述的事理，在当下依然有它的生命力，对每一个普通的生命个体都有启发意义，"成败由人"，不仅仅对一个国家是如此，对每个企业、每个集体、每个人都是如此。因此，本课时的教学设计，希望学生能深入品味文本所蕴含的深刻思想，不仅要仔细揣摩文本，还要联系史实和作者所处的时代，探微知著。

本课还有一个有待落实的教学点，就是本文情感非常真挚，抑扬顿挫、气势夺人，至今读来仍有悲壮慷慨之感，这是文章艺术上的一大特点。这是由本文灵活多变、抑扬顿挫、情感充沛的语言特色所带来的。因此，在授课最后，我以一个问题的形式设计出来，留待学生思考。

这个语言特色概括起来，主要是文中段与段之间衔接上的气脉贯通，以及反问句、感叹句的交错使用，长短结合、骈散结合的特点。如文中多用短句，音节短促，一气贯注，形成排山倒海之势，又与文情文意的表达相契合，极富艺术感染力。长句便于抒情，长短句结合,读起来舒缓有致,张弛有度。骈散结合,节奏分明,也成就了本文气势如虹的特点。文中使用的反诘语气句式,比一般的陈述句语气更强烈,更能体现作者试图警醒统治者的迫切之情。从行文来看,文章时而褒,时而贬,时而高昂,时而低沉,不禁使人有一唱三叹之感。这些抑扬顿挫的笔法,寄寓了作者无限咏叹的意绪,使人深思猛醒,引人明辨回味。这也是欧阳修"欧如澜"散文风格的体现,应当让学生了解、品味。

【专家点评】

陈老师对《伶官传》和《五代史伶官传序》有深入的研究,这节课基于学生学习的起点,依据学生理解的实际困难确定教学的内容。陈老师在教学过程中首先抓住中心论点确立这一难点,由作者的写作目的入手,梳理清楚中心论点与文本内容之间的关系,帮助学生理解《五代史伶官传序》和《伶官传》两个文本之间的内在关联。与此同时,陈老师把文中留白的部分,即庄宗败亡的原因,通过史料的方式引入,让学生对文本的理解进入更精深、更通透的层次。

我想这节课最大的价值在于引导学生认识到名家名篇的思想价值。这节课加深了学生对历史全面而理性的分析。庄宗在开国之初是一代英豪,陈老师引导学生思考庄宗身死国灭的历史教训,从历史过渡到当下,在全文选出的警句中,让学生联系自身和现实,理解这篇文章的现实意义。在这样的熏陶中,学生既可以吸取历史教训,又能从中感受到欧阳修的创作意图及其强烈的忧患意识、拳拳的赤子之心和报国之志。教师最后的总结掷地有声,自然地把责任教育的种子播种到学生的心中,让学生认识到知识分子的责任和担当。在这样具体的文本探究中,学生所受到的德育是渗透式的,是无痕的,这样的模式更容易深入人心,让学生内化于心。从这个角度来说,这节课所选取的这篇德育素材是有挖掘价值的。而陈老师在授课中,所创设的德育情境,也不是理念灌输式的,而是从文本特点出发自然生成和延伸出来的。这样就更容易调动学生的主观能动性,让学生从心底真正与德育理念产生同频共振,促使学生树立正确的价值观。

《古文观止》中点评本文是"直可与史迁相为颉颃"。清代沈德潜认为本文是《五代史》中第一篇文字。陈老师认为本文结构精巧,说理深刻,论证清晰透彻,这节课抓住文本对比论证这一特点,以此切入,将其作为解读文本的钥匙。在讲对比论证时,陈老师抓住了对比的"点",从而把对比论证的分析落到了实处。陈老师关注到文章论证富有层次,作为序言能够合理运用史料论证,有些在《新五代史》中,特别是《伶官传》中已经叙述的史料,在序言中加以省略。陈老师还引导学生关注文本的语言特点,注意句式的变化,精心设计教学内容。

在本文的教学过程中,问题设计可以更加集中,如"本文的中心论点是什么,作者是如何进行论证的",解决了这个问题应该是可以带动其他问题的。如果以更加宏阔的视野教授本文,还可以考虑把《新五代史》的目录等与本文相参照,让学生掌握序言的一般写法,通过序言走进史传文学,培养学生的历史眼光,增强学生的人文底蕴,引导学生从历史变迁中领悟人生真谛和社会规律,促进学生的精神成长。

（上海市松江区教育学院　陈赣）

后记

　　立德树人是教育的根本任务,学科教学是德育的重要载体。上海市松江区教育局、上海市语文学科德育协同研究中心在上海市教育委员会德育处和上海市教师教育学院(上海市教育委员会教学教研室)的指导下,对语文学科德育进行了探索,在语文学科德育资源开发、语文学科德育路径研究方面取得了系列化的成果。汇编成册的成果有《德润课堂——上海市语文学科德育教案集》《德润课堂——"养正达人"视域下语文学科德育的探索与实践》《德润课堂——语文学科德育课堂教学实录》《德润课堂——上海市语文学科德育教师培训微课程》等。"德润课堂"系列成果在市级、区级层面广泛推广,为语文学科德育教学提供了丰富的资源和可借鉴的技术路径,得到了语文学科领域专家和一线教师的认可。

　　为持续推进语文学科德育项目的建设,进一步提炼、深化应用与推广,由上海市松江区教育局、上海市语文学科德育协同研究中心组织,聘请学术顾问,发挥教研员的专业指导力,组建中华传统古诗文德育研究团队,分学段(小学、初中、高中)推进新课标视域下的学科德育实践研究。该团队成员聚焦古诗文篇目,贯彻落实新课标理念,立足课堂,进行中华传统古诗文德育案例的设计与实践研究,挖掘古诗文课程蕴含的丰富德育元素,探索中华传统古诗文学科德育的教学策略,发挥中华优秀传统文化的作用,由此彰显语文学科的育人价值。为更好地提炼过程性思考,固化实践探索成果,汇编为《德润课堂——中华传统古诗文德育精品案例集》一书。本书选择有代表性的典型案例进行梳理,所选的教学案例执教者均为语文学科德育领域颇有建树的骨干教师与语文名师,相关案例呈现了他们对中华传统古诗文德育价值的深刻理解。

　　每个案例由文本德育解读、教学设计、课堂实录、教学反思、专家点评组成。文本德育解读部分对文本独特的学科德育渗透点进行了挖掘,有利于清晰呈现学科德育教学目标;教学设计部分则体现了核心素养导向下学生学习活动的综合性、实践性,设计样例有示范性;课堂实录部分更好地呈现了学生在学科德育课堂浸润中的学习表现,体现了语文学科德育教学效果;教学反思部分对学科德育课堂渗入难点或精彩点进行了理性的分析;专家点评部分提供了学科德育深入推广的研究路径。本书的教学视频以二维码的方式附于案例中,以供读者扫描观看。静态和动态交互的教学资源对于语文学科德育的理论研究,以及一线教师的学科育德能力提升有重要作用。

　　本书的出版得到了上海市教育委员会德育处和上海市教师教育学院(上海市教育委员会教学教研室)的大力指导,得到了兄弟区专家和语文骨干教师的大力支持。在此,一并向所有提供过帮助的专家、同仁、朋友表示衷心感谢!受限于时间、精力、经验等,书中难免存在不足之处,敬请各位专家和广大读者批评指正。

上海市松江区教育局

2023 年 10 月